한 권으로 끝내는

초등
독서법

현명한 엄마는 책으로 아이를 키운다
한 권으로 끝내는 초등 독서법

초판 1쇄 발행 2017년 12월 20일
초판 2쇄 발행 2018년 4월 5일

지은이 최원일

발행인 백유미 조영석
발행처 (주)라온아시아
주소 서울시 서초구 효령로 34길 4, 프린스효령빌딩 5F

등록 2016년 7월 5일 제 2016-000141호
전화 070-7600-8230 **팩스** 070-4754-2473

값 15,000원
ISBN 979-11-5532-323-6 03370

※ 라온북은 (주)라온아시아의 퍼스널 브랜딩 브랜드입니다.
※ 이 책은 저작권법에 따라 보호를 받는 저작물이므로 무단전재 및 복제를 금합니다.
※ 잘못된 책은 구입하신 서점에서 바꾸어 드립니다.

이 도서의 국립중앙도서관 출판시도서목록(CIP)은 서지정보유통지원시스템 홈페이지
(http://seoi.nl.go.kr)와 국가자료공동목록시스템(http://www.nl.go.kr/kolisnet)에서 이
용하실 수 있습니다. (CIP제어번호 : CIP2017031498)

라온북은 독자 여러분의 소중한 원고를 기다리고 있습니다. (raonbook@raonasia.co.kr)

한 권으로 끝내는

초등
독서법

현명한 엄마는 책으로 아이를 키운다

최원일 지음

RAON
BOOK

초등 독서법의 스탠더드를 반기며

하나, 얼음

모두가 얼어붙었다. 여기저기서 "아!~" 하는 탄식이 터지고 공포심이 몰려들었다.

전국 350여 개 독서포럼나비의 시작인 양재나비에서《학력파괴자들》정선주 작가의 특강 때 일어난 현상이다.

- 모바일 뱅킹의 확산으로 2020년 안에 은행 지점은 대부분 사라질 것이다.
- 빅데이터가 의사의 80%를 대체할 것이다.
- 앞으로 공립학교가 없어지고 2030년에는 교사마저 사라질 것이다.
- 2020년, 수많은 대기업과 기존 산업의 붕괴가 시작된다.
- 2030년, 공무원들의 업무가 인공지능 로봇으로 대체되면서 남은 공무원들이 일자리를 잃는다.
- 20년 안에 사라지는 직업: 판사, 회계사, 텔레마케터, 부동산중개인, 자동차엔지니어, 기계전문가, 비행기 조종사, 항공공학자, 경제학자, 세무사, 보험심사역 등.

저명한 미래학자들과 오피니언리더들의 예측이 실려 있었다. 심지어 대학의 수명도 짧게는 20년이면 끝나고 몇 개의 상징적인 곳만 남게 된다고 한다. 이미 미국은 무크MOOC(온라인 무료 공개강좌)를 제공하는 기업인 에덱스edX 등으로 대표되는 온라인 강의가 전통적인 대학을 대체하며 마이크로칼리지(단기, 집중, 맞춤형) 형태로 바뀌고 있다고 한다.

공교육의 어려움은 한국만의 문제가 아니라 전 세계의 공통된 현상이다. 오죽하면 세계 최고 석학이자 미래학자 앨빈 토플러 박사도《부의 미래》란 저서에서 시간의 '비동시화 효과de-synchronization effect'를 주장했을까. 고속도로에서 기업이나 회사가 100마일을 달릴 때 미국의 학교(공교육)는 10마일로 달리며 다른 차들까지 방해하고 있다고 그는 한탄했다. 게다가 연간 400억 달러, 우리 돈으로 약 440조 예산을 쏟아붓고도 말이다.

대한민국 부모들의 로망인 미국 학교가 그 정도라면 우리나라 학교는 대체 몇 마일로 달리는 걸까? 혹시 서 있거나 역주행이 아니길 바란다.

둘, 얼음냉수

참 이상한 일은 초등학교, 중·고등학교, 대학교를 다니면서 제대로 된 독서법을 배우는 적이 없다는 것이다. 글자를 배웠는지 알기 위해 소리 내 읽기를 하고, 맞춤법과 띄어쓰기를 아는지 측정하기 위해 받아쓰기를 하고, 이후 '국어'를 공부하지만, 정작 '책 읽는 법'은 배우지 못한다. 그러니 디지털중독, 휴대폰중독, 게임중독은 차치하고라도, 생각하는 법 또한 배우지 못한다.

사실 책에 관해서는 유치원 때 '친밀 단계 → 놀이 단계 → 몰입 단계 → 독립 단계'를 경험해야 한다. 이후 초등학교 때 인풋 2가지(듣기, 읽기)와 아웃풋 2가지(말하기, 쓰기)를 배우고 훈련해야 한다.

그중 가장 중요한 시기인 초등학교 때 제대로 된 독서법을 익히면 아이의 평생 자산이 된다. 그런 의미에서 최원일 선생님의 책《한 권으로 끝내는 초등 독서법》은 무더운 여름날 얼음냉수와 같이 달고 시원하다.

이 책은 처음 독서법을 배우는 아이들에게 딱 맞는 '초등학생 독서법의 스탠더드'다. 공교육과 가정에서 유익하게 활용할 수 있는, 우리의 소중한 꿈나무들을 위한 표준 독서법을 이제야 만나게 되었다니 너무나 반갑고 고맙다.

셋, 기억의 단편

수년 전 독서모임의 한 장면이 떠오른다.

매주 토요일 새벽 6시 40분에 시작하는 양재나비 독서모임에 폭우를 뚫고 길을 몰라 40분간 헤맸노라 툴툴거리며 찾아온 사람이 있었다. 이후 몇 달간 너무도 조용히 자리만 채웠다. 하는 일도 밝히지 않았다. 소심+새침+완벽주의+왕재수가 골고루 균형 잡힌 웃기는, 아니 웃지 않는 사람. 바로 제자 최원일 선생님과의 첫 만남이었다.

넷, 나눔 나비

이후 최원일 선생님의 조용한 변화와 더불어 폭풍 성장이 시작되었다.

리더십은 '3I'라고 했던가. 그냥 교사에서 참교사, 훌륭한 교사로 자기정체성Identity이 바뀌고 자신의 역량을 꾸준히 성실하게 누적시키기Integrity 시작했다. 이후 아이들에게 적용하고 동료 교사들과 나누고 전파하며 선한 영향력Influence을 증폭시켰다. 그리고 이제 학급과 학교 울타리를 넘어 책을 저술했다.

최원일 선생님은 자신만의 행복한 리더Reader에서 섬기는 리더Leader로 변신했다. 속도보다 방향, 성취보다 의미, 쾌락보다 감동, 소유보다 나눔을 실천하는 사람으로 말이다.

이미 3P자기경영연구소에서 주최한 제2회 자기경영대상 페스티벌에서 최원일 선생님은 '자기경영 대상'을 수상했고 제자들은 '초등 리더십상'을 수상했다.

그리고 독서모임 때마다 입이 쩍 벌어질 만한 요약정리를 주변에 아낌없이 나눠주고 있다. 독서포럼나비의 모토이자 슬로건인 '공부해서 남을 주자'의 진정한 실천가다. 나도 주변에 북테라피, 북코칭, 책 선물을 많이 하지만, 받기로는 최원일 선생님으로부터 제일 많이 받았다. 손수 찍은 작품 사진과 멋진 글까지 곁들인 책 선물을.

알에서 애벌레, 번데기를 거쳐 화려한 나비로 변신하듯, 한 평범한 교사의 위대한 변신이 눈부시다.

이 한 권의 책이 생명을 살리고 가정과 학교를 돕고 대한민국을 넘어 아시아와 세계를 도울 것이다. 이 책을 읽는 독자들께서도 좋은 것을 기꺼이 알리고 나누는 축복의 통로가 되시라.

평범에서 비범으로! 좋은 것에서 위대함으로!

독서포럼나비 연합 대표
(사)대한민국 독서만세 회장
(주)3P자기경영연구소 대표
강규형

책이 사람을 빚는다

'독서가 정말 필요할까?'

책이 나의 삶과 큰 관련이 없었을 때는 독서를 권하는 사회 분위기에 마음이 조금 무거웠을 뿐 책을 읽지 않아도 별다른 불편함을 느끼지 못했다. 그러다가 책을 다시 만나고 독서의 맛을 알게 된 후에는 책을 읽기 전의 나로 되돌아가기 싫을 정도로 책과 사랑에 빠졌다. 성장하고 변화하는 기쁨에 들떠 친구, 동료 교사, 아이들 등 만나는 사람마다 붙들고 책을 권하고, 책 이야기를 했다. 나에게 독서는 정말 중요한 삶의 일부가 되어버렸다.

그런데 독서에 대한 관심이 높아지면서 고민의 방향이 바뀌었다.

'급변하는 미래를 살아갈 아이들에게도 독서가 정말 필요할까?' 하는 고민이었다. 범람하는 지식과 정보를 다양하고 빠른 방법으로 습득할 수 있는데 꼭 책을 읽어야만 할까 의문이 들었다.

《4차원 교육 4차원 미래역량》에서는 우리 아이들이 길러야 하는 미래 역량으로 '지식, 메타인지, 창의력, 비판적 사고, 의사소통 및 협업 능력, 인성'을 꼽았다. 지금 우리 아이들에게 꼭 필요한 역량이었다. 문득 궁금증이 일었다. '그렇다면 독서를 통해서도 이러한 역량을 기를 수 있을까?'

지난 6년간 아이들에게 읽어준 책, 함께했던 독서활동은 나에게 확신을 심어주었다. 책 읽기가 실제로 아이들의 크나큰 성장과 변화를 이끌어낸다는 것을.

이 책《한 권으로 끝내는 초등 독서법》에는 6년 동안 책을 읽고 권하고 나누면서 겪었던 여러 고민을 담았다.

첫째, 독서 방법에 대한 고민이다. 처음 1년 동안은 아이들에게 내가 읽은 내용을 그냥 들려주다가 아이들에게 책을 권하기 시작했다. 독서포럼나비 독서모임에서 '본깨적 독서법'을 배워 아이들과 함께 독서를 시작했다. 본깨적 독서법은 내 생에서 처음 제대로 배운 독서법이다. 독서법도 익혀야 할 기술이라는 것을 알았고, 아이들 또한 독서 방법을 알고 나자 책을 더 깊고 재미있게 만날 수 있다는 데 열광했다. 본깨적 방법으로 '생각하기-글쓰기-토론하기'를 하며 생각을 다듬었고, 깨달은 점을 삶에 적용하면서 아이들은 변화, 성장, 발전했다.

책에 대한 열망은 인문고전 읽기로 이어져, 동료 선생님들과 함께《논어》읽기에 도전했다. 아이들은 어른도 이해하기 어려운《논어》를 하루 한 쪽씩 꼭꼭 씹어 먹으며 자기 나름대로 해석하고 삶과 연결시켰다.

둘째, 독서 습관에 대한 고민이다. 아이들에게 아무리 좋은 것도 습관으로 자리 잡지 못하면 무용지물이 된다. 책 읽는 환경을 만들어주고 독서 훈련을 해야 한다. 부모님과 선생님이 독서하는 모습을 보여주고 아이들과 함께 책을 읽을 때 책에 대한 친밀도가 깊어지고 성장, 변화 속도는 빨라진다.

셋째, 독서 목적에 대한 고민이다. 책을 단순한 유희나 지식을 습득하기 위한 수단으로 활용하면 독서는 우선순위에서 자꾸 밀려난다. 독서의 목적과 가치를 '나눔', '함께 성장'에 둘 때 아이들은 더욱 빛나는 존재로 자라난다.

책 읽기가 생활화되면서부터 아이들은 확실히 달라졌다. 멈춰서 생각하고 질문하고 의견을 나누기 시작했다. 세상을 보는 눈이 넓어지고 날카로워졌다. 친구, 가족, 심지어 다른 나라 친구들까지 따뜻한 마음으로 품기 시작했다. 이화자 선생님은 《초등인성 고전읽기의 힘》에서 인성교육은 마음의 가치관을 만들어주는 것이라고 했다. 이 말대로 아이들은 책을 통해서 올바른 가치관을 세우고 이를 당당하게 실천하는 힘을 길러나갔다.

이 책에는 아이들의 이러한 좌충우돌 변화, 성장 이야기가 고스란히 담겨 있다. 아이들 이름은 가명으로 썼지만 한 명씩 떠올리며 함께 나눈 경험과 추억을 돌이켜볼 때마다 너무나 흐뭇하고 대견하다. 그리고 무엇보다 책이라는 공통분모를 갖게 되면서 아이들과 부쩍 친해진 것이 가장 행복하다.

이 한 권에 모든 독서법이 들어 있는 것은 아니다. 책을 가까이하며 즐기고 독서법을 익혀 독서 능력과 독서 습관을 기르는 방법에 대해 나름대로 고민한 결과물이 담겨 있을 따름이다. 부족하지만 이 책을 통해 그동안 독서와 독서교육에 대해 고심하던 부모님들과 선생님들이 자유로워지기를 바란다. 이 책을 주춧돌 삼아 시행착오의 기간을 줄이고, 올바른 독서의 길을 찾으면 더할 나위 없을 것이다. 부모님은 부모님 속도대로, 아이들은 아이들 속도대로 각자 책과 친해지고 더욱더 발전해가면 좋겠다.

존경하는 마틴 루터 킹 목사님의 "나에게는 꿈이 있습니다"라는 말처럼 나에게도 독서에 대한 꿈이 생겼다.

나에게는 꿈이 있습니다.

부모님 선생님 아이들이 함께 책을 즐기는 모습을 어디에서나 볼 수 있기를
아이들이 늘 책을 가까이하고 주변에 책을 권하는 사람이 되기를
아이들에게 책 한 권 한 권이 빨리 열어보고 싶은 보물 상자가 되기를
그 보물 상자를 열었을 때 기대 이상의 보물 씨앗이 있음에 기뻐하기를
그 씨앗이 자라면서 삶이 변화하기를
변화가 모여 세상을 바꾸는 독서시민으로 자라나기를

책을 통해 아이들의 꿈을 디자인하고픈

드림 디자이너

최원일

목 차

인생을 바꾸는 한끝 독서법

독서시민을 만드는 한끝 독서법

3부 아이의 재능과 적성을 발견하는 한끝 독서법

1부

인생을
바꾸는
한끝 독서법

'나의 삶은 책을 만나기 전과 후로 나뉜다.'
책을 만나기 전의 나는 불안정했고 세상의 소음에 휘둘렸다.
책을 만나면서 비로소 세상에 눈뜨게 되었다.
이제 막 의문을 가지기 시작한 인생 고민에 대한 혜안이 책에서 쏟아졌다.
책과 진지한 대화를 나누기 시작하면서 인생의 가치관과 교육관이 달라졌다.
아이들이 책을 통해 세상을 알아가는 시기를 앞당겨 더 풍요로운 삶을 살기를 바라게 되었다.
지금은 아이들의 꿈을 디자인하는 드림 디자이너로서 책을 열심히 권하고 있다.

1장

❖

내가 아이들에게
책 읽기를 권하는
이유

교육, 무엇이 그리 문제일까

우리나라 교육에 문제가 많다고들 한다. 획일화, 주입식 교육, 인성 교육의 부재 등 나열하자면 끝이 없다. 10여 년 전 내가 교직에 첫발을 들여놓았을 때부터 이런 문제들은 뾰족한 대안 없이 반복되어왔다. 그런데 발등에 불이 떨어졌다. 아이들에게 곧 닥칠 '4차 산업혁명 시대'는 지금과는 전혀 다른 세상이라는 것이다. 마주하게 될 문제조차 알 수 없는 시대이며, 현재 교육은 그런 미래를 헤쳐 나가는 능력을 길러주기에 턱없이 부족하다고 한다.

좋은 대학 입학이라는 한 가지 목표에만 매달린 채 암묵적으로 눈감아 왔던 문제를 더 이상 방치할 수 없게 되었다. 오랫동안 해결되지 않았던 문제가 갑자기 해결되기는 어렵겠지만, 그렇다고 마냥 손 놓고 있을 수도 없었다. 아이들이 두 발을 딛고 당당히 세상을 헤쳐 나갈 힘을 길러주고 싶었다. 스스로 앞가림을 할 수 있는 능력을 키우도록 돕기 위해 내가 할 수 있는 일을 찾았다. '책'이었다. 아이들이 책을 자유자재로 활용하여 성장의 밑거름으로 쓸 수 있을 때까지는 '함께' 읽고 '함께' 이야기하고 '함께' 적용 해가는 수고가 필요할 터였다.

▪▪▪ 다 문제라는 게 문제다

"꿈이요? 엄마가 그냥 의사 하래요."

　진짜 하고 싶은 게 있느냐고 물으면 귀찮게 뭘 그런 걸 질문하느냐는 듯 쳐다본다. 괜히 부모님 마음에 안 드는 직업을 이야기했다가 시달리기만 한다는 것이다. 또 무엇을 원하던 대학을 통과해야 한다는 것을 기정사실로 알고 있다. 아이들이 나다운 인생을 살아갈 꿈조차 마음대로 꾸지 못하는 것은 대학 진학을 위해 학창 시절을 담보로 잡혔기 때문이다.

　대학 잘 가려면 시험 잘 봐야 하고, 시험 잘 보려면 모두 똑같은 내용을 끊임없이 반복해 익혀야 한다. 주입식 교육은 제한된 시간 내에 많은 것을 효율적으로 가르치기에 꽤 유용한 방법이다. 배운 내용을 외우고 기계적으로 반복하다 보면 어느덧 시험에 맞춰진 존재로 바뀌어간다. 시험은 학급, 학교, 전국 서열에서 자신이 어느 정도 위치에 있는지 파악하는 척도가 되고, 그 속에서 상대 우위를 점하려니 치열하게 경쟁할 수밖에 없다. 초등학교에 서술형 평가가 도입되어 성장형 평가에 무게중심을 두려 하지만, 학부모들은 여전히 줄 세우기식 평가를 요구하고 아이가 반에서 몇 등 하는지를 늘 궁금해한다.

　정답이 정해진 문제를 풀고 닥치는 대로 외우기만 하다 보니 다른 것을 생각할 여유가 없다. 창의력이 길러질 리 없는 것이다. 공부는 해도 해도 끝이 없고 성적은 뜻대로 안 나오니 부모님과 선생님의 잔소리 또한 끝이 없다. 지속적인 스트레스에 시달리는 아이들의 언어와 행동은 점점 거칠어지고, 갈등이 잦아진다. 누가 자신의 감정을 조금만 건드리면 상대에게 마구 쏟아붓는다.

총체적인 난국이다. 여러 문제가 서로 연결되어 있어서, 어느 하나를 해결해도 반짝 나아지는 듯하다가 다시 이전 상태로 돌아가기 일쑤다. 서서히 바꾸어가려 애쓰고는 있지만 언제 만족스럽게 바뀔지는 알 수 없다.

■ ■ ■ 점점 작아지는 부모와 교사

"선생님, 창의력은 어떻게 해야 길러줄 수 있나요? 학원을 보내야 할까요?"

"서술형 평가의 좋은 점은 알겠는데, 중학교에서 보는 시험 유형에 대한 적응력도 키워줘야 하지 않을까요?"

"애가 뭔가 끄적거리거나 만들고 있으면 자꾸 공부나 하라고 윽박지르게 돼요. 제가 잘못하고 있는 건가요?"

이런 학부모의 질문에 교사 역시 딱히 명쾌한 답을 해주기 어려울 때가 많다. 주입식 교육을 받으며 창의력과는 거리를 두고 살아온 학부모와 교사가 새로운 방법으로 아이들을 교육하려니 힘들기 그지없다. 학부모의 경우 나름 치열하게 고민하고 방법을 찾아보지만 막막한 것이 사실이다.

"부모도 끊임없이 공부해야 한다."

"지나친 사교육이 아이들을 망치고 있다."

"요즘 아이들은 가정교육이 제대로 안 되고 있다."

열심히 키우려고 애쓰고 있는데 여기저기서 잘못하고 있다고 하니 부모 역할에 자신이 없어진다.

교사들도 이런 비난으로부터 자유로울 수 없다. 사회는 교육 현장을 비난하며 사정없이 메스를 휘둘러댄다.

획일적 교육, 창의력 말살 교육, 인성 교육 부재라고 몰아붙이면서 노벨상이 나오지 않는 것도, 왕따 문제를 제대로 해결하지 못하는 것도 학교 교육 탓으로 돌린다.

아이들이 겪는 문제는 복합적인 이유에서 발생하기에 해결이 쉽지 않다. 모두들 뭔가를 하고 있는데 맞는 방향으로 가고 있는지 늘 불안하기만 하다. 결국 어느 한쪽을 탓하거나 짐을 지울 것이 아니라 학생, 교사, 학부모, 사회가 함께 노력해야 한다는 뜻이다.

■■■ 지금 이 순간에도 자라고 있는 아이들

"선생님, 이번 시험은 망했어요."

아이들이 자주 쓰는 말이다. 더 이상은 못 하겠다고 백기를 드는 것이다. 시험이야 한 번 망칠 수도 있지만, 교육을 책임지는 사람들은 더 나아지는 것이 없다며 절망에 빠져 교육을 포기할 수는 없는 노릇이다. 교육 시스템은 변하는 데 오래 걸리고, 답답함에 서로를 탓하기 바쁘다. 사회는 교사를 탓하고, 교사는 부모를 탓하며, 부모는 교사를 탓한다. 그러나 책임을 떠넘기는 동안에도 아이들은 자라고 있다.

탁월한 교육 정책이나 문제를 시원하게 해결해줄 방법이 생기기를 마냥 기다릴 수는 없었다. 완벽한 해결책이 아니더라도 무언가는 해야 했다. 혼자 끙끙대기보다 아이들과 함께 고민해보기로 했다. 어차피 아이들이 헤쳐 나가야 할 인생이다. 부모나 교사가 예상도 못 할 일들을 겪어나갈 아이들이다. 그런 아이들에게 무엇을 쥐여주어야 할지 고민을 거듭했다. 그러다 찾은 것이 독서였다. 필요에 따라 책을 이리저리 요리해서 먹는 방법을 알려주어 변화에 적응할 수 있도록 돕기로 결심했다. 스스로 인생을 개척할 수 있는 힘을 길러주는 것이다.

책을 통해 세상을 보는 눈을 갖추고 변화를 감지하고 생각하는 힘을 길러 당당하게 세상을 헤쳐 나가도록 말이다.

독서를 주목해야 하는 이유

"책을 왜 읽을까?"

스스로에게도 수없이 던진 질문이다. 책을 많이 읽는 사람에게는 한 권 한 권이 또 다른 세계이며 새로운 세상을 열어주는 소중한 매개체다. 하지만 책에 관심이 없는 사람에게는 영 딱딱하고 재미없는 존재일 뿐이다. 책을 읽으라는 이야기를 어릴 때부터 들어와서 마음 한구석에는 끝내지 못한 숙제를 껴안고 있는 것처럼 답답함이 도사리고 있다.

다양한 매체와 정보가 넘쳐나는 시대에 왜 굳이 책이어야 할까? 그 물음에 대해 나름 생각을 정리해보았다.

■ ■ ■ 책을 통해 살아가는 방법을 배우다

'과학, 역사, 수학, 영어, 미술, 만화, 음악, 동화, 시…….' 아이들에게 책 종류를 써보라고 했더니 끙끙거리며 하나씩 떠올렸지만 10개를 못 채웠다. 도서관에서 책을 분류하는 '한국십진분류표'를 보여주었더니 놀라서 입을 다물지 못했다.

'철학, 종교, 과학, 예술, 언어, 문학, 역사.'

갈래가 다양하다는 것에 한 번 놀라고, 각 분류에 해당하는 책이 헤아릴 수 없이 많다는 것에 또 한 번 놀랐다.

세상을 살아가려면 세상을 알아야 한다. 세상에 대한 지식과 삶의 지혜가 오랫동안 축적된 것이 책이다. 아이들은 스펀지 같다. 한 번 흥미를 느껴 발동이 걸리면 무서울 정도로 지식을 빨아들인다. 책을 통째로 집어삼킬 기세다.

한 달 내내 같은 세계지도책을 넘겨보며 지명과 유명 건축물, 대표 음식을 외우는 아이, 갯벌 생태계 책을 종류별로 섭렵하는 아이, 대체에너지에 매력을 느껴 과학책만 보는 아이, 역사 인물만 파고드는 아이, 자신과 비슷한 처지에 놓인 주인공이 등장하는 책을 찾아 읽는 아이도 있다.

책에서 얻은 지식을 나열하고 융합하여 인과관계를 따져본다. 세상 현상을 이해하며 자신만의 살아가는 방법을 터득해가는 것이다. 갯벌이 필요한 이유와 간척사업의 필요성을 비교해보더니 갯벌을 보호해야겠다는 결론을 내리고 실천에 옮긴다. 2차 세계대전이 발생할 수밖에 없었던 이유를 역사적 맥락 안에서 입체적으로 이해한 후에는 현재 일어나고 있는 전쟁에 관심을 갖기 시작한다.

이렇게 아이들은 세상에서 벌어지는 일에 관심을 두고, 세상이 돌아가는 원리를 하나씩 깨치기 시작했다.

자기네 눈높이에서 말이다.

■■■ 생각의 주인이 되어 삶을 이끌다

"흐흐흑……."

둥글게 앉아 이수한의 《둥글둥글 지구촌 국제구호 이야기》 속 '난민' 관련 내용을 읽고 깨달은 점을 이야기하고 있을 때 갑자기 어디선가 울음이 터져 나왔다. 기후난민이 된 투발루(남태평양 섬나라) 사람들을 주변국인 호주는 받아주기를 완전히 거부했고, 뉴질랜드도 극히 일부만 받아주기로 했다는 사실을 이야기하던 중이었다. 어깨까지 떨며 서럽게 눈물을 흘리다가 가까스로 진정하고 말을 꺼냈다. 며칠 뒤에 갈 현장체험학습 버스 좌석의 짝을 정하기로 했었는데, 자신과 앉자고 선뜻 나선 친구가 아무도 없었던 것이다. 투발루 사람들이 주변 나라로부터 거부당하는 모습이 자신의 처지와 비슷하다고 느끼면서 상처받은 마음이 울음으로 터져 나왔던 것이다.

학기 초, 반을 들여다보면 '지저분하다, 답답하다, 잘난 척한다' 등의 꼬리표를 달고 있는 아이들이 한두 명씩은 있다. 무서운 것은 한번 붙은 꼬리표는 해를 거듭해도 사라지지 않고 '그 아이'에 대한 평가로 고정되어버린다는 것이다.

'원래 그런 아이니까, 다들 그렇게 생각하니까' 하고 편할 대로 생각해버린다. 심한 경우 만만한 아이에게 부정적인 감정을 표출하면서 공공연하게 학급 희생양으로 삼기도 한다. 한번은 깔끔한 아이를 계속 '지저분하다'고 놀리는 것이 이상하여 편견의 뿌리를 추적해보았더니 1학년까지 거슬러 올라갔다. 코딱지를 판 것을 본 친구가 소문을 내서 아이들의 놀림감이 되었고 그때 찍힌 낙인이 5학년이 될 때까지 지긋지긋하게 따라다니며 괴롭혔던 것이다.

난민과 자신을 동일시한 우리 반 아이가 겪은 고통은 외모 때문이었다. 연예인을 모방하며 한창 꾸미기 좋아하는 사춘기 아이들은 외모를 우열을 판단하는 중요한 잣대로 삼기도 한다. 패션 감각이 뛰어나고 잘 꾸미는 아이는 동경의 대상이 되고 반대 경우는 무시받기 일쑤다. 불행히도 흐느끼던 아이는 후자에 속했고, 외모의 우월성을 과시하는 아이들 틈에서 계속 상처받아왔던 것이다.

울음을 터트리기 전에도 여러 차례 상담을 통해 그 문제를 함께 고민해왔는데, 드디어 적절한 때가 왔다고 판단했다. 학급 멈추기를 한 뒤 함께 문제를 해결하기로 하고 아이들에게 질문을 던졌다. "이 친구를 어떻게 생각하고 있었니?" "언제부터 그런 생각이 들었니?" "무시하고 깔보는 마음이 있었다면 어떤 이유에서 그랬을까?" "외모로 친구를 판단하는 것은 올바른 일일까?"

처음에는 머뭇거리다가 그동안 애써 외면해오거나 미처 몰랐던 마음을 하나둘씩 꺼내 보이면서 어느 순간 성토의 장으로 탈바꿈했다. 나보다 잘 꾸미는 아이들을 질투 때문에 깎아내렸던 일, 예쁜 아이들은 나보다 우월하다고 여겨 그 아이들이 하자는 대로 했던 일, 소외되고 싶지 않아 틴트에 열광하는 친구들을 따라 마지못해 입술에 발랐던 일, 카톡방에 자신만 초대받지 못하면 안절부절못하고, 동조하지 않으면 나도 그런 일을 당할 것 같아 특정 친구를 욕하거나 무시할 때 장단을 맞췄던 일, 별 볼일 없는 시시한 아이에게는 관심을 두지 않았던 일 등 끊임없이 쏟아져 나왔다.

학기 초에 함께 읽었던 김미경 선생님의 《청소년을 위한 비폭력 대화》에 나오는 '아이히만' 이야기를 다시 꺼냈다. 엄청난 수의 유대인을 학살하고

도 반성의 기미 없이 공무원으로서 의무를 다했을 뿐이라고 말하는 아이히만.

"말하지도, 생각하지도, 행동하지도 않은 것이 아이히만의 죄다."

예루살렘 법정 검사는 이렇게 판결했다.

"누구라도 아이히만이 될 수 있다."

재판 과정을 지켜본 한나 아렌트는 악의 평범성을 이야기한다.

'나는 과연 주체적으로 생각하고 행동했는가?' '여태까지 품어온 생각이 진정으로 내 생각인가?'

아이들은 스스로 깨닫기 시작했다. 외모지상주의가 지배하는 사회가 심어준 편견을 생각 없이 받아들였다는 것과 그 생각이 무럭무럭 자라도록 자리를 내주었다는 사실, 그것이 문제임을 인식조차 못 했고 한 번도 의심한 적이 없었다는 사실을. 무리에서 이탈하는 것이 두려워 친구에게 상처 주는 말과 행동을 서슴지 않고 했다는 사실도 받아들였다.

책은 이렇듯 아이들을 생각으로 이끌고 삶과 연결하여 편협한 사고에서 벗어나 나를 꺼내놓을 수 있게 해준다. 주변 사람들의 생각에 의지하는 것이 아니라 스스로 판단하고 결정하는 힘을 기르고, 그 과정에서 세상을 사는 지혜와 통찰을 얻는다.

요즘 많은 아이들이 결정을 부모님과 선생님에게 맡기고, 실패하면 책임을 다른 사람에게 미뤄버린다. 책은 그 아이들을 이렇게 변화시킨다. "다수가 내린 결론을 손쉽게 따라가며 위안을 얻는 것이 아니라 치열하게 고민해서 얻은 생각으로 판단하고 결정해야 한다. 내가 생각의 주인, 행동의 주체가 되어야 한다. 내 삶의 주인은 '나'다."

■ ■ ■ 나를 바로 세워 세상을 따뜻하게 살아가다

"선생님, 그 아이들에게 절대 말씀하시면 안 돼요."

책 이야기를 하다 서럽게 흐느끼며 자신의 상처받은 마음을 꺼내보였던 그 아이가 한 달 전 상담 때 여러 차례 다짐을 받아가며 한 말이었다. 그 당시 학급의 미묘한 기류를 감지하고 조용히 불러 넌지시 물었더니 역시나 문제가 있었다. 친구들이 외모를 가지고 놀리고, 모둠 활동 때 자신의 의견을 번번이 무시했던 것이다. 자신은 괜찮다며 그 아이들을 따로 부르지 말아달라고 신신당부했다. 자신의 상처보다 선생님께 말했다는 사실이 알려지는 걸 더 두려워했다. 전보다 더 괴롭힐 게 뻔하기 때문이다.

일단은 계속 상담하며 지켜보기로 했다. 아이들이 놀린 말 자체는 심하지 않았지만, 여러 명이 지속적으로 그런 말을 하는 것은 잘못된 행동임을 알려줄 필요가 있었다. 무엇보다 은근히 깔려 있는 무시하는 마음을 바꿔주고 싶어서 적당한 시기를 기다리고 있었다.

교우 관계 문제는 해결하기가 쉽지 않다. 특히 고학년 여자아이들의 경우 선생님의 도덕성이란 잣대로 아이들 사이를 잘못 비집고 들어가면 관계가 더 악화되기 마련이다. 복잡한 상황과 감정이 얽혀 있는 경우가 대부분이기 때문이다. 논리적인 설득보다 아이들의 심리 상태, 관계가 변화되어온 역사, 다른 아이들과의 교우 관계를 종합적으로 파악하며 공감하는 마음으로 접근해야 하는 경우가 많다.

적절한 타이밍 역시 중요한데, 이번 일도 아이들 마음이 서로 준비되어 있지 않았다면 쉽게 해결되기 어려웠을 것이다. 《뚱보면 어때, 난 나야》를 읽고 있는 그대로의 자신을 사랑해야 한다는 생각을 해본 적이 없었더라면, 《비폭력 대화》를 읽으며 말의 힘과 폭력성에 대해 고민해본 적이 없었다면, 《아니야, 우리가 미안하다》를 나누며 집단 따돌림을 당하는 중학생 선배의 마음을 공감해보지 않았더라면, 《생각이 크는 인문학 7: 감정》을 통해 적절하게 공감하고 소통하며 감정을 표현하는 법을 배우지 않았더라면 어땠을까? 상처받은 친구가 자신의 심정을 고백할 용기를 내지 못했을 것이다. 상처를 주었던 친구들은 친구의 고백을 비웃으며 애써 고백한 아이를 더욱 움츠러들게 했을 수도 있다. 아이히만 이야기를 자신들을 정죄하려는 지겨운 잔소리로 치부해버렸을 것이다.

이 이야기의 결말은 해피엔딩이다. 책 속 인물과 동일시하면서 아픈 마음을 용기 있게 꺼낸 아이에게 기나긴 겨울이 끝나고 봄이 왔다. 친구들이 자신의 상처받은 마음을 헤아려주는 것에 위안을 받은 아이는 며칠 뒤 우리 반 모두에게 각각 편지를 써서 전달했다. 여전히 자기표현에 서툴지만 수줍은 미소 뒤에 자신감이 엿보였다. 친구들이 그 아이를 전과 다르게 바라보기 시작한 것은 어쩌면 당연히 따라온 결과였으리라.

책 몇 권에 감화, 감동하여 인간관계가 마법처럼 순식간에 해결되는 것은 아니다. 책은 평소에는 아이들 삶에 녹아들어 있다가 필요한 순간에 생명력을 얻어 큰 힘을 발휘한다. 책을 통해 아이들은 바른 가치관을 세우고, 다양한 가치가 공존하는 급변하는 사회 속에서 나와 다른 사람 모두를 이롭게 하는 결정을 내릴 수 있게 된다. 책 한 권 한 권이 용기, 배려, 공감능력, 회복탄력성 같은 인성을 기르는 데 마중물이 되기에 책의 중요성은 아무리 강조해도 지나치지 않다. 책의 힘으로 우리는 조금 더 따뜻한 세상을 살아갈 수 있다.

독서시민으로 다시 태어날 수 있도록

'독서를 통해 자신을 발견하고, 깨달은 것을 실천하여, 공동체와 함께 성장하는 사람.'

아이들이 이런 모습으로 성장하면 좋겠다는 바람을 담아 내가 나름대로 내린 '독서시민'의 정의다. 늘 책을 가까이하고, 주변에 책을 권하며, 책을 통해 공동체를 변화시키는 사람으로 거듭나는 것이다. 그렇다면 독서시민이 되기 위해 갖춰야 할 역량에는 무엇이 있을까? 독서시민을 길러내기 위해 교사는 어떻게 변해야 할까?

■■■ 책에서 도망치는 아이들

'독서가 금지된 시대.

세상의 책을 모조리 찾아 태우는 방화수와 그들을 피해 위험을 무릅쓰고 책을 지켜내려는 사람들의 쫓고 쫓기는 숨 막히는 추격전.'

레이 브래드버리의 소설 《화씨 451》에 묘사된 가상의 미래 모습이다. 오늘날 책을 읽히려고 쫓아다니는 어른들과 요리조리 피해 도망가는 아이들의 모습이 묘하게 겹친다. 비판적인 생각을 하게 만드는 독서는 불법화되고 대부분의 사람은 스스로 생각하는 일을 멈춘 채 매스미디어에 중독되어 쾌락만을 추구하며 살아가는 소설 속 미래는 현재 우리 현실의 모습과 닮아 있다. 독서를 권하는 사회라는 것만 빼면 말이다.

"책은 계단이다. 계단은 올라가면 올라갈수록 힘든데, 책도 많이 읽을수록 힘들어서이다."

"책은 짜증이다. 할머니와 아빠가 책을 계속 읽으라고 하기 때문이다."

"책은 지겨움이다. 글이 너무 많아서이다."

3월 학기 초에 아이들에게 책에 관해 물으면 대부분 부정적인 대답이 돌아온다. 아이들이 기를 쓰고 도망 다니는 이유를 4가지로 분석해보았다.

첫째, 타인의 강요로 목적 없는 수동적 책 읽기를 하고 있다. 책 읽는 즐거움을 만끽하면서 능동적으로 독서할 힘을 기르지 못하고 오직 좋은 대학 입학과 성적 향상을 위한 도구로 독서를 해왔다.

둘째, 단순한 흥미 위주의 독서를 하고 있다. 아이들에게 '재미'있는 것은 동화, 학습만화, 판타지, 그림이 많은 책으로 제한된다. 학교 아침독서 시간이나 대형 서점 어린이 서적 코너에서 어김없이 주로 읽는 책은 만화책이다. 글이 많은 책을 접하기 시작하면서 아이들은 답답하고 지루하다는 이유로 독서에 대한 흥미를 급속도로 잃고 책을 멀리하기 시작한다.

셋째, 다독과 속독에 치우친 양적 독서를 하고 있다. 지식을 얻기 위해 빠르게 책을 섭렵하고, 경쟁적으로 권수 늘리기에 치중한다. 새로운 것을 깨달았다는 순수한 기쁨보다 책을 많이 읽었다는 사실 자체에 만족한다. 많은 양의 SNS를 빠르게 훑어 내려가며 '좋아요' 댓글에 익숙한 아이들에게 호흡이 긴 글을 천천히 음미하고 깊게 생각하며 읽는 것은 답답하고 고통스러운 일이다. 그렇다고 '빨리', '많이'를 고집한다면 생각하는 힘을 기르기 어렵다.

넷째, 독서하는 방법을 잘 모르고 독서 습관이 제대로 잡혀 있지 않다. 깊이 이해하기보다는 그저 글이니까 읽을 뿐이고 단순 지식이나 재미를 얻는 데 그친다. 책 읽기가 삶의 일부가 아니기에 학년이 올라갈수록 책은 공부에 밀려 점점 순위가 떨어진다.

■■■ 독서시민 역량이란

'교육 3.0 시대.'

국제미래학회 김재춘 한국교육개발원 원장은 《대한민국 미래교육보고서》에서 교육을 1.0, 2.0, 3.0 시대로 구분한다. 정확하고 빠르게 지식을 습득하거나 주어진 문제를 해결하는 능력을 길렀던 '교육 1.0'이나 '교육 2.0' 시대와는 달리 '교육 3.0' 시대에는 문제를 발견하고 해결할 수 있는 역량을 키우는 교육이 이루어져야 한다는 것이다.

학생들은 불확실하고 비구조적인 정답 없는 문제들을 스스로 발견하고 탐구하면서 미래 역량을 갖추게 되는데, 여기서 '문제'란 학생들 삶에서 중요한 문제를 말한다.

미국 교육과정재설계센터 Center for Curriculum Redesign, CCR 는 21세기에 필요한 미래 역량을 다음 4가지 차원에서 제시했다.

• 지식: 전통적 지식, 현대적 지식

- 스킬: 창의력, 비판적 사고, 의사소통, 협업
- 인성: 마음챙김, 호기심, 용기, 회복탄력성, 윤리성, 리더십
- 메타학습: 메타인지, 성장 마인드세트

그렇다면 미래를 살아갈 독서시민은 어떤 역량을 갖춰야 할까? 위 4가지 차원의 미래 역량을 참고하여 꼭 길러주고 싶은 독서시민 역량을 다음과 같이 규정해보았다.

- 자기발견
- 평생교육
- 삶의 기술
- 인성

독서시민 역량

자기발견	평생교육	삶의 기술	인성
"나다운 나 만들어가기"	"지속적인 배움으로 거듭나기"	"인생을 풍요롭게 하는 삶의 기술 다지기"	"마음 가치관을 만들어 인간다운 행복 추구하기"
비전 세움 멘토 세움 꿈의 시각화	지식 확장 메타학습 성장 마인드세트	창의력 비판적 사고 의사소통 협업	마음챙김 호기심 용기 회복탄력성 윤리성 리더십 공헌

• 참고문헌: 버니 트릴링 외, 《4차원 교육 4차원 미래역량》, 새로온봄, 2016을 참고하여 재구성함.

■■■ 독서시민을 키워내는 교사로

"아이들을 정말 생각하게 만들었는가?"

"자신의 문제가 무엇인지 찾도록 도왔는가?"

"자신의 삶을 꾸려나갈 수 있는 역량을 기를 환경을 만들어주었는가?"

이런 질문들에 하나도 자신 있게 긍정적인 대답을 할 수 없었다. 앎의 기쁨을 느끼며 사방으로 뻗어 나가야 할 생각들을 '진도'의 틀에 맞춰 재단하기 바빴다. 역동적인 삶을 일궈갈 실질적인 활동들은 성적 내기에 급급해 뒷전으로 미루기 일쑤였다. 뭔가 잘못되었다는 것을 느끼면서도 당장 주어진 진도와 학습량을 맞추고자 불편한 마음은 일단 덮어두었다.

미래에 필요한 인재가 되려면 필요한 지식을 비판적으로 받아들이는 시각을 길러야 한다. 아이들은 능동적인 학습을 통해 진정한 앎의 기쁨을 누려야 한다. 평생 배움을 일구며 개발한 잠재력을 의미 있게 사용하면서 행복해야 한다.

교사의 역할도 바뀌어야 한다. 일본 최고의 지식인이라 불리는 오마에 겐이치는 《지식의 쇠퇴》에서 교사가 학생을 가르친다는 것 자체가 시대착오적인 생각이라고 했다. '답 없는 세계'에서 예전의 답을 가르치는 것은 무의미하다는 것이다. 가르치기보다 아이들의 잠재력을 이끌어내라고 강조한다. 또한 북유럽 여러 나라에서는 학생이 배우는 것을 돕는 것으로 교사의 역할이 변하고 있다며, 학생이 배우고 생각하는 것을 돕는 것이 교사가 할 일이라고 했다.

아이들이 미래 역량을 갖춘 독서시민으로 거듭나도록 돕기 위한 교사의 역할을 정리해보았다.

- 진로를 설계하고 학습의 방향을 이끌어주는 코치
- 인성을 기르고 내면화할 수 있게 돕는 조언자와 상담자
- 꿈을 심어주고 지지하고 격려하며 잠재력을 끌어내주는 동기부여자
그리고
- 책을 읽고 책을 권하는 독서 컨설턴트

교과서의 지식을 씹어서 전달하기에 바빴는데 코치, 조언자, 상담자, 동기부여자에 독서 컨설턴트 역할이라니. 타이틀만으로도 어깨가 무거워졌다. 하지만 교사 역할에 맞는 역량을 기르기 위해 '책'을 읽기 시작했다.

2장

✿

책은
인생을 어떻게
변화시키는가

인생의 전환점에서 책을 만나다

10년 전에 "책을 왜 읽으세요?"라는 질문을 받았다면 선뜻 답하지 못했을 것이다. 그저 책을 읽으면 똑똑해질 것이라는 막연한 기대와 다독하는 사람들을 동경하는 것이 다였기 때문이다. 그토록 책을 갈망해왔으면서도 정작 내가 책을 왜 읽고자 했는지에 대해 진지하게 고민해본 적이 없었다.

교직 생활도 마찬가지였다. 투철한 사명감으로 무장되어 있었던 것은 아니다. 그저 가르치는 것이 재미있었고, 매일 열심히 살았을 뿐이다. 하지만 나만의 교육관이나 교육철학이 없었기에 뿌리 얕은 나무처럼 어려움에 처하면 세차게 흔들렸고, 주변의 영향을 많이 받았다.

책과 독서모임과의 인연은 내 삶과 교직 생활을 180도 바꿔버렸다. 책을 만나면서 내 인생의 새로운 길이 열린 것이다.

■■■ 채워지지 않는 책에 대한 갈망

그저 말 잘하는 사람이 되고 싶었다. 고등학교 1학년 때 단짝 친구가 전혀 들어보지 못한 용어를 써가며 논리정연하게 자기 생각을 발표하는 모습에 충격을 받았다.

그때부터 책에 대한 끊임없는 갈망이 시작되었다. 공부에 매진하면서도 책을 손에서 놓지 않는 그 친구를 닮고 싶었다. 내성적이던 나는 생각하다가 말할 때를 놓치거나, 무슨 말을 해야 할지 몰라 억울하게 참고만 있어야 했던 적이 많았다. 그저 책을 읽으면 아는 것이 많아져 말을 잘하게 될 거라고 막연히 기대했다.

독서가 우선순위가 아니었던 내가 갑자기 공부를 병행하며 책을 읽는 것은 쉬운 일이 아니었다. 무조건 빨리 읽고 싶어 속독법 책을 뒤적이기도 하고 1년 30권을 목표로 도서관에서 야심 차게 책을 빌리기도 했지만 책은 여전히 멀게만 느껴졌다. 고등학교 때는 수능을 핑계 삼아 동서양 필수 문학 작품이라도 읽었는데, 대학 시절에는 전공 공부에 밀려 다시 그나마도 찬밥 신세가 되고 말았다.

도전은 계속됐다. 어마어마한 책에 압도되어 금방 풀이 죽으면서도 독서 의욕에 불이 붙을 때마다 대형 서점으로 달려갔다. 어떤 책을 읽어야 할지 몰라 방황하다 베스트셀러라도 빌리려고 도서관을 기웃거렸다. 시작만 하고 끝내지 못한 책들이 여기저기 굴러다녀도 마음에 드는 책이 있으면 또 샀다.

교직 생활을 시작했지만 독서 습관이 갑자기 바뀔 리 없었다. 독서 교육에 대한 부담까지 더해져 점점 마음이 무거워질 뿐이었다. 뚜렷한 목표 의식도 없고, 독서하는 방법을 제대로 배운 적도 없기에 책 읽기는 난항이 계속되었다. 난관을 뛰어넘을 무언가가 필요했다.

■■■ 나는 '그냥' 교사였다

정말 나는 그냥 직업인으로서 교사였다. 매일 주어진 일을 정신없이 했다. 열심히 가르쳤고 이리저리 뛰어다니며 업무를 해결했다.

잘하고 있다는 확신은 없었다. 어떤 일만 생기면 교사 탓, 학교 탓, 교육 탓으로 돌리는 사회 분위기에 자꾸만 자신이 없어졌다. 내가 하는 일을 좋아하면서도 자부심이 없었고 교사로서 자존감도 낮았다. 열심히 가르치기만 하면 되지 딱히 교육관을 가져야 한다는 절박함도 없었다. 교육철학은 시간이 지나면 저절로 생기는 것이 아니라 치열하게 고민해야 얻을 수 있다는 것을 몰랐다.

아이들도 상상하던 것과는 달랐다. 열심히 가르치기만 한다고 따르지 않았다. 교육학이나 심리학 이론에 딱 들어맞는 아이는 거의 없었다. 그저 한 명 한 명이 독특한 존재였다. 사랑스러울 때도 있었으나 나의 경험만으로 그들을 온전하게 이해하기는 어려웠다. 불안감에 아이들을 속박하고 나만의 울타리에 가두려고 했다. 밀고 당기는 감정의 줄다리기가 계속되면서 교실에는 늘 팽팽한 긴장감이 감돌았다. 내가 정말 좋다고 다가오는 아이들도 온전하게 안아주지 못했다.

학부모 또한 언제나 어려운 존재였다. 이런저런 아이 문제를 가지고 온 학부모의 고민을 명쾌하게 해결해주지 못할 때마다 무기력해졌다. 불만을 토로하면 즉각 나에 대한 공격으로 받아들이고 내 마음을 몰라주는 학부모를 원망했다. 이런 일이 거듭되면서 소통하는 데 점점 자신감을 잃어갔다. 앞으로도 이런 교직 생활을 이어나가야 한다니 상상만으로 끔찍했다. 변화가 필요했다.

■■■ '독서포럼나비'로 변화된 삶

변화는 책과 함께 찾아왔다. 독서모임과 함께 책이 넝쿨째 굴러들어왔다. 가파른 상승곡선을 그리는 독서량에 비례하여 변화에도 가속도가 붙었다. 끌어당김의 법칙이 나에게도 통했는지 새로운 연결고리들이 생겨나기 시작했다.

변화에 대한 갈망을 해소해줄 무언가를 찾던 중 교보문고 독서경영대학을 알게 되었고 책을 공통분모로 가진 사람들의 모임에 처음으로 참석하게 되었다. 같은 책을 읽어 와서 깊이 있는 대화를 주고받고, 2차원의 책 속에만 존재하던 작가의 강연을 직접 듣고 있다는 것이 믿기지 않았다. 그리고 그곳에서의 만남이 또 하나의 새로운 인연으로 이어졌다.

함께 수업에 참여했던 조동근 대표님이 또 다른 독서모임을 소개해주셨다. 알고 보니 당신께서 회장을 맡아 열정적으로 몸담고 있는 독서모임이었다. 한창 독서에 대한 관심이 증폭되어 있던 때라 마다할 이유가 없었기에 바로 가보기로 했다. 폭우가 쏟아지는 데다 길까지 헤매는 바람에 겨우 찾아낸 그곳에는 또 다른 신세계가 펼쳐지고 있었다. '독서포럼나비'와의 첫 만남은 그렇게 시작되었다.

문을 열자마자 오롯이 다른 세상이 존재하고 있었다. 100여 명이 넘는 사람들이 공간을 꽉 메우고 여기저기서 토론을 벌이고 있었다. 비집고 들어갈 틈이 없어 보여 난감한 것도 잠시, 바로 토론 테이블로 안내받아 참여했다. 모든 것이 신선한 충격이었다. 밑줄을 치고 깨알같이 무언가를 적어 놓은 책에서 시선을 뗄 수 없었다. 독서모임에 온다고 예의상 대충 집어 온 내 책은 부끄러워 꺼내지도 못했다.

'본깨적' 토론 방법에 따라 '본 것, 깨달은 것, 적용할 것'을 구분하여 정리한 내용을 발표하는 모습이 마냥 신기했다. 3분짜리 모래시계를 활용하여 시간제한을 두고 모둠원에게 돌아가며 공평하게 말할 기회를 주는 것에 감탄했다. 대학생, 군인, 다양한 분야와 직종의 직장인, 부모님 손을 잡고 온 초등학생과 중고등학생, 은퇴하고 인생의 다음 장을 준비하는 분들까지 섞여 스스럼없이 책에 대해 끊임없이 이야기를 주고받는 모습도 인상적이었다.

마치 새로운 문화와 생각을 공유하는 전혀 다른 세계의 인류를 모아놓은 듯했다. 처음 참석했다는 핑계로 은근슬쩍 넘어가려고 했는데, '들깨적'을 하란다. 조원들의 배려를 거절할 수 없어 '들은 내용 중에서 깨달은 것과 적용할 것'을 횡설수설 발표했다. 지금은 기억조차 안 나는 아무 말 대잔치였다.

'독서포럼나비'는 책을 보고 깨닫고 적용하는 과정을 거쳐 삶의 변화를 이끌어내는 독서 문화 공동체다. '나로부터 비롯되는 목적 있는 책 읽기를 통해 세상에 선한 영향력을 미치는 리더가 되자'는 비전을 가지고 우리나라뿐 아니라 해외에도 자발적으로 나비 모임이 생겨나고 있다. 3P자기경영연구소 강규형 대표님은 함께 읽는 '떼독서'가 삶의 변화를 키우는 씨앗을 만들어주며, 그 씨앗을 서로 같이 키울 때 생명의 숲이 만들어질 거라고 했다. 모임에 참석하는 몇 년 동안 《대한민국 독서혁명》에 나오는 개인, 가정, 조직의 변화 사례를 직접 지켜보면서 떼독서의 위력을 실감했다.

어떤 책을 읽어야 할지 몰랐던 나에게 지정 도서는 씨앗 도서가 되었고, 정해진 날짜까지 읽어야 한다는 즐거운 부담감을 안겨주었다. 본깨적 독서법과 토론법을 익혀 책을 나누기 시작하면서 책 읽기에 리듬감이 생겼다. 책 속에서 소개하는 책이나 같은 작가의 책, 관심 분야가 다양해지면서 읽고 싶은 책도 많아졌다. 주옥같은 글을 건져낼 때마다 새로운 세계를 만났다.

많은 것이 달라졌다. 무엇보다 실행력이 눈에 띄게 높아졌다. 매번 모임을 마칠 때마다 외치는 '공부해서 남을 주자!'는 책박수 구호에 동화되어서인지, 아는 것이 많아지면서 책 내용을 나누지 않고는 좀이 쑤실 정도가 되었다. 이것저것 주체할 수 없을 만큼 해보고 싶은 것도 많아졌다. 그리고 그중 상당 부분을 아이들과 실행에 옮기기 시작했다.

■ ■ ■ 나는 행운의 불가사리였다

"우리가 꽂을 수 있는 깃발이 정상 하나에만 있는 것이 아닙니다. 인생의 깃발은 여러 군데 있습니다. 치열하게 경쟁하며 다른 사람을 밟고 정상에 오르지 마세요. 자신의 것을 나누며 함께 성장하세요."

독서포럼나비에서 강규형 대표님이 힘주어 하신 말씀이었다.

'나눔?'

크게 와 닿았으나 거부감이 가로막았다. 자기 것 챙기기에도 숨 가쁜 세상에 남까지 돌아볼 여유가 어디 있는가 싶었다. 나눔을 허울 좋게 가르치고는 있었지만 진정으로 그 의미와 실천에 대해 곱씹어본 적이 없었다. 그냥 내 할 일을 열심히 하면 되지 나누기까지 해야 하다니.

그런데 이런 거부감 뒤에 마음에 차오르는 무언가가 있었다. 남을 제쳐가며 치열하게 살지 않아도 된다고, 함께 가면서 멀리 가는 길도 있다고 누군가 말해주는 것만으로 위안이 되었다.

　문정동으로 옮기기 전 독서포럼나비는 건물 지하 공간을 사용했다. 대표님은 처음에 수익과 상관없는 독서모임을 위해 이 공간을 빌릴 때 고민이 많았다고 하셨다. 결국 현실의 문제보다 꿈을 택하셨다. 책을 등한시하는 사회 분위기에 맞서 세계적으로 표준이 되는 독서모임 모델을 구축하고 책 읽기를 통한 영향력 있는 리더를 배출한다는 큰 비전을 택한 것이다. 독서포럼나비를 지하 레지스탕스 운동에 비유하며 나비 회원 한 사람 한 사람이 선한 영향력을 널리 전파하는 사람들이 되라고 강조하셨다. 나비 독서모임 전국 10만 개, 전 세계 100만 개라는 목표가 비현실적이라 생각하면서도 무엇에 홀린 듯 고개를 끄덕이고 있었다.

　대표님의 이야기가 더 듣고 싶어서 독서모임 후 신입 회원 티타임 시간에 참석했다. 낯선 사람들과 마주하는 것이 어색해 독서모임에 발을 들여놓은 지 한참이 지나서야 참석한 참이었다. 초등 교사라고 말씀드리니 은근한 미소로 열매가 되는 아이들을 길러내라며 힘주어 말씀하셨다.

　각도기는 동일한 점에서 시작해 나아갈수록 크게 벌어진다. 강규형 대표님을 만난 날 생각이 깨어지고, 관점이 바뀌었다. 인생의 방향을 재설정하여 걸어온 지 6년. 각도기의 각이 벌어지듯 이전의 나와는 참으로 많이 달라졌다.

　잭 캔필드의 《내 영혼을 위한 닭고기 수프》 속 불가사리 이야기가 떠오른다.

　한 노인이 해변으로 쓸려 올라온 불가사리들이 햇볕에 말라 죽기 전에 바다로 돌려보내는 노인을 보고 한 젊은이가 어이없어하며 묻는다.

"매일 휩쓸려 오는 수천 마리를 전부 돌려보낼 수도 없는데 왜 쓸데없는 수고를 하십니까?"

노인은 자애로운 미소를 머금은 채 다시 불가사리 한 마리를 바닷속으로 되돌려 보내며 말한다.

"지금 저 한 마리에게는 큰 차이가 있지요."

읽을 때마다 먹먹함이 밀려온다. 바다로 돌아간 불가사리처럼 강규형 대표님과 독서포럼나비를 만나 인생의 전환점을 맞이하는 행운을 누릴 수 있었다. 대표님과 티타임을 마치고 돌아오면서 결심했다. 불가사리를 바다로 돌려보내는 노인처럼 다른 이의 필요를 채워주는 사람이 되겠다고 말이다.

나의 변화를 넘어 교사의 길로

아이들을 섬기기보다 열심히 하는 내 모습을 사랑하는 교사였다. 자신만의 틀에 갇혀 세상을 바라보고 아이들 또한 그렇게 살아야 한다고 생각했었다.

'나는 왜 살지?'

'교사를 왜 하고 있는 거지?'

'책은 왜 읽지?'

'앞으로 어떻게 살아가야 하지?'

책을 읽기 시작하면서 끊임없이 질문을 던지기 시작했다. 물음에 대한 답을 찾아나가면서 인생의 목표를 찾았고, 교사로서 정체성을 만들어나갔다.

사과 속 씨앗은 셀 수 있지만, 씨앗 속 사과는 셀 수 없다.

미국 소설가 켄 엘턴 키지가 한 이 말처럼 아이들의 보석을 찾아주는 교사로 거듭나고 싶었다.

■■■ 아이들의 꿈을 설계하는 드림 디자이너

내 인생의 책을 꼽으라면 망설임 없이 《그 청년 바보의사》를 꼽는다. 책 한 권 읽기도 버거워하던 시절 만난 책이었다. 한 달이 넘도록 울렁이는 마음을 부여잡고 한 장 한 장 아껴가며 읽었다. 인생의 사명이 삶의 이정표라는 것을 알려주었다. 사명은 존재의 의미를 일깨우고 삶을 이끄는 원동력이라는 것을 깨닫게 해주었다.

내 인생 지론은 참으로 단순했다. 열심히 공부해서 좋은 대학 가고 좋은 직업을 구해 일하면서 편안함과 안락함을 누리는 것이 행복이라고 생각했다. 바보의사 안수현은 좋은 대학을 나왔고 의사의 길을 밟고 있었으니 마음만 먹으면 쉽게 부와 명성을 누리는 길로 들어설 수 있었다. 하지만 그는 가진 것이 별로 없어도 자신의 재능과 열정을 이웃을 위해 헌신하는 데 썼다. 다른 사람의 생명을 내 생명처럼 귀하게 여겼다. 환자들과 동료 의사들 사이에서 '참의사'라고 불린 그는 모든 걸음이 다른 사람을 진심으로 살리기 위한 사명을 향해 있었다.

나도 매일 열심히 살았지만 '열심'에는 결정적인 차이가 있었다. 그는 '어떤 의사'로 살 것인지 끊임없이 고민했다. 반면 나는 학창 시절에는 성적 내기에 바빴고, 대학에 와서도 맞춰진 틀에 적응하며 살기에 급급했다. 바로 앞에 닥친 문제를 해결하기도 힘든데 인생의 사명을 고민하는 것은 사치라고 느꼈다. 교사가 되었을 때도 그저 열심히 가르치면 된다고 생각했지 '어떤 교사'가 될지, '어떤 아이들'을 길러낼지에 대한 고민 없이 무작정 달리기만 했다.

의사 안수현. 33세에 짧은 생을 마감했지만 죽은 후에도 여전히 사람들의 마음에 파문을 일으키며 그들의 삶을 변화시키고 있다. 그의 삶을 마음에 새긴 후 수년이 지나 교사로서 꿈이 생겼다. 세상으로 통하는 창이 되어 아이들의 꿈을 디자인하는 드림 디자이너 Dream Designer로서 나만의 길을 걷기 시작했다.

■■■ 아이들의 스펙트럼에 빛을 넣어주는 일

세상의 기준에서 이탈하지 않기 위해 끊임없이 발버둥 쳐왔다. '특목고를 가야만 좋은 대학을 갈 수 있다.' '국영수만 잘하면 된다.' '좋은 대학을 가야 성공한 인생을 살 수 있다.' '좋은 직장과 부를 얻는 것이 인생의 성공이다.' '세상의 기준에 맞춰 살아라. 튀지 말고 적당히 세상과 타협하며 살아라.' 세상이 제시한 통념을 여과 없이 받아들이고 그 틀에 나를 맞추기 위해 애쓰다 보니 무슨 일을 하든 다른 사람 눈치를 먼저 살피게 되었다.

세상 통념과 다르게 사는 사람을 보면 부럽기도 했지만 왜 저렇게 위험한 선택을 하는지 이해가 안 될 때가 많았다. 이런 나의 삶을 헤집고 들어온 아이들은 혼란 자체였다. 기질도 성격도 관심사도 다양한 아이들은 좌충우돌 자신들의 색을 발휘했다. 이런 아이들을 보는 것이 불안했다. 그리스신화의 프로크루스테스는 자신의 침대에 맞춰 사람들을 자르거나 늘린다. 이 괴물처럼 내 기준에서 벗어나는 아이들은 내 틀에 가둬놓고 고치려 했다. 당연히 아이들과 갈등은 깊어졌고 그럴수록 더욱 억압하려고만 했다.

이 시기에 나는 기적처럼 《여덟 단어》를 만났다.

다 같이 몰려가는 대열에 합류하지 못하면 불안해합니다. 저마다 생김새도 다르고 위치도 다르고 삶의 지향점도 다른데 똑같이 살아야 마음이 편해요. 다른 사람은 어떻게 사는지, 나도 저 사람과 발맞추고 있는지 끊임없이 눈치를 보고 뒤돌아봅니다. 말 그대로 '각자'의 인생인데, 뚜벅뚜벅 내 길을 걸어가야 하는데 그게 용납되지 않아요. 그렇게 교육을 받아온 겁니다. 생각해보세요. 우리는 나의 '자존'을 찾는 것보다는 바깥의 '눈치'를 보는 것이 습관이 되어 있지는 않은지.

바로 나의 모습이었다. 광고 전문가 박웅현은 기준점을 안에 두고 나만의 별을 찾으라 한다. 세상이 원하는 모습을 보여주기 위해 숨 가쁘게 달려왔던 나에게 따스한 위안이 되었다. 동시에 편견에 갇혀 세상의 잣대로 다른 사람을 함부로 평가했던 나에게 일침을 가했다. 책을 통해 다양한 삶을 만나면서 기존에 가지고 있던 나의 가치관을 흔들어보기 시작했다. 아이들의 다양한 모습도 그 자체로 인정하고 받아들이려 노력했다.

그러자 가르치는 모습이 달라지기 시작했다. 이전에는 내가 중요하다고 생각하는 것을 중심으로 가르치고, 내가 원하는 수준까지 끌어올리기 위해 정신없이 달려오기만 했다. 아이들에게 무엇이 필요한지 귀 기울이지 않았다. 그러다 보니 나와 성향이 잘 맞고 관심 분야가 비슷한 아이들은 빠르게 성장했지만 내 관심사가 아닌 분야에 재능을 가진 아이들은 재능을 발휘할 기회가 없었다.

교사 사토 마나부는 《배움으로부터 도주하는 아이들》에서 진정한 배움이란 자기 자신뿐 아니라 다른 사람과도 끊임없이 만나고 대화하면서 이루어진다고 했다. 나와 아이들을 연결시켜 아이들을 관찰하고 아이들의 목소리에 귀를 기울이기 시작했다. 교사는 모든 분야에 전문가일 수 없다는 것을 인정하고 모든 것을 가르치려 하기보다 아이들이 각자 잘하는 것을 펼칠 수 있도록 기회를 주기 시작했다.

이제는 아이들의 현재 모습을 보고 섣불리 판단하지 않고 20~30년 후를 내다보며 현재 모습을 받아들이고 있다. 아이들을 조금 더 믿고 아이들이 만들어가는 수업이 되도록 노력하고 있다.

■■■ 마음의 경계를 허물면 얻을 수 있는 것들

나와 아이들 사이에 놓인 2가지 높은 장벽이 있었다. 첫째는 아이들의 반응에 상처를 많이 받는다는 것이고, 또 하나는 교사는 늘 모범을 보여야 한다는 완벽주의 성향이었다. 이 2가지는 '나를 온전히 사랑하지 못하는 것'에 뿌리를 두고 있었다. 스스로를 들여다보면 마음에 안 드는 것투성이고, 뭘 해도 흡족하지 않았다. 자존감은 점점 낮아졌고 다른 사람의 시선을 지나치게 의식했다. 이런 성향은 아이들과 관계를 형성할 때 고스란히 투영되었다.

첫 번째 문제를 극복하기 위해 아이들을 대범하게 대하기로 했다. 모든 아이가 나를 좋아할 수도 없고 항상 내 편일 수도 없다. 교직 생활 대부분을 5, 6학년 아이들과 씨름하며 지냈기에 크고 작은 갈등은 피할 수 없었다. 뜻대로 해주지 않으면 자기들끼리 똘똘 뭉쳐 적대감을 드러내며 극단적인 행동을 하는 아이들에게 감정적으로 대응했다. 갈등에서 빚어진 말과 행동은 고스란히 상처가 되어 나를 뒤로 물러서게 했다. 선생님이 좋다고 다가오는 아이의 감정을 순수하게 받아주지 못했다. 나를 붙들고 의지하는 아이들이 고마웠지만 그 기대를 충족시켜주지 못하고 실망시킬까 봐 두려워 미리 선을 그었다. 이런 두려움을 극복해내지 못하는 유약한 내가 싫었고, 끊임없이 겉도는 관계에도 지쳐갔다.

이때 어두운 마음에 빛을 비춰준 말이 있었다.

"마음의 레이더의 감도를 조절하라."

《심야 치유 식당》에서 정신과 의사 하지현은 레이더 감도를 낮춰 다른 사람의 시선, 행동, 말에 일일이 해석하고 반응하는 것을 멈추라고 한다. 반나절을 함께하는 아이들의 시선에서 자유롭지 못했기에 예민하고 피곤한 나날을 보내왔다. 그런데 '별일 아니야. 그럴 수도 있지' 하며 때로는 무심하게 또 때로는 대범하게 상황을 넘기니 한결 편안해졌다.

두 번째 문제를 해결하기 위해 완벽주의 성향을 탈피하여 실수를 솔직하게 인정하는 교사가 되기로 했다. '교사'는 늘 모범을 보이는 완벽한 존재여야 한다고 생각했다. 부족한 모습을 드러내면 자질이 부족하다고 손가락질당하거나 교사로서 권위를 잃을까 봐 전전긍긍했다. 수업 활동도 계획이 제대로 서지 않으면 불안해했고, 잘하는 분야를 주로 부각시키고 자신 없는 분야는 깊이 다루지 않았다. 선생님의 사과는 오류를 스스로 인정하는 것이라 여겨 되도록 피했다. 매일 링에 오르는 기분이었다. 상황이 요구하는 가면을 부지런히 바꿔 써야 했고, 어떤 모습이 진짜 나인지 헷갈릴 때도 있었다.

심리학 교수 탈 벤 샤하르는 이런 나를 다독이며 실패에 대한 압박에서 벗어나도록 도와주었다. 《완벽의 추구》를 통해 완벽이 성공과 행복을 위한 척도가 아니라는 것, 기준을 조금 낮추고, 실패를 인정하고, 현재의 성과를 만끽하면 된다고 말해주었다. 이제는 모르는 것은 모른다, 못 하는 것은 못 한다고 당당하게 말한다. 아이들도 이제는 내가 '허당'이라는 것을 알고 실수투성이인 나를 챙겨주기까지 한다.

사과를 못 하는 나를 바꿔놓은 것은 《쿨하게 사과하라》였다. 커뮤니케이션 전문가 김호와 과학자 정재승은 '사과'는 결코 패자의 언어가 아니라 승자의 언어이며, 존경과 신뢰를 받기 위해 갖춰야 할 가장 중요한 덕목인 리더의 언어라 했다. 성숙한 자아를 가진 사람은 자신의 실수와 잘못을 인정하고 쿨하게 사과하는 것이라며 나를 설득했다. "얘들아 미안해." 몇 번 해보니 사과도 별것 아니었다. 약한 면, 잘못을 솔직하게 인정했을 때 아이들과 오히려 친밀해졌다.

지금도 아이들과 나 사이의 장벽을 한층 낮춰가고 있다.

교육의 길을 찾아주는 안내자

갈급했다. 닥치는 대로 교육에 관련된 책을 읽었다. 어떤 것은 신기하게 들어맞고, 어떤 것은 우리 아이들과 상황이 달랐다. 시행착오를 거듭하면서 크게 변한 것이 3가지 있다.

하나는 치열한 경쟁 구도를 깨고 협업을 지향하게 된 것, 또 하나는 결핍교육과 역경교육을 지향하게 된 것이다. 마지막으로는 그토록 어려워했던 학부모와 소통하기 시작했다는 것이다. 여전히 흔들리며 가고 있지만, 이 3가지 방향에 대한 확신을 가지고 한 걸음씩 전진하고 있다.

▪▪▪ 경쟁보다 협업

"수업 시작한 지가 언젠데 아직도 떠드니? '배려' 모둠 마이너스 3점, 가장 먼저 조용히 책을 편 '약속' 모둠은 플러스 3점."

"선생님 '존중' 모둠도 떠들었는데 왜 우리 점수만 깎으세요?"

"너희가 가장 늦게까지 떠들었잖아. 그러게 모둠장! 조용히 안 시키고 뭐했니?"

"야! 너 때문에 우리 모둠 점수 깎였잖아?"

"내가 뭐! 그럼 진작 모둠장인 네가 조용히 하라고 말해주든지!"

우리 반에서 하루가 멀다 하고 벌어지던 흔한 풍경이었다. 나는 공정하지 못하다는 비난을 모면하기 위해 모둠장에게 책임을 돌리고, 모둠장은 떠든 아이를, 떠든 아이는 모둠장을 탓하며 비난을 퍼부었다. 모둠 점수제를 적절하게 이용하여 수업 분위기를 바로잡고 바른 행동을 끌어내고 싶었을 뿐이었는데.

점수에 민감한 아이들은 모둠 사이에서 우위를 점하기 위해 물불을 가리지 않았다. 모둠 활동에 뒤처지거나 도움이 되지 않는 아이들을 다그쳤다. 때로는 아예 참여시키지 않고 자기들끼리 해결해버리기도 했다. 모둠 안에서 쓸모없는 존재가 되어 무기력해진 아이는 더욱 소극적인 태도를 취하거나 '나도 망했으니 너희도 망해라'라는 마음으로 사사건건 훼방 놓으면서 복수를 감행했다.

그 당시에는 미처 깨닫지 못했다. 비교와 경쟁이라는 '독'에 중독되도록 학급 생태를 만든 잘못이 컸다는 것을 말이다. 서로에 대한 배려가 부족하다며 아이들만 타박했다. 매일 일어나는 다툼을 지도하고 나면 마음이 너덜너덜해져서 가르치는 일도, 아이들도 다 귀찮게 느껴졌다. "또 왜?" 아이들이 다가오면 신경질적인 말이 먼저 나오곤 했다. 다들 점점 털을 곤두세운 고슴도치처럼 되어갔다.

절망에 빠진 나에게 돌파구를 찾아준 것은 《살아 있는 협동학습》이었다. 협동학습 기본 철학인 '하나는 모두를 위하여, 모두는 하나를 위하여' 구절을 발견한 순간 무릎을 탁 쳤다. 협동적 학급 운영을 해보고 싶다는 열망이 꿈틀대기 시작했다.

경쟁을 당연시해온 내 생각을 뒤집는 데는 상당한 진통이 따랐다. 게다가 주변 사람들의 우려도 만만치 않았다.

"너무 애쓰지 마세요, 초등학교에서 협동을 해봤자 어차피 중고등학교에 가면 입시 경쟁에 내몰리는걸요."

"무책임한 거 아닌가요? 치열한 경쟁 사회에서 살아남아야 하는 아이들을 너무 나약하게 기르고 있네요."

"함께 잘 살 수 있다는 환상을 심어주지 마세요. 결국 세상은 혼자 살아가야 해요."

상처도 받고 흔들리기도 했지만 일단 꿋꿋하게 밀고 나갔다. 앞서 협동학습을 연구해온 선생님들이 보여준 아이들 변화 사례를 울타리 삼아 '협업'을 추구하는 반을 만들어갔다. 다행히 요즘 사회 분위기가 협업을 지향하는 쪽으로 바뀌어서 주변의 공감을 얻기가 비교적 쉬워졌다. '함께' 이루려는 노력은 시너지를 내서 큰 결실을 맺었고 학급 분위기도 긍정적으로 바뀌었다.

■■■ 과잉에서 결핍으로

'어? 또 뭘 태우나?' 캄보디아 씨엠립 근교 마을에서 봉사 활동으로 영어를 가르치고 있을 때였다. 교실까지 연기가 자욱하게 뒤덮였다. 무슨 일인가 싶어 뛰어가보니 수업을 일찍 마친 초등학생 아이들이 학교 옆 들판에서 마른 풀을 모아 태우고 있었다. 내가 등장하자 몇몇 아이들이 우르르 몰려와 잔뜩 들뜬 목소리로 풀을 같이 태우자며 라이터를 내밀었다. 세상에나,

라이터가 가방 안에 색색별로 담겨 있는 것이 아닌가? 순간 당황하여 아이들이 내민 라이터는 건네받을 생각도 못 하고 다짜고짜 이런 것을 가지고 다녀도 되는지를 물었다. 신이 나서 고개를 끄덕이는 아이들의 얼굴 위로 겹치는 풍경이 있었다.

우리 반 아이들이 모둠별로 유니세프 아우Awoo 인형을 한창 만들던 어느 날이었다. 헝겊 도안 두 장을 박음질로 연결하기 위해 바느질 도구를 준비해 오라 했더니, 한 아이가 라이터가 안에 들어 있는 줄 모르고 반짇고리를 통째로 들고 온 적이 있었다. 호기심이 왕성한 아이들은 교실에 둘러앉아 돌아가면서 라이터를 켜보았고, 그 광경을 나에게 들키는 바람에 눈물 쏙 빠지게 혼이 났다. 안전은 생명과 직결되는 만큼 단호하게 지도해야 한다고 생각했기 때문이다.

캄보디아 아이들이 자연을 벗 삼아 해맑게 뛰노는 모습에서 내가 놓친 '무언가'를 깨달았다. 좀 엉뚱하게도 '과잉 교육'에서 오는 '호기심과 자유의 부재'였다. 우리 아이들은 캄보디아 아이들에 비하면 넘치도록 풍요로운 교육 환경 속에서 자란다. 어릴 때부터 태권도, 바이올린, 영어를 시작으로 학교에서 학원에서 끊임없이 많은 것을 배우고 또 배운다. 부모님과 선생님이 잘 차려놓은 밥상을 받는 대신 시간을 낭비하며 다른 길로 가는 것이 용납되지 않는다. 차려진 밥만 먹다 보니 캄보디아 아이들처럼 부족한 것은 스스로 채우고 만들어가는 창의적인 시도를 해볼 여유가 없다.

주어진 길에서 벗어나는 것은 생각할 수도 없다. 어른들은 아이들이 순탄하게 자라기를 바라는 마음에 이건 이래서 안 되고, 저건 저래서 안 된다고 제한하는 경우가 많다. 라이터 장난을 했을 때 호기심은 받아주되 그에 따르는 대가가 클 수 있다는 것을 스스로 생각해보도록 했으면 좋았을 텐데, 한마디로 과잉 대응을 한 것이었다. 안전에 너무 예민했던 나머지 호기심을 갖는 것조차 겁내게 만들지 않았나 반성하게 되었다.

아이들은 모름지기 마음껏 실수하고 실패하면서 성장하는 것인데 시도할 기회를 빼앗아 도전을 겁내게 만들고 안전지대 안에서만 머물게 한 것 같았다. 이 깨달음을 발판 삼아 '결핍 교육'으로 전환하기로 결심했다. 여백을 주고 아이들 스스로 자기만의 색으로 채워가게 하는 것이다. 멋지게 표현하자면 '코칭교육'이라고도 할 수 있겠다.

캄보디아에서 얻은 또 다른 깨달음은 '역경 교육'의 필요성이다. 한 아이가 뛰어놀다 나뭇가지에 긁혀 발목에서 피가 줄줄 흘렀다. 우리 반 아이들을 대할 때처럼 격앙된 말투와 걱정스러운 표정으로 괜찮은지 물었다. 위로를 구하며 반쯤 울먹일 줄 알았는데 아이는 놀라는 내가 오히려 이상하다는 듯 의아한 표정을 지으며 툴툴 털고 친구들에게로 돌아갔다.

뒤통수를 세게 얻어맞은 느낌이었다. 나도 교직 생활을 처음 시작했을 때는 웬만한 일에는 아이들이 툭툭 털고 일어날 수 있게 "괜찮아. 그 정도는 별거 아니야"라고 말했었다. 그러다 안전에 점점 민감해지는 사회 분위기에 젖어 작은 상처에도 예민하게 반응하게 되었다. 어른들이 불안해하니 아이들은 정말 작은 일에도 자기연민에 빠지거나 응석을 부리는 경우가 많아졌다. 이런 분위기는 다른 곳으로까지 전이되어 조금만 힘든 일을 하거나 교우 관계에 갈등이 생기면 격렬하게 반응했다.

정신과 의사 문요한은《그로잉》에서 과잉 양육의 폐해는 자발성의 상실이며 이는 성장 부진으로 이어진다고 지적했다. 나도 과잉 걱정과 과잉 친절로 아이들의 성장을 막고 있었다는 생각이 들었다. 세 아이를 백만장자로 키워낸 사라 이마스의《유대인 엄마의 힘》을 읽고 결심했다. 사랑이라는 이름으로 아이들에게 필요한 것을 다 해주는 것이 아니라 '좌절 교육'을 통해 역경지수를 높이는 교육을 시작하기로 말이다.

아이들 앞에서 과감하게 '불친절한 교사'가 될 것을 선언했다. 일 년 내내 도전하고 넘어지고 일어서기를 반복하면서 아이들이 스스로의 역량을 키워갈 수 있는 장을 만들어주려 노력했다. 애지중지 키우다 홀로 서야 하는 세상에 갑자기 내보내는 것보다 부모님과 선생님이라는 커다란 안전망이 있을 때 마음껏 구르고 좌절해보는 것이 낫다고 생각했기 때문이다. 서툴더라도 자기 노력으로 얻은 성과에 진정한 만족을 느끼는 모습을 보며 불친절한 선생님이라는 푸념 정도는 감수할 만하다는 생각이 든다.

■ ■ ■ 학부모와 소통을 시작하다

학부모와 소통하기. 당연히 해야 하지만 미룰 수 있으면 최대한 미뤘다. 휴대폰이 없던 어린 시절 친구에게 놀자고 전화할 때 부모님이 받을까 조마조마했던 기억이 난다. 교사가 되어서도 부모님은 여전히 어려운 존재였다. 게다가 고민을 해결하고 필요를 채우기에 역부족이었던 탓에 나는 학부모와 마주하는 상황을 최대한 만들지 않았다.

책 속에서 길을 찾기 시작하면서 자신감이 생겼고, 부모님들께 해드리고 싶은 이야기가 많아졌다. 책 몇 권 읽고 전문가나 해결사가 된 것이 아니라, 먼저 경험한 사람들의 이야기를 전할 수 있게 된 것이다. 여기에 교사와 학부모의 경험이 더해지면 아이의 성장 방향을 잡아나갈 수 있다. 아이를 더 잘 키우기 위해서는 아이라는 공통분모를 공유하는 교사와 학부모의 유대감이 필요하다. 아이를 각자 다른 환경에서 바라보고 있기 때문이다. 이전 학교생활, 집에서의 모습, 현재 학교에서 학업, 교우 관계에 대한 정보를 공유하면서 함께 고민해나가는 것이다.

이제는 한 학기에 한 번씩 있는 학부모 상담 때 모두 참석해달라 부탁드린다. 바빠서 못 오시는 경우 전화로라도 한다. 1학기는 주로 이야기를 듣는다. 아이들을 입체적으로 파악하고 깊게 이해할 수 있는 귀한 시간이다. 일 년 동안 학업, 진로, 교우 관계 등에서 아이가 어떻게 성장하면 좋겠는지 여쭤본다. 2학기 때는 내가 본 아이들의 모습을 근거로 더 깊은 이야기를 나눈다.

고학년이 되면 알아서 잘할 거라는 생각에 상담 참여율이 낮지만, 사실은 고학년일수록 상담을 더 자주 해야 한다. 자신의 주관이 뚜렷해지기 시작하고 혼자만의 시간을 갖고 싶어 하는 시기라서 아이들이 부모에게서 점점 멀어지기 때문이다. 부모님은 자꾸 자신들의 뜻대로 아이를 끌고 가려 하고 아이는 여기에 반항, 거짓말, 억지 순응 등으로 반응하여 갈등이 잦아지고 급기야는 소통이 단절되기까지 한다. 이럴 때 학교생활은 어떤지 살펴보고 누구와 친한지, 무엇에 관심이 있는지 선생님을 통해 정보를 얻어 아이와 이야기를 시작해보는 것이 좋다.

학부모와 나눈 소통을 통해 아이가 필요할 때 적절하게 손 내밀고, 그래서 아이가 다시 제자리를 찾는 경우를 지켜보는 것은 언제나 뿌듯한 일이다.

독서의 길로 제자들을 안내하다

책을 많이 읽기 시작하면서 특이한 증상을 겪기 시작했다. 생각이 물밀듯 밀려와 콩콩거리면서 정신없이 돌아다니는 것이다. 생각을 잡아채서 '글'이라는 것에 담아보았더니 머릿속이 좀 정리가 되었다. 이제 입이 근질거린다. 알게 된 것을 빨리 다른 사람에게 알리고 싶고 좀이 쑤셔 가만히 있을 수가 없었다.

아이들에게 자꾸 책을 읽어주게 되고, 글을 쓰자고 하고, 토론하자고 하게 됐다. 계속 뭔가를 하자고 졸라대는 선생님에게 '그만'을 외칠 법도 한데, 함께 책을 읽으며 기대 이상으로 성장해주었다. 기특하고 감사한 일이다. 그래서 나는 여전히 아이들에게 책과 글과 토론과 실천을 권하고 있다.

■■■ 반 아이들에게 책 읽기를 권하던 날

"선생님! 제 평생 처음부터 끝까지 다 읽은 건 이 책이 처음이에요."

12살밖에 안 된 아이 입에서 '평생'이라는 말이 나왔다는 것이 귀엽기도 했지만, 외로운 학교생활을 하고 있던 동건이가 위로가 되는 책을 만났다는 것이 무척 반가웠다. 우기기 대장에 지극히 자기중심적인 생각으로 친구들을 몰아붙이는 태도 때문에 교우 관계에 어려움을 겪고 있었다. 어느 날 동건이에게 내가 감명 깊게 읽은 책인 《어린이를 위한 청소부 밥》 일부 구절을 읽어주었다. 그날 이후 동건이는 마치 세상에 다른 책은 존재하지 않는 것처럼 이 책을 읽고 또 읽었다. 무려 3개월이나.

"나도 크리스처럼 달라질 거야."

동건이가 가끔 던진 말이었는데, 진짜 변화가 생겼다. 아이의 눈빛에서 칼바람이 사라지고, 잘못을 인정하고, 진정 어린 사과를 시작한 것이다. 그리고 다른 책도 흡입하듯 읽기 시작했다. 《어린이를 위한 청소부 밥》은 그때부터 내 마음속에 한 아이의 인생을 바꿔준 고마운 책으로 자리매김하고 있다.

이처럼 독서의 전환점을 가져다주는 특별한 책을 만나는 순간들이 있다. 나와 비슷한 처지에 놓인 주인공을 만났을 때, 찾아 헤매던 질문에 대한 답을 발견할 때, 토닥토닥 따뜻한 위로가 되는 구절을 접했을 때 책에 대한 애정이 싹트고, 독서에 대한 열정이 타오르게 된다.

"너희는 내가 진짜 너희 선생님으로 보이니?"

책을 권할 때 농담처럼 건네는 질문이다.

"이 책을 통해 생각과 태도가 바뀌었단다. 선생님은 더 이상 어제의 선생님이 아니지."

엉뚱한 질문에 어리둥절한 아이들에게 전날 읽은 책을 꺼내 보여주며 말을 이어간다. 《정민 선생님이 들려주는 고전독서법》에 나오는 다음 문장의 응용 버전이다.

"좋은 책은 나를 달라지게 한다. 좋은 책을 읽고 나면 나는 더 이상 책을 읽기 전의 내가 아니지."

아이들 마음이 말랑말랑해지기 시작했다. 좀 더 강한 수를 둘 때다.

"한 권 읽어도 이렇게 바뀌는데 일 년에 1천 권을 읽은 분이 있단다."

'에이 설마' 하는 눈빛으로 커진 눈을 또르르 굴리기 시작하면 《인생을 바꾼 바인더 독서법 & 글쓰기》의 저자인 3P자기경영연구소 유성환 코치님이 우여곡절 끝에 1천 권을 독파한 사연을 들려준다. 작가님을 만나 직접 확인했다고 하면 반신반의하던 표정이 감탄으로 바뀐다.

이 순간을 놓치지 않고 홈쇼핑에서 광고하는 사람처럼 책 관련 아이템들을 공개하기 시작한다. 몇 년간의 독서 목록 기록, 밑줄과 왕별이 가득한 책, 생각을 깨알같이 빼곡하게 적어놓은 책, 책마다 알록달록 예쁘게 붙여놓은 인덱스, 따로 책의 내용을 정리해놓은 바인더를 하나씩 꺼내놓을 때마다 눈이 휘둥그레진다.

감정이 고조되었을 때 이 한마디가 중요하다.

"너희도 다 할 수 있어. 앞으로 일 년 동안 선생님이랑 책 많이 읽으면서 같이할 거야."

해보고 싶기는 한데 힘들어 보이고, 할 일을 떠안은 것 같아 속은 것 같기도 하고, 아이들은 혼란스러운 표정을 짓는다.

'하하! 너희는 이제 꼼짝없이 책의 바다에서 헤엄치게 될 거야.'

의미심장한 표정으로 미소 짓고 있는 선생님을 아이들은 복잡 미묘한 표정으로 바라본다.

"얘들아, 선생님 말을 다 믿지는 마."

처음 이 말을 듣는 아이들은 눈이 휘둥그레지며 의아한 표정을 짓는다. 아이들의 표정이 재미나서 짐짓 뜸을 들이다가 설명을 이어나간다.

"선생님 말도 절대적으로 받아들이지 말고 하나의 의견으로 받아들이렴. 선생님이 근거로 삼았던 책의 내용이 틀릴 수도 있단다. 또 새로운 연구 결과가 나와서 오랫동안 믿어온 사실이 틀렸다고 밝혀지기도 하거든."

누군가를 신뢰한다고 해서 그 사람 말을 비판 없이 그대로 받아들여야 하는 것은 아니다. 그런데도 아이들은 선생님이나 부모님이 하는 말을 자기 생각과 견주지 않고 그냥 믿어버리는 경향이 있다. 아이들에게 천동설을 당연하게 여기던 사람들이 지동설을 받아들이기까지 얼마나 오랜 시간이 걸렸는지 예를 들어준다. 요즘에 슈퍼푸드로 각광받는 토마토가 스페인 정복자들이 남미에서 유럽으로 처음 들여온 16세기에는 독이 들어 있다고 믿는 바람에 관상용으로만 길렀다는 이야기도 해준다. 책의 내용도 홀라당 다 믿지 말라고 말을 잇는다.

'대체 뭘 믿으라는 말이냐'라는 표정으로 바라볼 때쯤 '생각하는 힘'을 기르는 것이 중요하다고 힘주어 이야기한다. 보고 들은 내용을 비교하고 정리해서 나만의 생각을 뽑아내는 것이 중요하다. 생각을 곱씹어서 일목요연하게 정리하는 데 글쓰기만 한 게 없다.《독서 천재가 된 홍 팀장》에서 기록의 강점은 생각의 갈피를 만들어주는 것이라고 했다. 우리 반은 일 년 내내 자기 생각을 쓰고 또 쓴다. 책 읽고 쓰고, 친구 글을 읽고 쓰고, 체험학습 다녀와서 쓰고, 프로젝트를 마치고 나서 쓴다. 글쓰기가 마치 자신의 일부인 양 느낄 정도로 생활 속에서 쓴다.

아직 끝나지 않았다. 생각 만들기가 '자기만의 생각 만들기'에 그치지 않도록 토론을 통해 다양한 생각들을 견주어보고 새로운 관점을 얻어낼 차례다. 독서 토론, 하브루타(유대인의 토론식 학습법) 관련 책들을 읽으며 이것저것 시도해보고 아이들 성향에 맞는 독서 교육 방법을 찾았다. 때로는 생각을 담아낸 글을 가지고, 또 때로는 질문을 만들어 짝끼리, 모둠끼리 모둠 구성원을 바꿔서, 반 전체가 자주 토론을 벌인다.

■■■ 행동으로 옮길 때 삶도 변하기 시작한다

"우리는 《논어》를 읽는 사람들이잖아."

아이들이 잘못했을 때 이 말은 열 마디 잔소리보다 효과적일 때가 있다. 《논어》를 읽는다는 자부심을 일깨워주는 동시에 《논어》에서 배운 내용을 제대로 실천하겠다는 약속을 상기시키기 때문이다. 독서의 열매는 삶의 변화다. 가치관의 변화든 습관의 변화든 모든 변화는 생각의 변화에서 비롯되며, 생각의 변화가 삶의 변화로 이어지려면 실천이라는 다리를 건너야 한다. 책을 읽었을 때 마음의 울림이나 결심을 행동으로 옮기지 못하면 모래처럼 흩어져버린다.

프로젝트를 시작할 때 으레 밟는 의식이 있다. 우리가 할 프로젝트의 역사에 대해 설명해주는 것이다. 프로젝트의 씨앗이 된 책과 경험을 소개하고, 몇 년째 대를 물려 진행해오는 프로젝트라면 선배들의 활동 결과물을 제시하며 전체 그림을 함께 그려간다. 그해 처음 시작하는 프로젝트라면 새로운 역사를 만들어갈 1세대로서 굳건한 의지를 다진다.

앞으로 또 언급하겠지만, 아이들과 진행해온 프로젝트의 서막을 열게 된 나의 경험과 책들의 조합을 잠깐 소개해본다. 《논어》 읽기는 3P자기경영연구소 독서 교육과 《초등 고전읽기 혁명》, 협동학습은 교사연수와 《살아 있는 협동학습》, 감사일기는 동료 교사의 알림장 한 줄 감사 전하기와 《내 인생을 바꾸는 감사일기》, 세계시민교육은 해외여행 경험과 《지도 밖으로 행군하라》의 조합이다.

"이건 또 무슨 책 적용한 거예요? 보여주세요."

"새로운 거 뭐 배우셨어요?"

이제 뭔가 새로운 걸 시작할 때면 자연스럽게 당연하다는 듯 묻곤 한다.

잠깐의 즐거움을 주는 유희거리를 찾는다면 책을 대체할 것은 너무나 많다. 결국 책에 생명력을 불어넣는 것은 읽는 사람이다. 책은 상상력과 모험이 가득한 놀라운 이야기를 쏟아내기도 하고 누군가의 인생이 통째로 녹아들어 있거나 인류의 발자취가 담겨 있기도 하다. 책을 읽어가며 실천을 통해 나를 변화시키고 다른 사람을 변화시키는 것은 놀라운 책의 힘이자 우리가 책을 읽는 이유일 것이다.

2^부

독서시민을
만드는
한끝 독서법

아이들에게 3센티미터 두께도 안 되는 책이
에베레스트 산보다 높은 장애물로 여겨지던 때가 있었다.
지구 한 바퀴를 여행하는 것보다
책의 첫 장에서 마지막 장까지 여정을 훨씬 더 멀다고 느꼈었다.
그러던 아이들이 달라졌다.
독서법이라는 나침반을 손에 넣으면서 책을 신나게 탐험하기 시작했다.
낯선 길이기에 구르고 깨지고 넘어지기를 반복하면서도 포기하지 않고 '자신을 발견하고,
깨달은 것을 실천하여, 공동체와 함께 성장하는 독서시민'으로 거듭나고 있다.

시기		본깨적 독서활동	《논어》읽기 200일 프로젝트	
3월	1주	**독서시민 마인드세트: 책 읽는 습관 기르기 5일 프로젝트** • 첫째 날. '책은 왜 읽을까?' • 둘째 날. 독서 습관 파악하기 • 셋째 날. 독서 편견 깨기 • 넷째 날. 독서 목록 작성하기 • 다섯째 날. 평생 독서 로드맵 작성하기 **독서 바인더 준비** • 바인더 사용법 익히기	📖	3 P 독 서 바 인 더 1권 (3~12월 자료 정리)
	2~3주	**본깨적 독서법 익히기** • 책 속 본깨적 • 정리 본깨적 • 본깨적 토론법 **우리 반 서재 만들기**	📖	
	4주	📖	**《논어》읽기 마인드세트** • 《논어》속 좋은 구절 찾기 • 《논어》관련 책 찾기 • 공자 프로필 작성하기 • 공자 제자 이름 조사하기 • 공자 제자 이름 빙고 게임 • 《논어》200일 읽기 목표 세우기	

4~7월	**본깨적 활동**
	• 정리 본깨적 쓰기(주 1회 / 과제)
	• 본깨적 토론(주 1회 / 국어 또는 관련 과목 시간)
	  : 전체 서클, 2개 서클, 모둠 서클
	
	서점 체험학습(연 1회)
		《논어》 100일 읽기: 하루 1쪽 본깨적(매일)
		• 책 속 본깨적 쓰기(과제)
		• 본깨적 나누기(5교시 10분)
		  : 낭독→질문→친구 책 댓글 달기
		
		《논어》 생각 키우기(주 1회)
		• 생각하는 글쓰기(과제)
		• 생각 나누기(국어 시간)
		  : 어항 서클로 생각 나누기→댓글 달기
		
		야외 독서 및 《논어》 프로필 사진 촬영

7월 1학기 마무리	**정리 활동** • 1학기 본깨적 활동 소감문	**정리 활동** • 《논어》 사랑 기념행사 : 《논어》 한 구절 홍보하기, 공자 캐리커처 그리기, 《논어》 책 릴레이 돌려 읽기 • 1학기 《논어》 활동 소감문
9~12월	**본깨적 활동** • 4~7월과 동일	**《논어》 100일 읽기** • 4~7월과 동일
12월 2학기 마무리	**정리 활동** • 독서 행사: 무근지 Day • 2학기 본깨적 활동 소감문	**정리 활동** • 《논어》 사랑 기념 행사: 《논어》 333 인덱스 붙이기, 나만의 《논어》 책 표지 만들기, 책탑 쌓기, 《논어》 도미노 • 2학기 《논어》 활동 소감문: 학생, 학부모

• 이 연간계획표는 본깨적 독서활동과 《논어》 읽기 200일 프로젝트를 개괄적으로 나타낸 것이다. 해당 챕터의 자세한 설명을 살펴보고 함께 활용하기 바란다.

1장

독서시민을
만드는
습관

책 읽는 습관을 만드는 5일 프로젝트

그랬다. 어릴 때부터 책과 별로 친하지 않은 아이들, 그림책과 친했다가 글자 많은 책을 만나자 결별을 선언한 아이들, 만화책이 책의 전부라고 생각하는 아이들, 독서를 그저 공부의 연장이자 대학에 가기 위한 통과의례 정도로만 생각하는 아이들이었다.

책을 왜 읽는지에 대한 고민 없이 단순히 '책은 좋은 거야'라고 주입하기보다, 책을 향한 마음의 문을 열어주고 독서의 의미에 대해 함께 진지하게 고민해보는 시간이 필요했다.

3월 첫 주를 '독서 마인드세트' 기간으로 정하고 5일간 하루 1~2시간씩 독서 체질을 바꾸기 위한 시간을 가졌다. 책을 멀리했던 자신과 결별하고 '독서하는 나'로 거듭나기 위한 시간이었다. 체질을 바꾸는 일주일 동안은 책 금식을 병행했다. 읽고 싶어도 못 읽게 하여 책을 더 읽고 싶게 만드는 것이다.

5일 프로젝트는 다음과 같이 구성했다.

첫째 날, '책은 왜 읽을까?' 생각 나누기
둘째 날, 독서 습관 파악하기

셋째 날, 독서 편견 깨기

넷째 날, 독서 목록 작성하기

다섯째 날, 평생 독서 로드맵 작성하기

▪▪▪ 첫째 날, '책은 왜 읽을까?' 생각 나누기

책=( )이다

책을 한 단어로 비유하고 그 이유를 적어서 친구들끼리 비교해본다. 책에 대해 가지고 있는 생각을 간단하면서도 빠르게 파악할 수 있다. 아이들의 부정적인 반응은 독서 교육을 일 년 동안 어떤 방향으로 끌고 가야 하는지 고민하는 데 중요한 자료가 된다. 이러한 고민들을 해결하면서 아이들이 책과 더욱 가까워지는 것을 볼 수 있다.

아이들이 작성한 실제 사례를 살펴보면, 3월에는 대개 이렇다.

"책은 지루함이다. 왜냐하면 책은 계속 봐도 끝이 없고 재미없고 졸리고 너무 지겨워서."

"책은 수면제다! 왜냐하면 책을 읽으면 잠이 오기 때문이다."

12월에는 긍정적인 반응이 많아진다.

"책은 우주다. 왜냐하면 우주의 끝이 없듯이 책의 세상도 끝이 없기 때문이다."

"책은 거미다. 왜냐하면 거미가 집을 만들고 사라지면 또다시 만드는 것처럼 책도 한 번 읽으면 또 읽고 싶기 때문이다."

활동 **'책=[ ]이다' 쓰기**

① 몇 가지 예시를 제시한다. 일부러 부정적인 의견을 많이 보여주어 선생님 눈
치 보지 않고 책에 대한 솔직한 마음을 표현할 수 있도록 한다.

② '책=〔 〕이다'를 쓰고 그렇게 생각하는 이유를 적는다.

③ 모둠별로 쓴 내용을 소개하고 나눈다.

④ 모둠별로 가장 잘 표현한 의견을 뽑아 발표한다.

책을 좋아하는 사람들(가족, 위인, 친구 등) 적기

독서를 하는 사람들의 공통점을 찾기 위한 사전 활동이다. 유명한 인물,
부모님, 친구, 친척 등 주변에 그런 사람들이 많다면 공통점을 찾아내기 더
수월하다.

책을 좋아하는 사람들을 떠올려보라고 했더니 삼촌, 도서관 사서, 링컨,
세종대왕, 장영실, 허준, 정약용, 김구, 스티브 잡스, 아인슈타인 등이 많이
나왔다.

활동 **책을 좋아하는 사람들(가족, 위인, 친구 등) 적기**

① 3분 동안 주변에 책을 좋아하는 사람을 떠올려 적어본다. 자신의 생각은 검은
색으로 쓰며, 생각이 나지 않아도 친구 것을 보거나 물어보지 않는다. 생각을 쥐
어짜내더라도 오롯이 혼자 생각하는 시간을 갖는다.

② 돌아다니며 친구가 쓴 내용 중 새로운 인물을 찾아 적는다. 이때 친구 의견은 다
른 색 펜을 사용한다. 모르는 인물이라면 누군지 친구에게 물어 함께 알아 온다.

검색어를 스스로 찾아 관련 인물을 검색하게 했다. 독서 마인드세트 첫날이므로 너무 많은 정보를 아이들에게 주지 않고 가벼운 마음으로 탐색만 하게 한다.

몇 년 전에 동영상, 사진 자료를 잔뜩 보여주며 설명한 적이 있었는데 10분도 안 되어 지루해했다.

잠깐이라도 스스로 찾아보는 시간을 주는 것이 더 효과적이다.

- 아이들이 찾아낸 키워드: 다독가, 독서광, 독서 대통령, 독서를 좋아하는 연예인

책 좋아하는 사람들의 공통점 쓰기

독서를 많이 하는 사람들의 공통점을 찾으면서 독서를 왜 하는지 이유와 목적을 생각해보는 활동이다.

활동　**책 좋아하는 사람들의 공통점 쓰기**

① 5분 동안 책을 좋아하는 사람들의 공통점을 써본다. 오롯이 혼자 생각하는 시간을 갖는다.

② 돌아다니며 친구가 쓴 내용 중 새로운 내용을 다른 색 펜으로 찾아 적거나 한 사람씩 돌아가면서 발표한다. 앞의 친구와 의견이 같으면 '패스'를 외치고 다음 사람으로 넘어간다.

③ 공통점을 긍정과 부정의 의견으로 나눠본다.

④ 책을 많이 읽어서 성공한 인물이 주로 나왔다면 부정적인 영향을 끼친 인물 사례도 들어준다.

다음은 아이들의 공통된 의견이다.

긍정적인 모습	부정적인 모습
• 책을 매일 본다. • 가지고 있는 책이 많다. • 책 이야기를 많이 한다. • 지식과 상상력이 풍부하다. • 세상을 변화시킨다.	• 고집이 세다. • 잘난 척한다. • 사람과 별로 친하지 않다. • 다른 사람 이야기를 잘 듣지 않는다.

이때 주의할 점은 책을 많이 읽는 사람이 반드시 성공하거나 훌륭한 사람이 된다고 유도하지 않는 것이다. 김승은《지식세대를 위한 서재컨설팅 베이스캠프》에서 히스토리채널의 '천 년을 빛낸 100인' 목록을 제시한다. 전쟁 중에도 매일 밤 한 권 이상 책을 읽지 않고는 잠자리에 들지 않았던 아돌프 히틀러(16위)는 마하트마 간디(17위)보다 순위가 높았다.

"독서 그 자체가 모든 것을 완성하는 것은 아니다. 독서를 통해 어떤 생각을 하고, 무엇을 낳느냐가 중요하다는 것이다. 책을 읽는 목적과 지식의 목적이 선하고 아름다워야 한다."

이 부분을 아이들에게 읽어주며 책을 많이 읽은 사람 중에는 자기 생각에 갇혀 고집을 부리거나 다른 사람 생각을 수용하지 못하는 사람, 책에서 얻은 지식을 악용하는 사람도 있다는 사실을 함께 생각해본다.

나는 책을 왜 읽는지 써보기

다른 사람의 독서 목적을 생각해보고 나의 독서 목적과 연결해보는 활동이다.

3월 첫 주는 아직 생각이 풍부하지 않을 때다. 내용이 구체적이지 않더라도 수용해주고, 부정적인 의견도 충분히 공감해준다. 책 읽는 목적을 성급하게 결정하는 시간이 아니라 책에 대해 이것저것 생각해보는 시간이 되도록 한다.

아이들은 아래와 같은 의견을 많이 냈다. 책을 읽지 않는 이유에 대해서도 자유롭게 의견을 받았다.

왜 책을 읽나요?	왜 책을 읽지 않나요?
• 지식을 쌓아 훌륭한 사람이 되기 위해서 • 창의력과 상상력을 기르고, 똑똑해지기 위해서 • 부모님이 읽으라고 해서 • 좋은 대학에 가기 위해서 • 책 속 주인공들이랑 친구가 되고 싶어서	• 지루하고 이해가 가지 않아서 • 책만 펴면 졸려서 • 책을 왜 읽어야 하는지 몰라서 • 책을 안 읽어도 불편한 게 없어서

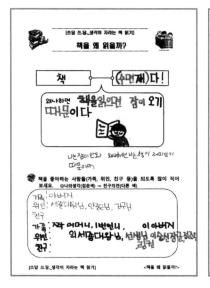

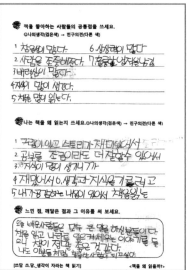

• '책＝( )다' 양식 출처: 하쿠호도 생활종합연구소,《생활자 발상학원》, 한국능률협회컨설팅, 2015.

■■■ 둘째 날, 독서 습관 파악하기

여러 항목을 통해 지금까지 독서 습관을 파악하고 앞으로 어떤 독서 습관을 갖고 싶은지 생각해본다.

활동 독서 습관 파악하기

① 독서 습관 체크리스트를 작성한 후 모둠 친구들과 비교하며 의견을 나눈다.

② 인터넷 서점 사이트에서 분류해놓은 책 분야를 보여준다. 지금까지 읽었던 책 분야를 3가지 이상 적어보고, 앞으로 관심을 가지고 읽을 분야를 5가지 이상 적어본다.

③지금까지 책을 언제, 얼마나 읽었는지 기록한다. 독서할 수 있는 시간을 함께 찾아보고 독서할 시간을 늘려서 적는다.

④한 달 평균 읽었던 책 권수를 기록해본다. 줄글이 있는 책을 어느 정도 읽는지 파악하기 위해 만화책 종류와 만화책 이외의 도서를 구분하여 기록한다. 독서량을 늘려 한 달에 몇 권 읽을 것인지 적어본다.

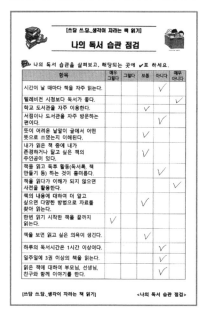

• '독서 습관 점검 체크리스트' 양식 출처: 청람독서교육학회, 《어린이 독서 기록장》, 교학사, 2013.

■ ■ ■ 셋째 날, 독서 편견 깨기

이제 독서에 대한 편견들을 깰 차례다. 의식 수준을 높이는 질문, 고정관념을 뒤흔드는 질문을 통해 짝이나 모둠끼리 자기 생각을 말하는 시간을 가진다. 너무 깊이 생각하지 않고 질문에 대해 생각할 시간을 1분 정도 주고 이야기를 나누도록 한다. 아이들을 흔들어놓는 것이 목적이다. 일 년 동안 독서 습관을 기르고 '독서 목적, 독서 방법' 등에 관한 글을 접하면서 질문에 대한 자신만의 답을 찾아보도록 한다.

〔질문〕

- 책은 빨리 읽을수록 좋을까?
- 책은 많이 읽을수록 좋을까?
- 좋은 책과 나쁜 책이 있을까?
- 인문고전을 읽으면 좋은 대학에 갈까?

■■■ 넷째 날, 독서 목록 작성하기

읽고 싶은 책 목록 작성하기

학기 초 도서관 책과 학급문고를 살펴보며 읽고 싶은 목록을 작성해보게 했다. 그 후에는 친구가 읽고 있는 책이나 선생님이 소개한 책 중 읽고 싶은 책 제목을 적는다.

활동 **읽고 싶은 책 목록 작성하기**

① 활동 시작 전에 책 목록 작성만 하고 독서는 안 된다고 미리 이야기한다. 책을 탐색하다가 관심을 보이며 읽기 시작하는데, 일부러 책을 덮으라고 하여 책을 더 읽고 싶은 마음이 들게 한다.

② 학급문고, 도서관 책을 살펴보며 읽고 싶은 책의 제목, 지은이, 출판사, 추천한 사람을 적도록 한다. 친구의 추천을 받은 책은 친구 이름을 쓰고, 도서관 서가에서 발견한 책은 '도서관'이라고 쓴다.

③ 도서관에서 책을 탐색할 때 책을 잔뜩 쌓아놓고 기록하는 아이들이 있다. 공공장소인 만큼 한 번에 2~3권만 가져오고, 다 본 후에는 책 자리표를 활용해 제자리에 꽂아놓거나 위치를 모를 경우에는 책 수레에 올려놓도록 한다.

④ 목록 기록 양식 여유분을 주고 친구, 선생님, 광고 등을 통해 읽고 싶은 책이 생길 때마다 목록에 추가하여 기록하게 한다.

읽은 책 목록 작성하기

기록은 중요하다. 몇 권을 읽었는지, 어떤 책을 읽었는지 자체가 동기부여가 되고 자신의 역사가 된다. 기록하는 습관을 들이기 위해 몇 분이라도 기록할 시간을 준다. 확인 도장은 기록에 대한 의욕을 북돋아준다.

활동   읽은 책 목록 작성하기

① 매일 아침독서 시간을 마치고 기록할 시간을 준다.
② 책을 읽기 시작할 때 제목, 지은이, 출판사를 기록한다. 동시에 여러 권을 읽는 아이들도 있으므로 그때그때 잊지 않고 기록하게 하는 것이 더 효과적이다.
③ 다 읽은 후 완독 날짜를 기록하고 도장을 받는다.

매일 기록하는 시간을 확보하는 것은 중요하다. 아이들에게 알아서 기록하라고 하면 미루다가 적지 않는 경우가 많고, 시간이 지나 적으려고 하면 책 제목이 기억나지 않는 경우도 있다.

내가 읽고 싶은 책

번호	책 제목	저자	출판사	체크부
예시	<동굴동굴 지구촌 국제구호 이야기>	이수현	월드비전	도서관
예시	<80일간의 세계일주>	쥘 베른	삼성출판사	김서영
1	내가 원래 뭐였는지 알아?	정유 소영	장비	
2	수학 지옥 탈출기	강호	소풍이	
3	사람 빌려주는 도서관	박경애	문학과지성사	
4	너무 친한 사이인데	제나 메테르	문화과학사	
5	하늘로 가는 우체통	정영애	주니어 김영사	
6	서로 달라서 더 아름다운 세상	노재영	동녘	
7	여우솔이 이야 왔다예	안혜란	장비	
8	내 맘대로	박중재	지다리	
9	왜 아껴써야 하는지?	방미진	스콜라	
10	비타민 동시 100	박선식 정유소영	개림	
11	수리수리 맘조 나라로	고희정	토토북	
12	나의 행복한 하루	공지영	토토북	
13	섬아이 비밀일기	오날교	푸른나무	

내가 읽고 싶은 책

내가 읽은 책

번호	날짜	내가 읽은 책	저자/출판사	확인
11	5/17	강아지(시리에서 온 편지)		
12	5/23	정말 엄마		
	6/16	세상을 바꾼	아동집 / 크레용	
	6/19	바닷속 미 개구리 해초	김서림 / 크레용하우스	
	6/10	엄마의 양초	순안 / 푸른나무	
	6/20	듣고 싶은 비밀	황선미 / 창비	
	6/21	왕 한 그릇	구리 홍이 / 명장사	
	7/3	사랑의 기적	리숙연 / 두산동아	
	7/12	그로써 어렴말이	우리누리 / 샘깨글	
20	7/21	나는 대한민국 국민입니다 세자인 이야기	한병선	

<2017년_내가 읽은 책>

• 양식 출처: 3P자기경영연구소.

■■■ 다섯째 날, 평생 독서 로드맵 작성하기

일 년 후의 계획도 구체적으로 세워보지 않은 아이들에게 독서 평생 계획을 세워보라고 하면 모호하게 여길 수 있다. 앞으로 얼마든지 수정할 수 있다고 안심시킨다. 세세한 계획보다는 책과 함께하는 인생을 상상해보며 큰 그림을 완성한다는 느낌으로 빈칸을 채우게 한다.

3월 첫 주에 평생 독서 계획을 세우고 한 해 동안 어떤 책을 읽어나갈지 함께 생각해봐도 좋고, 일 년간 활동을 마치며 독서에 대한 관점과 생각이 변화된 후에 좀 더 구체적으로 짜보게 해도 좋다. 솔직히 3월에는 하얗게 여백으로 비어 있는 곳이 많다. 다 채우도록 강요하지 말고 12월에 다시 한 번 완성해서 비교할 거라고 하고 활동을 마무리한다.

① 나의 비전

비전은 인생의 이정표이고, 책은 인생 목표를 향해 나아갈 길을 만들어준다. 책을 통해 새로운 꿈이 생기기도 한다. 또한 책은 꿈을 구체화하고 실현할 수 있는 방법도 알려준다. 비전과 10년 단위 평생교육을 연관하여 생각해보게 한다.

②독서 명언

선생님이 독서 명언 목록을 주고 그중에서 고르거나 아이들이 자유롭게 조사하여 찾아 1~2개를 적게 한다. 아이들이 선택한 명언 내용을 보면 아이들의 독서에 대한 생각을 엿볼 수 있다. 학기 말이라면 일 년 동안 독서하면서 눈여겨보았던 독서 명언을 기록할 수 있다.

• 우리 반 TOP 3 독서 명언

"사람은 책을 만들고 책은 사람을 만든다."(대산 신용호)

"나는 책을 읽지 않았다. 도서관을 통째로 읽었다."(에디슨)

"한 권의 책은 하나의 씨앗."(이석연 변호사)

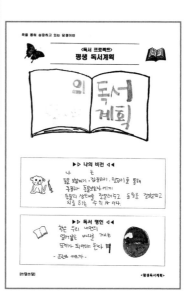

③나의 인생을 바꾼 책 BEST 3

'인생'이라는 수식어가 붙으니 아이들의 태도가 진지해졌다.

독서에 흥미를 붙이게 해준 책, 꿈을 갖게 해주었거나 구체적인 길을 제시해준 책, 잊을 수 없는 감동을 선사한 책 등 저마다의 이유를 들어 책 3권을 엄선하여 기록하게 한다.

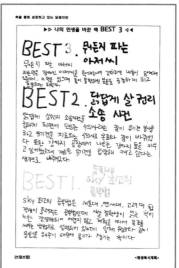

④평생 독서 계획

이 활동은 어렵게 느껴질 수 있으나 비전과 연관하여 10년 단위로 자신의 독서 목표량과 책을 읽고 이루고 싶은 일을 써보게 하면 좀 더 구체적인 생각들이 나온다.

전문 분야 책 출간, 후학 양성, 도서관 설립, 강의 활동, 제품 개발 등 세상을 이롭게 하는 목표가 많이 나왔다.

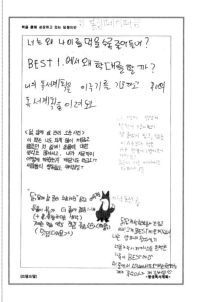

⑤롤링페이퍼

친구의 평생 독서 계획을 돌려 읽으며 공감, 응원, 격려, 질문 등을 자유롭게 적게 한다.

• 양식 출처: 3P자기경영연구소.

책=[ ]이다

아이들이 책에 대해 한 단어로 정의 내린 것을 긍정적 의견과 부정적 의견으로 나눠 보았다. 3월 독서활동 시작 전과 12월 독서활동을 마친 후 Before & After를 비교 해보는 것도 재미있다.

긍정적 의견

[ ]이다	이유
무지개	무지개처럼 책들이 여러 권 있어서이다.
색연필	색연필 색이 다양한 것처럼 책의 종류도 다양하고 저마다 생각도 다양하기 때문이다.
감정	슬픈 책을 읽으면 감정이 슬퍼지니까.
감정	책 내용이 슬플 수도 있고 웃길 수도 있기 때문이다.
아이스크림	아이스크림은 더울 때는 좋아하고 추울 때는 싫어하는 것처럼 책도 읽고 싶을 때는 좋아하고 읽기 싫을 때는 싫기 때문이다.
거미	거미가 집을 만들고 사라지면 또다시 만드는 것처럼 책도 한 번 읽으면 또 읽고 싶기 때문이다.
죽녹원	죽녹원에 있는 공기는 말끔하고 좋은데 책을 읽으면 죽녹원에 간 것처럼 맑은 지식을 얻을 수 있기 때문이다.
폭탄	언제든지 지식이 터져 나올 수 있기 때문이다.
주유소기름	예전에는 전혀 몰랐던 책의 내용을 다독과 속독으로 읽어서 내 지식을 충전시켜준다.

놀이동산	놀이동산은 재밌지만 놀다 보면 힘들다. 책도 처음엔 재미있지만 계속 읽을수록 힘들기 때문이다.
연필	연필심이 닳듯 점점 흥미가 사라질 때도 있고, 깎으면 심이 나오듯 새로운 흥미가 생길 때도 있다.
블랙홀	블랙홀 속으로 모든 것이 빨려 들어가듯, 책의 내용과 글자 하나하나가 내 머릿속으로 빨려 들어오기 때문이다.
팝콘	팝콘이 한꺼번에 많이 터지듯, 차곡차곡 읽었던 모든 책이 연결되어 한 번에 생각이 넓어지기 때문이다.
나무	책을 읽기 전에는 씨앗이지만 책을 읽으면서 나의 상상력과 지식이 커지면서 나무가 된다.
우주	우주의 끝이 없듯이 책의 세상도 끝이 없기 때문이다.
라면	라면을 먹을 때 호로록 내 입속으로 들어가듯이 책을 읽으면 호로로로록 생각이 콕콕 박히기 때문이다.

부정적 의견

[　]이다	이유
감기	감기에 걸리면 머리가 아픈 것처럼 책도 읽다 보면 머리가 아프다.
짜증	할머니와 아빠가 책을 계속 읽으라고 하기 때문이다.
수면제	책을 과도하게 읽다 보면 머리가 띵하고 졸려서다.
파도	때로는 잠잠해져서 건너기 쉽지만 어떨 때는 매우 높아져서 건너기 어렵고 정말 머리가 너무 아프다.

잔소리	엄마가 책을 읽으라고 잔소리를 하기 때문에.
글씨	글씨가 너무 많이 있어서이다.
비행기 안	비행기가 위로 올라갈수록 멍해지는데 책도 점점 읽을수록 멍해지기 때문이다.
할머니	할머니처럼 잔소리를 많이 하고 옛날이야기를 하니까.
지루함	책은 계속 봐도 끝이 없고, 재미없고, 너무 지겨워서.

책 읽을 시간이 필요해

"바빠요." "할 시간이 없어요."

무엇인가를 하려고 할 때마다 아이들 입에서 버릇처럼 튀어나오는 말이다. 무엇 때문에 그렇게 바쁜 것일까? 정말 바쁜 것일까? 학교에서는 학교 시간표대로 움직이고, 방과 후에는 부모님이 정한 스케줄을 따른다. 다람쥐가 쳇바퀴를 돌 듯 아무 의미 없이 일상적으로 반복되는 날을 보내고 있다. 그러다 보니 지극히 수동적으로 주어진 일정에 끌려 다니는 데 익숙하고 주어진 것을 다 하면 남는 시간을 어쩌지 못해 안달이 난다. "오늘 5교시에 뭐해요?" "선생님 다 했으면 뭐해요?"

동기 유발 전문가 브라이언 트레이시는 《Time Power 잠들어 있는 시간을 깨워라》에서 "시간관리란 자신의 인생을 관리하는 것"이라고 했다. 시간관리의 주도권을 빼앗긴 아이들은 자기 인생을 제대로 관리한다고 보기 어렵다. 아이들이 자랄수록 부모님의 독단적인 스케줄 관리보다는 아이들과 의논하여 방과 후 시간과 주말 시간을 파악하고 시간 계획을 함께 짜보는 것이 중요하다. 그리고 반드시 자신의 생각과 의지대로 필요한 곳에 시간을 활용할 수 있도록 여유 시간을 확보하게 한다.

이제 독서의 우선순위를 끌어올리고, 여유 시간을 더 확보하려면 어떻게 해야 하는지 고민할 차례다.

■■■ 정말 책 읽을 시간이 없는 것일까?

아침 8시에 겨우 일어나 아침도 못 먹고 허둥지둥 학교로 향한다. 가까스로 지각은 면했지만, 자리에 앉자마자 아침독서 시작종이 울린다. 가방 정리도 못 하고 어제 읽다 만 책을 책상 서랍 속을 한참 뒤적여 찾아 읽기 시작했지만, 머릿속에 들어오지 않는다. 쉬는 시간에는 있는 줄도 몰랐던 숙제를 부랴부랴 하느라 정신이 없다. 학교를 마치고 교문 앞에 대기하고 있는 학원 차를 타고 태권도장에 갔다가 영어 수학 학원으로 향했다. 수업이 시작하려면 한 시간이나 남았으니 컵라면을 먹겠다는 친구를 따라 편의점에 다녀왔다. 7시쯤 집에 와서 밥 먹고 이것저것 하다 보니 드라마 할 시간이 되었다. TV를 본 후 그냥 잠들기 아까워 새벽 1시까지 친구들과 SNS로 대화하고 좋아하는 가수 동영상을 보다가 잠들었다.

토요일 아침 11시쯤 눈을 떴다. 라면으로 허기를 달래고 TV를 틀었다. 예능 프로그램을 보다 보니 친구에게 같이 놀자고 연락이 왔다. 길거리 음식도 사 먹고 게임장에 가서 방방을 타다 보니 저녁 시간이 되어 집에 돌아왔다. 저녁을 먹으며 다시 TV를 틀었다. 숙제가 있지만, 일요일이 있으니 오늘은 일단 즐기자고 마음먹었다.

아이들 생활을 들여다보면 계획 없이 그냥 시간을 흘려보내고 있다. 시간을 어떻게 활용할지 몰라 중요하지 않은 일에 시간을 낭비하고 있는 것이다. 그러면서 하루가 너무 짧다고, 시간이 빨리 지나가버린다고 한탄한다.

답답한 마음에 미하엘 엔데의 《모모》 중 한 장면을 읽어준다. 사람들의 시간을 모으는 회색 신사가 이발사 푸지 씨에게 시간 절약을 통해 돈을 더 많이 버는 방법을 알려주는 부분이다. 물론 여기에는 그의 시간을 빼앗아 가려는 음모가 숨어 있다. '손님과의 쓸데없는 잡담은 피하고, 어머니 돌보는 시간을 아끼기 위해 어머니를 값싼 양로원에 보내고, 쓸모없는 앵무새는 내다버리고, 친구들을 만나느라 귀중한 시간을 낭비하지 마라'고 말이다. 푸지 씨는 신사의 말대로 돈은 많이 벌게 되었지만, 삶의 기쁨은 조금도 느낄 수 없었다.

조금은 진지해진 아이들을 향해, 책을 이리저리 피해 다니는 우리 반을 보고 있으면 마치 회색 신사가 이렇게 속삭이고 간 것 같다면서 안타까운 마음을 털어놓는다.

"책 읽으며 쓸데없는 사색은 피하고, 책 읽는 시간을 아끼기 위해 요약본만 빠르게 섭렵하고, 자리만 차지하는 쓸모없는 책은 내다버리고, 책에 대해 이야기하느라 귀중한 시간을 낭비하지 마라."

이쯤 되면 '시간이 없어서 책 못 읽는다'는 이야기는 쏙 들어간다.

우선 여전히 추상적이고 막연하게 느껴지는 '시간'을 기록해보기로 했다. 반에서 자신이 가장 바쁘다고 생각하는 아이의 일주일 시간을 표에 넣어보았다. 가로 칸에는 요일, 세로 칸에는 시간을 쓴 후 학교, 학원, 식사 시간, 종교 활동 등 고정적으로 사용되는 시간을 색칠했다. 가족과 함께하는 시간은 다른 색으로 칠했다. 아직 칠하지 않은 부분이 개인적으로 쓸 수 있는 시간인데, 여백이 꽤 많이 남았다. 여기까지만 보여주었는데도 각자 느끼는 바가 컸다. 시간이 없었던 것이 아니라 손가락 사이로 모래가 빠져나가듯 그냥 흘려버린 시간이 많았음을 스스로 발견하게 되었다.

낭비한 시간과 활용할 수 있는 시간을 파악했다고 다 해결된 것은 아니다. 할 일이 줄어든 것이 아니기 때문이다. 학교와 학원 숙제, 친구랑 노는 것 말고도 할 일이 많다. 여전히 이것저것 할 것에 치여 허덕이고 있다. 이런 상황이라면 독서는커녕 다른 할 일도 제대로 못 끝낼 것 같다. 어떻게 하면 좋을까?

■ ■ ■ 책 읽을 틈새 시간 찾는 법

1910년 3월 26일 오전 10시 15분 중국 뤼순 감옥, 사형 집행 5분 전.

"마지막 소원이 무엇입니까?"

"5분만 시간을 주십시오. 책을 다 읽지 못했습니다."

독립운동가로만 알고 있던 안중근 의사가 죽기 직전까지 책을 손에서 놓지 않았다는 이야기를 해주자, 아이들은 '도대체 책이 뭐길래?' 하는 표정으로 충격에서 헤어 나오지 못했다. "하루라도 책을 읽지 않으면 입안에 가시가 돋는다"라는 말을 남긴 분답다.

아이들에게 책은 우선순위에서 몇 번째를 차지할까? 학기 초에 물어보면 대부분이 집에서는 책을 읽지 않는다고 했다. 아예 활동 선택 목록 자체에 없는 것이다. 책을 삶으로 끌어들이려면 과감하게 독서의 우선순위를 높여야 한다. 할 일을 다 마치고 독서를 한다고 생각하면 책은 계속 멀어지기만 할 것이다.

먼저 고정된 독서 시간을 확보하고 나머지 시간을 어떻게 활용할지 다시 짜야 한다. 일의 목적과 가치에 따라 우선순위를 결정하기 마련인데, 독서가 가치 있다는 것을 몸소 깨달을 때까지는 일정한 독서 시간을 확보하는 것이 좋다.

둘째, 책을 읽을 수 있는 자투리 시간을 찾는다. 흘려버렸던 시간을 독서로 채워 넣는 것이다. 5분이라도 괜찮다. 책은 언제 어디서든 펼칠 수 있다. 언제 책을 읽어야 할지 난감해하기에 김병완 작가의 《책수련》에 나오는 예시를 들려줬다. 소설가 헨리 밀러는 화장실에서, 조지 오웰은 욕조에 몸을 담근 채로 독서를 했고, 링컨은 산책할 때 항상 책을 들고 다녔다. 김병완 작가는 TV 볼 때도 책을 곁에 두고 광고 시간이나 프로그램이 좀 지루해지면 책을 펼친다고 했다. 나는 주로 전철을 이용하면서 읽는다. 아이들은 일어나자마자 10분, 등교 후 10분, 학교 마치고 방과 후 수업을 기다리며 15분, 학원 차 기다리며 5분, 잠자기 전 10분 등 자투리 시간을 찾아냈다.

셋째, 깊게 사색할 수 있는 묶음 시간을 확보한다. 자투리 시간에는 부담 없이 틈틈이 책을 읽을 수 있는 장점이 있다면, 묶음 시간에는 몰입하며 생각의 흐름을 타고 깊이 사색하는 독서를 할 수 있다. 시간 확보를 위해 평소 생활 습관을 조금 바꿔보는 것도 좋다. 평일에 1시간 일찍 일어나서 책을 읽거나, 주말 오전 2시간, 잠자기 전 1시간 동안 독서를 해보는 것이다.

시간은 누구에게나 공평하게 주어졌지만 잡아둘 수도 되돌릴 수도 없다. 벤저민 프랭클린은 "시간을 낭비하지 마라. 삶이란 바로 시간으로 이루어져 있기 때문이다"라고 했다. 시간을 효율적으로 써야 하고 잘 써야 한다. 가치 있는 일에 시간을 쓸 때 인생은 점점 빛나게 된다. 아이들이 독서의 진정한 가치를 깨닫고 밥 먹고 잠자고 숨 쉬듯 하루도 거르지 않고 날마다 책을 읽는 사람으로 변하길 기대해본다.

본깨적 독서법을 적용하라

"야구 포지션에는 투수, 포수, 1루수, 2루수, 3루수, 중견수, 우익수, 좌익수, 유격수가 있어. 투수는……."

쉬는 시간에 아이들이 우르르 몰려들어 주영이의 설명을 듣고 있었다. 주영이는 야구선수를 꿈꾸는 활달한 아이다. 특유의 유머 감각을 살려 복잡한 야구 규칙을 설명해주었다. 그날 이후 우리 반에서 야구에 관한 관심이 급상승했고, 프로야구 시즌 스케줄 표를 꿰고 있는 아이도 생겼다. 경기 규칙을 익히고 나자 경기가 훨씬 재미있어진 것이다.

독서도 마찬가지다. 독서 방법을 익히면 그냥 읽을 때보다 더 재미있게 책에 빠져들 수 있다. 여러 방법 중에서 '본깨적' 독서법은 쉽게 익힐 수 있고, 읽으면서 '본 것, 깨달은 것, 적용할 것'으로 생각의 틀을 형성할 수 있다는 강점이 있다. 멈춰서 생각하고 어떤 실천을 통해 삶을 바꿔나갈 것인지를 끊임없이 고민하는 것이다.

본깨적 책 읽기의 시작은 독서경영 시스템을 우리나라 최초로 도입한 이랜드다. 강규형 대표는 이랜드에서 익힌 독서경영과 본깨적 읽기를 널리 확산시켰다. CEO 독서 멘토 강규형은《독서 천재가 된 홍 팀장》에서 본깨적을 크게 3가지로 나누어 제시한다. 본깨적을 책에 직접 기록한 '책 속 본깨적', 책 속 본깨적을 정리한 '정리 본깨적', 그리고 본깨적을 토론으로 나누는 '토론 본깨적'이다.

3월에 아이들은 2~3주 정도 본깨적 독서법을 익히고 연습하는 데 시간을 보낸다. 이 시기에 익힌 내용은 일 년의 독서활동을 이끌어갈 중요한 초석이 된다. 활동 및 학습지는 3P자기경영연구소의 독서 과정, 보물찾기 과정 교육 자료, 박상배 저자의 『인생의 차이를 만드는 독서법, 본깨적』을 참고하여 아이들 수준에 맞추어 수정, 보완했다.

■■■ 책도 '잘 읽는' 방법이 따로 있다

독서에도 책에 대한 흥미를 높이고 동기를 찾기 위한 워밍업 활동이 필요하다. 읽기 전 절차가 너무 복잡하면 책을 들여다보기 전에 질려서 아예 던져버릴 수 있으므로 가볍게 시작하는 게 중요하다.

책 제목, 표지, 작가, 목차 살피기

책 내용을 예측해보고 읽을 만한 책인지 파악하면서 이 책을 읽는 목적을 생각해보는 단계다.

활동 **책 제목, 표지로 질문 던지기**

① 짝이나 모둠끼리 책 제목을 가린 채 나머지 부분만 보며 제목과 내용을 예측해본다.

② 책 제목을 보고 다시 한 번 내용을 예측해본다.

---

③ 표지를 보고 모둠끼리 한 명씩 돌아가며 질문을 던지고 답을 함께 예측해본다. 질문의 수준, 내용을 제한하지 않고 엉뚱한 질문도 독려하며 자유롭게 상상하여 질문을 던지도록 한다.

다음은《마사코의 질문》을 가지고 한 활동에서 나왔던 질문들이다.

"이 아이는 한국 사람일까?"

"한국 사람이라면 왜 일본 옷을 입고 있을까?"

"뒤 배경은 어디일까?"

"뒤쪽 구름 기둥의 정체는 무엇일까?"

"마사코는 어떤 질문을 던졌을까?"

"몇 학년 교과서에 실렸을까?"

활동 목차 살피기

① 목차를 보고 중요한 단어에 박스를 쳐본다.

② 한 권이 하나의 이야기라면 목차를 보고 이야기를 연결해서 짝끼리 이야기해보고, 목차별로 독립된 이야기로 구성된 것이라면 인상적인 목차를 한 가지 골라 내용을 상상하여 이야기해본다.

밑줄 긋기, 박스 치기, 귀 접기

독서 시간에 책을 바라만 보고 있거나 글자만 읽어 내려가며 제대로 이해하지 못하는 경우가 있다. 눈으로만 읽는 것보다 손으로 읽으면 집중력과 이해력이 높아진다. 책은 깨끗하게 봐야 한다는 고정관념을 깨고 책에 마음껏 표시하면서 읽어보는 것이다. 정보의 바다에서 허우적대지 않고 중요한 내용을 선별하여 요약하는 능력을 기를 수 있다. 책 안에 표시해야 하므로 각자 자신의 책을 준비하거나 글이 담겨 있는 학습지를 활용한다. 같은 책이면 같은 내용에 표시한 내용을 비교할 수 있어 더 효과적이다.

활동 밑줄 긋기, 박스 치기

①색 볼펜, 자, 형광펜을 준비한다.

②1~2쪽만 읽고 중요한 내용만 밑줄을 긋는다. 중요한 내용을 추려낼 수 있는 이해력, 독해력을 가늠해볼 수 있다.

③내용을 구분하기 위해 색을 다르게 하여 표시해도 좋다. 예를 들어 갯벌 매립지 조성에 찬성, 반대하는 내용이라면 찬반 근거를 다른 색으로 그어 구분한다.

④내용이 다 중요한 것 같다며 '그리고, 그러나' 빼고 모두 밑줄을 치는 아이들이 의외로 많다. 그럴 경우 한 문단에 한 줄만 치라고 제한을 두고 중요한 내용을 찾아보게 한다.

⑤내용의 핵심 단어를 찾아 박스를 친다. 헤맬 경우 소제목에 언급된 단어를 찾거나 밑줄 내용을 대표하는 단어를 찾아보라고 하면 좀 더 쉽게 찾아낸다.

활동 귀 접기

①책 읽기 전 훑어볼 때는 관심 가는 내용, 중요해 보이는 곳의 위쪽 끝 귀퉁이를 접는다.

②책을 읽을 때도 인상적이거나 중요한 내용이 있는 곳은 귀 접기를 한다.

③더 중요한 내용은 2번 귀 접기를 한다.

④귀 접기 한 부분은 책장을 넘기며 쉽게 다시 찾아 볼 수 있다.

■■■ 책 속 본깨적이란?

책 속 본깨적은 책을 읽으며 본깨적 내용을 책 속 여백에 적는 것이다. 본 것은 책 윗부분에, 깨닫고 적용할 것은 아랫부분에 적는다. 아이들은 글씨가 커서 내용을 쓰다 보면 위, 아래, 양옆의 여백을 모두 활용하는 경우가 많아 자유롭게 책 속 빈 공간을 활용하도록 했다.

본깨적 터득하기

본깨적 뜻과 들어갈 내용을 간단하게 설명한다. 몇 년간 선배들이 겪은 시행착오, 어려웠던 점, 성장한 점을 함께 설명했다.

본깨적의 의미와 내용

용어	의미	기록할 내용(상황에 따라 골라 쓰기)
본	책에서 본 것 (저자가 말하는 핵심 내용)	책 속의 중요 사건, 인물의 말과 행동 중 인상 깊은 것, 좋은 문장
깨	깨달은 것 (나의 관점에서)	깨달은 점, 내 생각, 내 느낌, 감상, 주인공에게 하고 싶은 말, 나의 경험과 비교하기 등
적	적용할 것 (개인, 조직 적용)	적용할 점, 이렇게 하면 더 좋았을 텐데

아이들과 이 활동을 하면서 2가지 고민거리가 있었다. 첫째, '적용할 것'을 추상적으로 기술한다는 것이다.

시간이 흐르면 본 것과 깨달은 것은 곧잘 쓰곤 하는데, 적용할 것은 추상적이고 보편적인 내용이 많아 실천으로 바로 이어지지 않았고 시간이 지나면 그대로 잊어버리기 일쑤였다. 생활과 바로 연결되는 행동 목표를 최대한 끌어내기 위해 '양식 1'과 '양식 2' 버전을 만들었다.

양식 1 ··········

Quick : 일주일 안에 실천할 것 / Slow : 시간을 두고 천천히 실천할 것

예) 아침 일찍 일어나겠다.
→ Q   이번 주부터 6시 30분에 일어나겠다.
→ S   중학생이 되면 5시 30분에 일어나 공부를 하겠다.

예) 정직하게 행동하겠다.
→ Q   오늘부터 숙제 안 했는데 했다고 거짓말하지 않겠다.
→ S   잘못을 덮기 위해 또 다른 거짓말을 하지 않겠다.

양식 2 ··········

나를 위해 적용할 것 / 다른 사람을 위해 적용할 것(가족, 친구, 우리나라 사람, 다른 나라 사람 등)

예) 역사를 열심히 공부하겠다.
→나를 위해 : 청동기 문화재를 확인하기 위해 국립중앙박물관에 가볼 것이다.
→다른 사람을 위해 : '위만조선'을 조사하여 모르는 친구들에게 알려줄 것이다.

둘째, '질문'을 거의 하지 않는다는 것이다. 고학년이 되면서 질문의 수가 점점 줄어드는 데다, 책 내용을 비판 없이 그대로 믿어버리는 경우가 종종 있었다. 책을 읽으며 생각나는 질문을 던지는 칸을 만들어보았다. 깨달은 것에 써도 되지만, 아이들은 형식이 분리되어 있지 않으면 굳이 질문까지 쓰지 않는 경우가 많아 칸을 따로 만들었다.

본깨적 연습하기

연습할 때는 같은 글을 읽고 내용을 비교하며 본깨적을 익히는 것이 더 효과적이었다. 비교적 본깨적을 명확하게 쓸 수 있는《꽃들에게 희망을》과 《생각이 크는 인문학 8: 정의》중《우리들의 일그러진 영웅》부분을 발췌하여 학습지를 만들었다. 깨달은 것, 적용할 것을 통해 '친구들과의 관계'를 생각해보며 인성 교육을 병행했다.

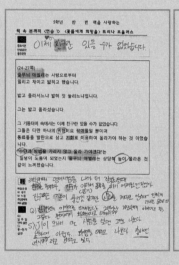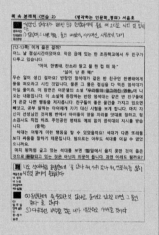

① 내용을 눈으로 빠르게 훑은 후 밑줄을 긋고 박스를 치면서 내용을 파악한다.

② 글 위에 본 것을 요약한 내용이나 중요한 구절을 적는다.

③ 깨달은 것, 적용할 것은 해당하는 내용 여백에 적거나 책 밑의 여백에 적는다.

④ 모둠 친구들과 쓴 내용을 돌려 읽거나 발표하며 생각을 비교한다. 글 내용 파악이 어려우면 글을 읽고 본 것을 쓰는 단계에서 선생님과 내용을 함께 살펴본다.

⑤발표할 때 돌아가면서 동등한 기회를 갖고, 온몸으로 경청한다. 다른 친구의 생각을 비난하거나 무시하지 않고, 있는 그대로 생각을 수용하도록 노력한다.

독서코칭 2 교과서로 본깨적 연습하기

본깨적 연습과 교과서 예습을 한 번에!

①수업 중에 중요한 내용을 읽고 밑줄 긋기, 박스 치기를 한다.

②내용 설명을 하면서 추가로 중요한 내용을 정리하거나 밑줄을 긋는다.

③질문을 먼저 써서 모둠 친구들과 답을 생각해본다.

④수업을 마치고 5분 동안 그날 수업에서 깨달은 것, 적용할 것을 쓴다.

본깨적이 익숙해질 때까지는 같은 내용으로 활동하고 서로 비교해보는 것이 효과적이다. 교과서는 학기 말에 버리는 경우가 대부분이라 마음껏 접고, 밑줄을 그어가며 표시할 수 있다.

과목 첫 시간에 교과서를 훑어 읽으며 귀 접기, 중요 단어 박스 치기를 하면 내용을 미리 훑어보는 예습 효과까지 누릴 수 있다. 주로 국어, 수학, 사회, 과학, 영어 교과에서 활용했다.

학기 중에도 책 속 본깨적 쓰기를 자주 활용했다. 국어 시간 감동적인 글을 읽은 후나 사회 시간 시사적인 내용을 배운 후에 교과서 여백에 깨달은 것, 적용할 것을 쓰고 서로 의견을 나누게 했다. 수업 마무리 활동으로도 효과적이었다.

책 속 본깨적 실천하기

책 속 본깨적은 《논어》 책과 교과서를 공통으로 활용했고, 원하는 아이들이 자발적으로 자신의 책에 책 속 본깨적을 실천했다. 다음은 《미술 첫발》 책 속 본깨적 활동의 예다.

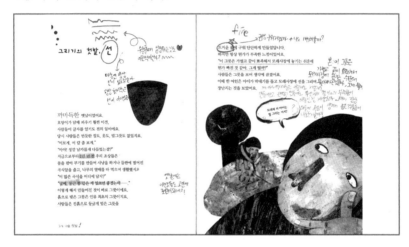

■ ■ ■ 정리 본깨적이란?

정리 본깨적은 본깨적을 따로 뽑아 공책이나 양식지에 정리하는 것이다. 읽었던 모든 책을 정리 본깨적 하기는 어려워서 일주일에 한 편씩 작성했다. 수업 시간에 할 때도 있지만 주로 과제로 내주었다. 책 한 권을 읽고 쓸 때도 있고, 같은 책의 일부 내용을 함께 읽고 쓸 때도 있었다.

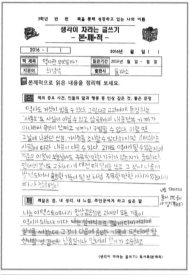

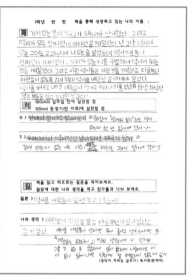

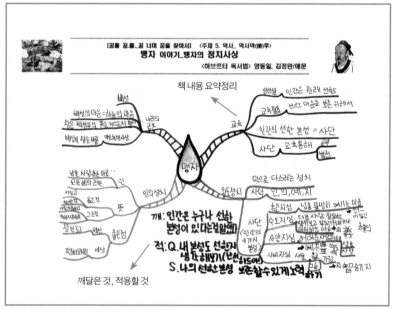

지금까지는 이론을 공부했고 앞으로 일 년 동안 독서와 수업에 적용하면서 단련해야 한다. 조급한 마음을 갖지 말고 꾸준히 실천해나간다면 일 년 후 놀라운 성장을 이룰 것이다.

다양한 활동 후에 본깨적으로 정리하기

본깨적 방법은 여러 분야에 응용할 수 있다. 단순히 본깨적을 쓰라고 하기보다 본깨적 각 항목에 무엇을 쓸지 제시하면 더 깊고 다양하게 생각할 수 있다.

① 영화 본깨적
- 본: 인상 깊은 대사 및 장면, 중요한 사건
- 깨: 느낀 점, 깨달은 점, 등장인물에게 하고 싶은 말
- 적: 실천하고 싶은 점
- 질: 궁금한 점

② 프로젝트 본깨적 / 체험학습 본깨적
- 본: 중요한 활동, 인상 깊었던 활동
- 깨: 새롭게 배운 것, 성과, 참여 태도, 협동 등 나의 모습 되돌아보기
- 적: 실천하고 싶은 점
- 질: 궁금한 점

본깨적 쓰기 소감

- 아는 것이 많아질수록 궁금한 점도 늘어났다.

- 글쓰기 실력이 쑥쑥 늘었다. 이제 편지도 잘 쓰게 되었다.
- 이해력이 좋아져서 책이 더 재미있어졌다. 책을 좋아하게 된 나를 보고 놀랐다.
- 생각하는 기회가 주어진 것이 기쁘다. 줄을 채우는 것이 힘들었는데, 어느덧 쓰는 시간이 빨라졌다.
- 책 본깨적을 쓰면서 책을 분석하는 기분이 들었다. 깊은 깨달음을 얻을 때가 많았고 머릿속에 책에 대한 기억이 오래 남았다.
- 처음에는 힘들고 지루했는데 생각을 담아내는 것이 재미있어지면서 자꾸 쓰고 싶어졌다.

본깨적으로 토론하기

본깨적 토론은 돌아가면서 본 것, 깨달은 것, 적용할 것을 발표하고 나누는 활동이다. 글쓰기가 생각을 정리하고 깊이를 더하는 과정이었다면, 토론은 다양한 관점을 경험하며 생각을 확장해가는 단계다. '토론 팀 결정→본깨적 토론→친구 글에 댓글 달기' 순으로 진행한다.

■■■ 토론 팀 결정하기

보통 본깨적 토론은 소그룹으로 진행하는데, 아이들과 할 때는 다양한 형태로 만들어서 해보았다. 아이들은 회복적 생활교육을 배우면서 반 전체가 큰 원을 만들어 이야기하는 것을 좋아했다. 반 전체가 친구의 말을 온몸으로 경청하다보니 말하는 아이는 자신감이 붙고, 듣는 아이는 친구를 깊이 이해하게 되었다. 토론도 같은 형태로 하기를 원했기에 토론할 때 만드는 원형 모임을 '독서서클'이라 이름 짓고, 3가지 형태의 서클을 돌아가면서 활용했다.

서클 형태는 그날의 아이들 분위기, 본깨적 분량, 책의 종류 등을 고려하여 결정한다. 각 형태의 장단점을 비교해보았다.

서클 형태	장점	단점
전체 서클 (20~30명)	• 원의 형태여서 발표자의 말에 전체 구성원이 오롯이 집중할 수 있음 • 반 전체 친구들의 다양한 생각을 듣고 자신의 생각과 비교할 수 있음 • 본깨적을 못 해 온 아이들도 다른 친구들의 이야기를 듣고 자신의 생각을 정리하여 발표할 수 있음 • 구성원의 결속력이 커짐	• 시간이 많이 걸리고 한 사람당 이야기할 수 있는 시간이 적음 • 20명이 넘을 경우 인원이 많아 자칫 지루하고 산만해질 수 있음 • 의자만 놓고 앉았을 때 의자 놓는 자리가 좁을 수 있음
2개의 서클 (10~15명)	• 전체 서클에 비해 여유로운 토론 시간을 가질 수 있음	• 원이 커서 구성원들 간의 거리가 떨어져 있는데, 다른 원에서 발표하는 목소리가 들려 전체 서클에 비해 다소 몰입감이 떨어짐

| 모둠 서클
(4~6명)
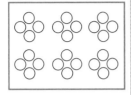 | • 충분한 토론 시간을 가질 수 있음
• 평소 수업 시간에 자주 활동하는 형태라 익숙하게 토론 진행을 할 수 있음 | • 본깨적을 써 오지 않은 구성원이 많은 경우 토론 진행이 어려움 |

한편 회복적 생활교육의 서클이란 다음과 같은 의미를 가진다.

서클은 둥글게 앉아 이야기하고 소통하는 모임 형태다. 공동체가 '연결'되기 위해 갖는 특별한 만남이다. 구성원 사이를 가로막는 장벽이 없고 서로를 온전하게 바라보며 존중할 수 있는 공간이다. 말하기 도구(토킹스틱)를 사용하여 모두에게 균등하게 말할 기회가 돌아가기 때문에 누구나 자신의 생각을 표현할 수 있다.

—박숙영,《회복적 생활교육을 만나다》, 좋은교사, 2014.

■ ■ ■ 본깨적 토론하기

순서를 정해 본깨적을 한꺼번에 발표하거나 각각 따로 발표한다. 규모가 큰 독서서클의 경우 '돌아가며 본 것 말하기 → 한 바퀴 더 돌며 깨달은 것, 적용할 것 말하기 → 자유롭게 질문하기' 방법이 효과적이었다.

독서서클

① 모둠 진행자 한 명을 정한다. 전체 서클의 경우 선생님이 진행해도 된다.

② 본깨적을 한꺼번에 말할지 본, 깨, 적을 따로 말할지 결정한다.

③ 사회자의 오른쪽이나 왼쪽부터 시작해서 정리 본깨적을 보며 발표한다.

• 본 것 발표하기

자유 도서의 경우는 간단한 책 소개를 곁들여서 전반적인 책의 이해를 돕도록
하고, 지정 도서인 경우는 내용을 이미 공유하고 있으므로 인상 깊은 구절, 중
요한 부분에 무게를 두어 이야기하도록 한다. 쓴 내용을 그대로 읽는 것이 아
니라 중요한 내용을 요약해서 발표하는 습관을 들이도록 한다.

• 깨적 발표하기

자유 도서의 경우는 친구의 생각을 공감하면서 듣고, 같은 책을 나눌 경우는
내 생각과 비교하며 다양한 관점에서 생각해보며 생각을 확장해나간다. 적용
할 것은 이미 실천한 것을 나누거나 앞으로 적용할 계획을 친구들 앞에서 다
짐한다.

④ 본깨적을 이야기한 후 자유롭게 질문한다.

질문이 토론을 통해 해결되는 경우도 있고, 또 다른 질문이 생길 수도 있다. 자유
롭게 질문하고 친구들의 생각을 들어본다.

■■■ 댓글 달기

본깨적 토론 후에 오고 간 내용을 바탕으로 서로 글을 바꿔서 댓글을 달아
준다. 보통 한 명의 글을 찬찬히 읽고 깊이 있는 댓글을 달아주었다.

즐거운 기억과 책 연결하기

《질문이 있는 식탁 유대인 교육의 비밀》의 저자 심정섭은 잘 먹인 후에 공부시키는 것이 효과적이라고 했다. 유대인 아이들은 정성껏 차려진 안식일 식탁에서 맛있는 음식을 즐긴 후 아버지와 공부를 시작한다.

즐거운 마음으로 토론을 시작하고 싶어서 토론 시작 전에 간식을 먹었다. 초콜릿과 사탕 대신 건강한 먹거리를 선택했다. 바로 아몬드다. 분위기가 흐트러지지 않고 간단히 먹을 수 있으면서도 건강을 챙길 수 있다. 딱딱한 아몬드를 못 먹는 아이들이 있다면 캐슈넛도 괜찮다. 선풍적인 인기를 끌어 우리 반 대표 간식이 될 정도였다. 추석 무렵에는 한과, 겨울에는 귤 같은 특별한 간식도 좋다. 아기 새가 모이를 받아먹으려고 입을 벌리듯 간식을 받으려고 손을 내미는 아이들 모습이 사랑스럽다.

본깨적 활동 소감문을 받았을 때 독서 간식이 내용의 반 이상을 차지할 정도로 좋아했고, 간식 덕분에 매번 즐겁게 토론할 수 있었다.

정리의 힘:
독서 바인더로 실행력을 높이는 습관

"선생님 휴대폰 잃어버렸어요. 다 찾아봤는데 없어요."

올먹이는 아이를 달래가며 여기저기 살펴보다가 기절초풍할 풍경을 만나고야 말았다. 책상 속에는 지난주에 배운 학습지, 아무렇게나 처박혀 있는 교과서, 리코더, 지난주 미술 시간에 쓰고 남은 붓 등 물건이 끝도 없이 나왔다. 사물함은 교과서와 물건들이 무질서하게 자리를 차지하고 있어 문을 제대로 닫을 수 없을 정도였다. 가방 속을 헤집어 먹다 남은 과자 봉지와 알림장, 가정통신문 뭉치를 끄집어내고 나서야 휴대폰이 모습을 드러냈다.

정리정돈이 잘 안 되는 아이들은 집중을 잘 하지 못해 학습 효율이 떨어지는 경우가 많다. 주변 환경 정돈은 생활과 학습을 조직하는 첫 단계다. 주변이 항상 정신없다고 너무 걱정할 필요는 없다. 정리하는 능력은 배움과 연습을 통해 기를 수 있다. 우리 반은 일 년 동안 '활동 마무리→주변 정리→다음 활동 시작' 패턴을 연습하고 학습 결과물을 바인더에 차곡차곡 정리하는 습관을 길렀다.

■■■ 정리력은 생활과 학습을 조직하는 힘

정리를 못하는 것이 한두 아이만의 문제는 아니다. 4교시쯤 되면 아침 시간에 배웠던 교과서며 쉬는 시간에 가지고 놀았던 물건이 뒤섞여 책상 위에 어지러이 놓여 있고, 바닥에는 주인 모를 가정통신문과 학습지가 수시로 굴러다닌다. 필통을 꽉 채우던 연필과 펜을 일주일 만에 다 잃어버리고 친구 것을 계속 빌리는 아이, 수업 시간만 되면 교과서나 학습지가 없어졌다고 찾는 아이도 있다. 이런 풍경이 매일 반복된다.

영유아교육 전문가 이혜성은《내 아이를 변화시키는 놀라운 정리습관》에서 정리정돈이 단순히 주변을 정리하여 집중력을 높일 뿐 아니라 사고력과 학습능력 그리고 자발적 태도, 책임감, 배려 같은 사회성도 기를 수 있다고 강조한다. 정리정돈이 습관으로 자리 잡을 수 있도록 아이들과 여러 가지를 연습해보았다.

첫째, 한 번에 하나씩 집중하기다. 하나의 활동을 마무리 지으면 주변을 정리한 후 다음 활동으로 넘어가도록 하는 것이다. 이 과정을 통해 자연스럽게 집중력과 학습능력이 높아진다.

멀티태스킹은 학습 효율을 떨어뜨린다는 연구 결과가 있다. 수업 중에 끊임없이 볼펜 딸각거리는 소리를 내고, 사인펜으로 손톱을 칠하거나 손등에 그림을 그린다. 지우개 가루를 뭉치고 길게 늘이기를 반복하거나 고무줄이며 샤프심을 끊임없이 만지작거린다. 수업을 듣고 있다고 생각하지만, 방금 전 들은 내용조차 기억 못 하거나 질문을 던져보면 내용을 제대로 몰라 대답을 못 한다. 정리정돈이 안 되는 아이들은 평가를 볼 때도 유독 '실수'를 많이 하고 비슷한 실수를 반복한다. 문제를 꼼꼼하게 읽지 않거나 건성으로 푸는 것이다.

수업 시간에는 꼭 필요한 물건만 꺼내놓고 수업에만 전념하도록 의식적으로 연습했다. 스스로 할 수 있을 때까지, 활동을 마친 후에 필요 없는 물건을 정리했는지 확인하고 다음 활동을 시작했다.

둘째, 물건을 제자리에 놓는 습관을 길러 물건을 찾는 데 낭비하는 시간 줄이기다. 세계적인 경영학자 피터 드러커는 정리정돈의 중요성을 강조했다. "미국의 비즈니스맨들은 하루 평균 25분씩 무언가를 찾는 데 시간을 낭비합니다."

학교에서 물건을 찾는 데 평균적으로 걸리는 시간을 분석해보았다.

- 과제로 내준 학습지를 찾기 위해 책상, 사물함, 가방을 살펴봄(2분×하루 3회=6분)
- 샤프심, 깎아놓은 연필, 색 볼펜 등 필기도구가 사라졌다며 찾음(1분×하루 3회=3분)
- 결국 못 찾은 필기도구를 친구에게 빌림(30초×하루 6회=3분)
- 부모님 확인을 받아와야 하는 가정통신문을 찾아봄(2분×주 2회=4분)
- 여기저기 흩어져 있는 리코더 악보를 찾음(5분×주 1회=5분)
- 숙제하고 어딘가에 둔 교과서를 찾기 위해 교실 여기저기를 살펴봄(3분×주 2회=6분)

매일 10분 이상을 무언가를 찾는 데 시간을 낭비하고 있었다. 수업 시간이 되어서도 물건을 찾다 보면 다른 친구들까지 수업에 방해되는 일도 종종 있다.

물건의 자리를 정했다. '가정통신문은 가방 안의 파일함, 연필깎이는 사물함 위, 책가방은 책상 옆 고리, 리코더는 사물함, 악보는 A4 화일함' 이런 식으로 정한다. 위치를 정했다면 사용 후에는 반드시 그 자리에 가져다놓는 연습을 한다. 물건이 항상 그 장소에 있으면 찾느라 고민하거나 생각할 필요 없다. 낭비했던 시간을 더 가치 있는 일에 쓸 수 있게 되는 것이다.

셋째, 준비하는 습관 들이기다. 그날 사용했던 물건을 제자리에 놓고, 다음 날 필요한 교과서와 물건을 넣어 가방을 챙겨놓는다. 연필은 3자루 정도 미리 깎아놓고, 샤프심은 샤프에 충분이 넣어두어 불편 없이 바로 사용할 수 있게 준비한다. 작고 사소해 보이지만 활동할 때 온전하게 집중할 수 있도록 큰 힘을 발휘한다.

어릴 적 정리 습관이 평생 학습능력과 생활 태도, 타인과 관계 형성에 중요한 밑거름이 된다. 주변을 체계적으로 정리하면 지식도 체계적으로 정리하면서 받아들일 수 있고, 자기 생각을 체계적으로 글과 말로 표현하는 능력도 키워진다. 또한 정돈된 환경을 만드는 것은 책임감 있는 행동이자 가족과 친구에 대한 배려이기도 하다.

■■■ 독서 바인더는 아이의 성장 포트폴리오

"어! 그거 엄마가 버렸는데요!"

순간 머릿속이 새하얘졌다. 청천벽력 같은 소리였다. 1학기 내내 열심히 기록한 일기, 독서록, 사회 공책 등을 방 정리하면서 버렸다는 것이다. 소중하게 보관했어도 엄마가 버리셨을까 싶었다. 너무 간단하게 엄마 탓으로 돌려버리는 지인이 얄밉기도 하고, 한 학기를 쏟아부었던 결과물이 그 정도 가치밖에 안 되었나 싶어 서운함이 밀려들었다.

뒤늦은 후회는 소용없건만 자꾸 지인이 썼던 글이 아른거렸다. 어쩜 이게 5학년 글일까 싶어 감탄을 금치 못하며 '꼬마 철학자'라는 별칭까지 지어주었는데. 사회 시간마다 배운 내용을 기가 막히게 정리한 마인드맵이 담겨 있던 공책도 눈앞에 선했다. 후배 아이들과 다른 선생님들에게 예시 자료로 두고두고 보여주고 싶었던 '작품'이었는데, 빛을 못 보고 폐휴지 더미에 던져져 쓸쓸한 최후를 맞았을 것을 생각하니 아깝기 그지없었다. 진작 사진을 찍어두지 않은 것을 가슴을 치며 후회했다.

소중한 자료가 버려지는 경우는 비일비재하다. 매년 쌓이는 공책, 학습지, 리코더 악보 등을 집에 쌓아놓고 보관하기란 쉽지 않기 때문이다. 분류되지 않은 학습지나 공책은 모아 두어봤자 자리만 차지하고 정작 필요할 때는 쉽게 찾을 수 없는 잡동사니에 불과하다. 자료를 남겨놓았다는 사실조차 잊어버리는 경우도 허다하다.

넘쳐나는 학습지를 나눠주면서도 그냥 한곳에 잘 정리하라고만 하고 명쾌한 방법을 제시하지는 못했는데 3P 바인더를 만나면서 갈피를 잡기 시작했다. 《성과를 지배하는 바인더의 힘》에는 바인더를 통해 기록관리, 목표관리, 시간관리, 업무관리, 지식관리, 독서경영을 하는 방법과 사례를 제시하고 있다. 저자인 강규형 대표님의 바인더 서재를 실제로 둘러보고, 독서모임을 통해 다른 사람들이 꾸준히 바인더를 활용하는 모습을 지켜보면서 아이들과 바인더를 멋지게 활용해보고 싶다는 열망이 커졌다.

3P자기경영연구소 정리력 컨설턴트 이재덕은 정리력 3단계를 제시한다. 1단계는 가치 없는 자료를 버리는 '정리', 2단계는 목적에 따라 자료를

분류하는 '정돈', 3단계는 규격화된 틀에 자료를 채우는 '매뉴얼'이다. 모아둘 필요가 없는 학습지는 버리고, 주제별로 자료 정리 기준을 세워 규격화된 틀인 3P 바인더에 넣었다. 접근성을 높여 필요할 때 언제든 찾아 쓸 수 있게 한 것이다.

3P 바인더는 우리 교실에서 학습 자료를 담는 강력한 도구로 자리매김했다. 2012년에 바인더 사용법을 배워 2013년부터 꾸준히 바인더에 자료를 정리하고 있다. 3권으로 시작해서 이제는 주제통합 바인더(1, 2학기), 독서, 감사일기, 시간 관리 및 예습 복습, 영어, 사회 마인드맵 이렇게 7권으로 늘어났다.

바인더만 꽂을 수 있는 책꽂이를 마련하여 종류별로 꽂아둘 수 있도록 했고, 자주 사용하는 학습지 양식은 책장 위에 두어 언제든 가져다 쓸 수 있도록 했다. 활동 후 학습지를 바로 넣지 않으면 분실하기 일쑤여서 검사 맡으러 올 때는 입버릇처럼 "주소 정확하게 찾아서, 집에다 끼워 오렴" 하고 농담처럼 말한다. 해당하는 바인더를 찾아 정확한 위치에 넣어 오라는 뜻이다. 정리 본깨적 12번이라면 독서 바인더 인덱스 2를 넘겨 정리 본깨적 11번 뒤에 끼워 오는 식이다. 틀리게 꽂아도 걱정할 필요는 없다. 바인더의 장점 중 하나가 자료 이동이 간단하여 언제든 쉽게 위치를 옮길 수 있다는 것이다.

독서 역시 한 권의 바인더로 만들었다. 같은 학년 선생님들이 독서 바인더 이름을 '쓰담 쓰.담.'이라고 지었다. '쓰담'은 마음을 쓰다듬듯 책을 통해 자신을 돌아보고 다독인다는 뜻이, '쓰.담.'은 생각을 '쓰고 담다'라는 의미가 담겨 있다. 독서 바인더는 다음 표처럼 구성했다.

독서 바인더(A5)

인덱스 1	인덱스 2	인덱스 3	인덱스 4
독서디딤돌	책 본깨적	《논어》	독서꿈나무
• 독서시민 마인드 세트 • 읽고 싶은 책 목록 • 읽은 책 목록	• 정리 본깨적 글 모음	• 《논어》 읽기 마인드 세트 • 《논어》 생각 키우기 글 모음	• 독서 행사 • 좋은 글 모음

바인더를 사용하면서 여러 가지 효과가 나타나기 시작했다.

첫째, 일 년의 교육과정이 하나씩 만들어져가는 과정을 눈으로 볼 수 있다는 것이다. 일 년의 학습이 어떻게 조직되어가는지, 무엇을 해나가고 있

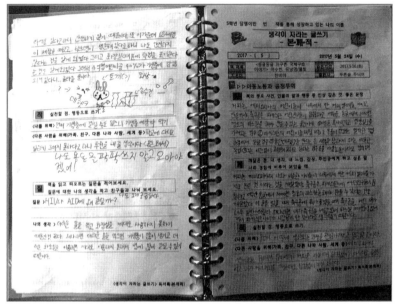

느지 알 수 있었다. 언제든 필요한 자료를 찾아 복습하고 정보를 다시 상기할 수 있었다.

둘째, 나만의 멋진 성장 포트폴리오로서 누적의 힘을 발휘했다. "선생님! 아직 두 달밖에 안 됐는데 벌써 바인더가 반 이상 찼어요!"라고 아이들은 즐겁게 외치곤 했다. 시간이 흐르면서 바인더를 차곡차곡 채워가는 기쁨은 아이들에게 큰 내적 동기를 부여했다. '성과=성적을 높이는 것'이라는 편견도 있었고, 아이들의 성장을 측정한다는 것 자체가 불가능하다 여기기도 했는데, 바인더는 아이들의 성장을 눈으로 확인할 수 있게 해주었다. 바인더를 넘겨보며 3월에 쓴 글과 12월에 쓴 글을 비교하여 생각의 깊이와 글의 정교함이 어떻게 달라졌는지 쉽게 파악할 수 있었다.

셋째, 바인더는 가정과 소통 도구가 되었다. 부모님들이 종류별 바인더만 넘겨보아도 학습 내용, 성장 정도를 파악할 수 있었다. 구체적인 자료를 가지고 소통하니 대화의 깊이가 달라졌고, 깊은 유대감을 쌓을 수 있었다.

6학년이 된 아이들이 종종 교실을 찾아온다. 선생님이 보고 싶어서 왔다지만 더 큰 목적은 후배들을 위해 잠시 놓고 간《논어》책과 바인더가 무사히 있는지 한 번씩 확인하기 위함이다. 바인더를 쓰윽 살펴보고 언제 돌려줄 것인지 꼭 묻고 간다. 졸업한 지 몇 년이 흐른 후에도 바인더를 소중하게 간직하고 있다는 이야기를 들으면 뿌듯함이 밀려온다. 바인더는 일 년의 열정과 노력이 고스란히 담긴 아이들의 일부이자 살아 있는 역사가 되었다.

반복의 힘:
작은 반복으로 큰 성취를 이루는 습관

"책을 읽으면 책 읽는 뇌로 변한다."

　장석주 시인이 TV 프로그램 〈세상을 바꾸는 시간, 15분〉에서 던진 말이다. 19만 5천 년 동안이나 문자 없이 살아온 인류의 뇌는 처음부터 문자를 보고 이해하는 데 최적화된 뇌로 만들어지지는 않았다. 당연히 책 읽기는 인간에게 그리 녹록한 활동이 아니다. 책 읽는 뇌를 가지고 있는 사람들은 그 어려운 책 읽기를 즐기고 또 두꺼운 책도 내용을 파악해가며 뚝딱 해치운다.

　그렇다면 독서 뇌를 만들기 위해서는 어떻게 해야 할까? 생각하며 책을 읽고, 생각을 정리하여 글 쓰는 활동을 꾸준히 해야 한다. 하지만 '책' 하면 몸을 꼬며 도망가려는 아이들을 책 앞에 잡아두기는 쉽지 않다. 그래서 '5분 매일 실천하기'를 독서활동에 적용하여 조금씩이나마 끊임없이 반복하여 습관으로 만드는 것이다.

■■■ 작은 습관 실천으로 패턴 만들기

"자리에 앉아!"

교실을 가르는 날카로운 목소리에 순간 정적이 흐르며 긴장감 어린 눈동자들이 일제히 나를 향했다. 그동안 꾹 눌러왔던 화가 한꺼번에 폭발했다. 쉬는 시간 내내 놀다가 종이 치면 화장실 다녀온다고 하고, 수업 종이 치면 그제야 어슬렁거리며 사물함에서 교과서를 꺼내 오고, 아침독서 시간 5분이 지나도록 책도 안 꺼내고 멍하게 앉아 있다. 해도 너무한다는 생각이 들었다.

그러나 좋은 소리도 반복되면 듣기 싫고 효과 없는 잔소리가 되어버린다. '자유와 간섭', '자율과 통제' 사이에서 심각하게 고민했다. 스스로 판단하여 자율적으로 학습하고 규칙을 준수하는 태도를 길러주고 싶었다. 하지만 자유를 주면 금방 '내 마음대로, 하고 싶은 대로' 해버리는 아이들에게 무작정 맡겨놓을 수도 없는 노릇이었다.

'반복되는 행동이 극적인 변화를 만들어낸다고?' 찰스 두히그의 《습관의 힘》을 보니 습관을 바꿔서 체중 감량에 성공하고, 의지력을 길러 훌륭한 사원으로 거듭나고, 조직에서 일어날 수 있는 대형 사고를 막아냈다. '습관'이 매력적으로 다가왔다. '잔소리'를 대신할 훌륭한 방법이 될 것 같다. 교과서 챙기는 생활 습관부터 책 읽기, 글쓰기 습관까지 '습관 목록'을 잔뜩 만들었다. 그런데 이게 웬일인가? 실패하거나 몇 달이 지나서야 겨우 습관으로 자리 잡는 경우가 많았다. 너무 욕심을 부렸던 것이다.

거듭되는 실패에 난감해하던 중 스티븐 기즈의 '작은 습관 프로젝트'를 알게 되었다. 그는 《습관의 재발견》에서 "습관을 한심할 정도로 작게 만들어 실패하기조차 힘들게 하라. 그리고 아주 사소한 것이라도 억지로 매일 하려고 노력하라"고 했다. 아무 소용없어 보이는 '매일 팔굽혀펴기 한 번'이 습관으로 이어져 삶에 긍정적인 변화를 일으킨다는 것이다.

우선 '시간'을 줄여 마음의 부담을 줄이고, 아이들이 만만하게 느낄 정도로 '양'을 잘게 쪼갰다.《논어》는 일주일에 한 챕터씩 본깨적을 쓰는 것에서 하루 한 쪽씩 하는 것으로 바꿨다. 영어 문장은 일주일에 10문장씩 외우고 한 번씩 퀴즈를 보던 것을 매일 2문장씩 외우게 했다. 파닉스Phonics는 영어 수업 시간에 몰아서 배우는 대신 6개월에 걸쳐 하루 5분씩 연습했다. 방학 숙제를 개학 전 몰아서 하듯이, 대부분의 아이는 영어 문장 10개를 몰아서 한꺼번에 외우지 계획을 세워 평일에 2개씩 외우는 경우는 드물다. 잘게 쪼개주고 매일 피드백을 해주면 미루지 않고 그날 과제를 해낼 수 있다.

활동을 잘게 쪼갰으면 이제는 활동을 일주일 시간표에 적절하게 구성하여 패턴을 만들 차례다. 우리 반은 독서, 글쓰기, 영어, 감사일기를 아래 표처럼 배치했다. 시범 운영을 해보고 아이들 의견을 받아 조정한다. 그리고 매일 같은 시간에 같은 활동을 하도록 한다.

활동 패턴(매일)

활동 시간	소요 시간	매일 활동
등교 후	5분	교과서 준비물 챙기기
	5~30분	자율 활동(숙제, 독서, 아침 운동 등)
아침독서 시간	15분	자유 독서 또는 《논어》본깨적 작성
	2분	짝나눔(읽은 책나눔)

1교시 시작 전	5분	선생님의 서재(책 읽어주기)
3교시 시작 전	5분	영어 파닉스 또는 영어 동화 익히기
5교시 시작 전	10분	《논어》 1쪽 낭독 → 생각 나눔 → 돌려 읽고 댓글 달기(1명)
수업 마친 후	5분	감사일기(알림장과 함께 씀)
과제(집에서)	20~30분	《논어》 본깨적 1쪽

활동 패턴(주)

월	화	수	목	금
		책 본깨적 과제 제출 및 토론 (국어 또는 관련 교과 시간)		《논어》 생각 키우기 1편 제출 및 토론 (국어 시간)

언뜻 복잡해 보이지만 이제는 습관으로 자리 잡아서 힘들지 않게 해내고 있다. 특히 예비종이 울리고 3교시 시작종이 울릴 때까지 5분을 헛되이 보내지 않아서 좋다. 또 점심시간에 정신없이 뛰어놀다 들어와 왁자지껄 떠들던 아이들이 《논어》 낭독으로 시작하면 얼른 책을 펴고 한목소리를 낸다. 자연스럽게 수업 분위기가 형성되는 것이다.

처음 시도할 때는 10가지면 10가지를 한꺼번에 제시했는데, 아이들이 정신을 못 차리면서 우왕좌왕하는 것을 보고 일주일에 1~2개씩 제시한 후에 익숙해지고 나면 새로운 것을 제시한다. 본깨적, 감사일기, 영어 파닉스 등 모두 처음 해보는 것이라 질문이 쏟아졌다. 일일이 답해주기 어려워 아예 한 장당 한 가지 활동의 실행법을 간단하게 제시하여 칠판 한쪽에 붙여

놓고 반복해 인지할 수 있도록 했다. 되풀이해서 보고 익힐 수 있는 가시화 전략인 셈이다.

한 달 정도 지나자 확실히 효과가 나타났다. 스티븐 기즈는 우리 머릿속에 '습관 신경'이 존재한다고 했다. 외부 신호를 받으면 특정 행동을 하고 싶다는 충동이 생기는 것이다. 아이들도 '습관 신경'이 형성되었다. 등교하자마자 교과서와 준비물을 챙기고, 아침독서 책을 미리 준비한다. 3교시 예비종이 울리면 파닉스 학습지를 펼치고, 5교시 수업 종과 함께 《논어》를 낭독하는 소리가 울려 퍼진다. 순간 놓치는 아이들은 옆에서 챙긴다. 좋은 습관을 '자동화'한 뇌로 바뀐 것이다.

■ ■ ■ 스노볼 snowball 효과란?

'관성의 법칙'은 끈질기다. 생활 패턴이 갖춰졌다고 해서 방심하고 있으면 안 된다. 조금이라도 틈이 있거나 안 해도 되는 핑계가 있으면 덥석 이전 습관으로 돌아가려 하기 때문이다. 아침독서 대신 전날 못 한 다른 활동을 하면 다음 날 독서에 대한 마음이 흐트러진 것이 보이고 공휴일이 낀 주에 글쓰기를 건너뛰면 다음 주에는 안 해 오는 아이들이 급증한다. 한두 번은 괜찮지만 수시로 바뀌면 패턴이 쉽게 무너져버리고, 다시 구축하는 데 며칠에서 몇 주까지 걸린다.

몇 년의 시행착오 끝에 결심했다. '예외는 없다! 무조건 한다.' 다른 일정 때문에 변경되지 않도록 마음을 다잡았다. 선생님이 아침독서를 중요하게 여기는 모습을 보면 아이들도 더 진지하게 책 읽기에 임한다. 부득이 못 할 상황이 생기면 이유를 충분히 설명해주고 가능하다면 보충하는 것도 좋다. 한두 번 더 하거나 덜 한다고 해서 차이는 별로 없지만, 아이들 마음에 우선순위를 결정하는 데 큰 역할을 한다. 학기 초에는 마르고 닳도록 앉아서 독서하라고 해도 웅성거리며 집중 못 하던 아이들이 한껏 들떠 있던 방학식 날에도 평소 독서하던 시간이 되자 자연스럽게 책에 몰입하는 놀라운 모습을 보여주었다.

켜켜이 쌓여가는 시간 속에서 열매가 열리기 시작했다. 읽어준 책이 60여 권, 생각이 빼곡하게 들어찬《논어》, 책 본깨적 글쓰기 27편,《논어》생각하는 글쓰기 26편, 감사일기는 무려 163편이 모였다. 영어는 파닉스 완료, 영어 동화 6권과 교과서 영어 표현을 외웠다. 물론 여전히 글쓰기는 수준 차가 많이 나고 영어는 쉽게 잊어버리기는 했지만, 자신들이 이뤄낸 성과를 중간중간 직접 확인하고 끝까지 실천할 힘을 얻었다. 학기 말에는 누적의 힘을 실감하며 아이들은 스스로 이뤄낸 결과에 놀라움을 금치 못했다.

또 다른 열매는 준비성이 좋아졌다는 것이다. 언제 무엇을 할지 예측 가능하기에 걸리는 시간을 전망하고 시간을 확보하여 그 시간을 준비했다. 짧게라도 매일 피드백이 이루어지니 과제를 미루는 일도 줄어들었다.

작은 성취는 자신감을 만들어내면서 다음 도전의 밑거름이 되었다. 초반에는 눈에 띄지 않던 성과들이 눈덩이가 굴러가듯 가속도가 붙어 큰 성과를 만들어냈다. 또한 과정 중에 얻은 능력이 수많은 가지를 뻗어 더 많은 것을 이루는 힘이 되었다.

실천의 힘: 생각을 뛰게 하여 삶을 바꾸는 습관

"우와~ 저도 이순신 장군님처럼 용기 있는 사람이 되고 싶어요."

"마틴 루터 킹 목사님처럼 불의에 맞서 싸우는 사람이 될래요."

　책을 통해 훌륭한 인물들에 대해 읽을 때마다 그들을 닮고 싶은 열망과 존경하는 눈빛이 역력하다. 심장이 쿵쾅거릴 때는 황홀함에 무엇이든 해낼 수 있을 것 같지만 타올랐던 불꽃은 금방 사그라져버린다.

　생각만으로는 아무것도 달라지지 않고, 어떤 것도 이룰 수 없다. 심리학자 이민규 교수는 《실행이 답이다》에서 '성과=역량×실행력'이라는 공식을 제시하여 실행을 강조하면서, 실행력은 연습을 통해 기를 수 있는 기술이라고 했다. 아이들의 생각을 실천으로 이어주는 실천 지렛대를 찾아보았다.

■■■ 생각을 뛰게 하는 실천 지렛대를 찾아라

계획을 세우는 것도 어렵지만 그나마 세운 계획도 며칠 안 가서 무너져버리기 일쑤다. 실제로 걸리는 시간, 자신의 한계를 파악하지 못했기에 높은 기대를 가지고 무리한 계획을 세우는 것이다. 실패는 실망과 좌절로 이어지고 무언가를 실천할 의욕을 상실하게 만든다. 영국 시인 윌리엄 블레이크는 "행동하지 않은 사람의 생각은 쓰레기와 같다"라고 했다. 아이들의 수많은 생각이 기억의 휴지통으로 들어가버리는 것이 안타까웠다. 계획과 실천 사이의 간극을 좁히기 위한 실천 지렛대를 고민해보았다.

첫 번째 지렛대는 '구체적인 계획'이다. 행동 목표, 실천 시기가 있는 것이 좋다. '체력을 기르겠다'는 계획은 애매해서 바로 행동으로 옮기기 힘들다. '여름방학 동안 매일 아침 줄넘기 200개씩 하겠다'로 바꾸고 달력에 실행 여부를 표시만 해도 실천은 훨씬 쉬워진다.

두 번째는 '공개 선언'이다. 실천 사항을 친구나 가족, 선생님에게 알리는 것이다. 적용할 것을 친구와 선생님 앞에서 공개 선언하는 것이다. 많은 사람에게 알릴수록 좋다. 거울 효과라고 할까? 보는 사람이 많아질수록 의식하게 된다. 책을 읽고 적용할 것을 모두 실천에 옮기면 좋겠지만 선택과 집중이 필요하다. 공개 선언은 언제라도 가능하지만, 우리 반은 본깨적 토론 시간과 독서서클 시간을 활용했다. '라면 먹는 횟수를 주 5회에서 2회로 줄이겠다.' '어제 싸운 친구에게 이번 주말까지 사과 편지를 써서 전달하겠다.' '5월에서 7월까지 매일 100원 이상씩 사랑의 빵에 넣은 후 기부할 것이다.' 대충 정하는 것이 아니라 이처럼 진심으로 실천하고 싶은 내용을 선별하여 발표했다. 일주일 후 같은 시간에 실천 여부, 진행 상황, 소감을 나눴다.

세 번째는 '함께 실천'이다. 실천 관련 활동을 늘리는 것이다. 혼자 할 때보다 재미있고 서로 동기부여가 되어 적극적인 실천 모드로 돌입한다. 김중석, 김지현은《왜 탄소발자국이 뚱뚱해지면 안 되나요?》에서 탄소발자국 지수를 살펴본 후 실과 요리 만들기 시간에 일회용품을 쓰지 않기로 했다. 30명의 반 친구들이 한 번만 안 써도 종이컵, 일회용 접시, 나무젓가락을 각각 인원수만큼 줄일 수 있었다. 아이들은 자신들이 조금만 불편하면 얼마나 많은 일회용품을 줄일 수 있는지 깨달으면서 기꺼이 불편함을 감수할 마음이 생겼고 이를 바로 실천에 옮겼다.

한비야의 《어린이를 위한 지도 밖으로 행군하라》를 읽고는 아프가니스탄 어린이들이 가난과 배고픔으로 날아다니는 먼지가 밀가루이기를 바라는 마음을 조금이나마 공감하고 싶어 했다. '기아'에 대해 조사 활동을 하면서 월드비전의 '기아체험'을 발견하고, 아이디어를 얻어 본인들도 한 끼 굶기를 해보고 싶다고 했다. 희망자에 한해 날을 정해서 저녁을 먹지 않기로 했다. 그날 SNS는 밤늦도록 버티기 위해 안간힘을 쓰는 아이들 대화로 시끌벅적했음은 말할 것도 없다. 다음 날에는 훈장이라도 단 듯 자부심에 넘치는 표정으로 등장하여 얼마나 배가 고팠는지, 어떤 음식들을 참아냈는지 무용담을 쏟아냈다. '함께 실천'은 공통분모를 만들며 참여 의지를 높였고 깊은 공감대를 형성했다.

네 번째는 '일주일 안에 1개 실천'이다. 말로만 실천하라고 하면 흐지부지되는 경우가 많아서 체크 리스트 양식을 만들어서 활용했다. 결심한 날짜, 실천 내용, 실행한 날짜, 한 줄 소감을 적도록 했다. 실천은 아무리 사소한 것이라도 좋으니 일주일에 한 가지 이상은 꼭 하도록 했다. 주로 공개 선언한 내용을 기록했고, 일주일 한 번 독서모임 때 실천한 내용을 공유했다.

"테이크~ 액션! 라이트 나~~우~~Take action. Right now."

아이들이 마법처럼 외우도록 말이다. 앤디 앤드루스의 《폰더 씨의 위대한 하루》에 좋아하는 구절이 있다. "나는 늘 행동하는 쪽을 선택하겠다! 나는 이 순간을 잡는다. 지금을 선택한다."

지금도 아이들은 뭔가를 실천하기 위해 열심히 뛰어다니고 있을 것이다.

■ ■ ■ 피드백은 실천을 지속하게 한다

"도장 찍어주세요."

도장 찍기 하나가 큰 차이를 만들어낸다. 바빠서 알림장을 검사 안 하는 날은 글씨도 엉망인 데다 쓰는 시늉만 하는 아이들도 있다. 배운 내용을 책에 정리해보라고 한 후 도장 찍으러 간다고 하면 그제야 부랴부랴 내용을 채워 넣는다. 마치 '해야 한다' vs '안 해도 된다'가 검사 여부에 달려 있는 듯 행동한다. 아이들을 수동적으로 만드는 것 같아 회의가 들 때도 있었지만, 아직 유혹에 약하고 자신의 의지를 조율하고 통제할 능력이 강하지 않기에 약간의 도움이 필요하다는 생각이 들었다. 집에서 공부할 때 부모님이 옆에서 책을 읽고 있는 것만으로 더 집중해서 공부하는 것과 마찬가지다.

검사하고 통제하려는 목적이 아니라 아이들이 더 잘할 수 있도록 코칭하고 디딤돌을 놓아주는 피드백이 필요하다. 수업 참여도를 높이고 과제 수행 및 목표 달성을 위해 필요한 실천력을 강화하고 지속하는 방법을 찾아보았다.

첫째, 자주 피드백하는 것이다. 매일 매번 매시간 하기는 어렵지만 수업, 체험학습 활동, 프로젝트 활동 진행 중, 마치고 나서 필요한 경우 피드백 시간을 갖는다. 수업의 경우 끝나기 전 3분을 피드백 시간으로 확보했다. 모둠 친구들과 새롭게 배운 점, 어려웠던 점, 실천할 점, 앞으로 더 공부하면 좋을 점 등을 말이나 글로 나눴다. 스스로 아는 것과 모르는 것을 구분하고, 수업에서 무엇을 얻었는지 파악하면서 자연스럽게 다음 시간에 배울 내용에 대한 흥미로 이어졌다.

둘째, 선생님이나 가족, 다른 친구들의 피드백을 지속적으로 받는 것이다. 나는 구체적인 칭찬, 디딤돌 힌트, 수업 태도 코칭, 평가 분석 같은 다양한 방법을 썼다. 책 읽기를 독려하기 위해 아침독서 시간에 아이들이 읽을 책을 기록했다가 책에 대한 소감이나 질문을 간단히 곁들여 그날 감사일기에 써주었다. 자기가 읽은 책에 관심을 갖는다는 사실에 기뻐하며 책을 더 열심히 읽는 것은 말할 것도 없고 더 친밀한 관계까지 덤으로 얻었다. 부모님은 학교에서 아이들이 무엇을 하는지 구체적으로 알기 힘들 때가 많다. 감사일기, 책 본깨적 등 결과물을 정기적으로 집으로 가져가 가족과 공유하고 칭찬, 격려를 받도록 했다. 친구들과 피드백은 소감 말하기, 댓글 달기, 질문하기 등으로 이루어졌다. 피드백은 거창할 필요도 없고 꼭 글이나 말일 필요도 없다. 때로는 격려의 눈빛, 엄지 올리기, 어깨 토닥이기만으로 충분하다.

셋째, 스스로를 들여다보고 피드백하는 것이다. 메리 제인 라이언은 "자신의 활동을 기록하는 사람은 그렇지 않은 사람보다 목표를 이룰 확률이 높다"라고 했다. 잠시 멈춰 자신의 성과를 기록하고 분석하는 시간을 갖도록 하는 것이 좋다. 목표를 향해 가고 있다면 어디쯤 왔는지, 얼마만큼 남았는지, 맞게 가고 있는지 살펴봐야 한다. 학교에서 진행하는 활동은 간단하게 기록하여 누적할 수 있게 했다. 읽은 책 목록 기록하기, 《논어》 진도표에 읽은 만큼 ☒ 표시하기를 하고, 학기 말에는 한 학기 동안 진행한 활동들에 대한 소감문을 작성하며 되돌아보기 활동을 한다.

피드백은 아이들이 건너갈 수 있는 디딤돌을 놓아주고, 뒤에서 밀어주고 앞에서 끌어주는 역할을 한다. 한 단계씩 성장해나가는 아이들의 모습을 기대해본다.

마무리의 힘: 또 다른 성공을 가져오는 습관

"제가 애를 셋 키운다니까요."

학부모 상담 때 어머니의 한숨 섞인 한탄이 이어졌다. 강아지를 키우고 싶다며 일 년 넘게 조르는 통에 결국 한 마리를 분양받아 왔다고 한다. 책임지고 잘 기르겠다고 약속해놓고도 막상 똥 치우고 목욕시키는 일이 어려워지자 은근슬쩍 엄마에게 떠넘겼다. 이런 태도는 동물을 돌보는 일이나 집안일에만 국한되지 않고 독서와 공부 습관에서도 나타난다. 끝까지 마무리 짓는 힘은 성과를 좌우하며, 성취감과 비례한다. 중도에 포기하는 것 또한 습관이 된다. '난 어차피 안 돼'라는 패배 의식에 젖어들게 한다. 일단 시작한 것은 매듭을 짓는 습관을 길러 한 번의 성취가 더 큰 성취로 이어지도록 해야 한다.

■■■ 시작한 것은 끝을 본다

작품 완성 전인데도 미술 시간이 다 되어간다고 대충 마무리하거나 미완성인 채로 끝내버린다. 치열한 경쟁을 뚫고 맡게 된 우유 당번인데도 학기 중반이 되면 이틀씩 우유 상자가 교실에 쌓여 있을 때가 있다. 수학 문제 모르는 것은 붙들고 씨름하기보다 별표 쳐놓고 선생님이 풀어주기를 기다리려 한다.

독서나 글쓰기 역시 다를 바 없다. 호기심이 생겨 가져온 책이 생각보다 어렵거나 재미가 없으면 망설임 없이 덮어버리고 다른 것을 골라 온다. 글쓰기의 경우 생각을 곱씹어 깊이 있는 글을 쓰는 것이 아니라 귀찮아서 대충 써버릴 때가 많다.

일단 시작한 것은 끝을 낸다는 인식을 심어주는 것이 중요하다. 아이들은 조금만 뜻대로 안 되면 금방 끈을 놓아버린다. 한비야는 《지도 밖으로 행군하라》에서 물이 끓는 100도와 그렇지 않은 99도 사이의 1도가 얼마나 큰 차이를 만드는지를 강조했다. 하지만 아이들은 그 1도의 고비를 견디지 못하고 포기해버린다. 책은 여전히 재미가 없고, 글쓰기 실력은 늘 제자리인 것 같고, 성적은 노력한 만큼 안 나온다며 중간에서 포기해버리는 것이다.

"포기하는 법을 터득하면 그게 습관이 된다"는 NFL의 전설적인 코치 빈스 롬바르디의 말처럼 연이은 포기는 자신감 부족으로 이어진다. 이런 모습을 두고 볼 수 없는 어른들은 아이를 다그치며 억지로 끌고 가면서 독서나 학습에 흥미를 잃게 만드는 비극을 초래한다. 로이 F. 바우마이스터, 존 티어니는 《의지력의 재발견》에서 의지력은 훈련을 통해 길러지는 것이라고 했다.

일단 악순환의 고리를 끊어내기 위해 책을 끝까지 읽는 습관을 통해 끈기와 인내심을 길러보기로 했다. 모든 책을 끝까지 읽을 필요는 없다. 책의 종류와 독서 목적에 따라 골라 읽기나 훑어 읽기를 해도 된다. 하지만 아이들은 이런 목적 때문이 아니라 습관적으로 책을 뷔페 요리 맛보듯 몇 쪽 읽어보고 또 다른 책으로 바꿔버린다. 아침독서 15분 동안 3~4번씩 책을 바꿔 가는 아이들도 있다. 가뜩이나 독서에 흥미를 못 느끼는 아이들에게 마음대로 골라 읽을 자유마저 제한하면 아예 책을 멀리할까 봐 걱정이 앞섰던 것도 사실이다. 만화책을 주로 보던 아이들이 줄글로 된 책을 읽으려니 엉덩이가 들썩거릴 수밖에.

이런 모든 이유에도 불구하고 아이들에게 책을 끝까지 읽으라고 설득했다. 《나는 이런 책을 읽어 왔다》에서 다치바나 다카시는 읽다가 그만둔 책이라도 일단 끝까지 넘겨보라고 조언한다. 고양이 빌딩에 수많은 장서를 보관하기로도 유명한 저널리스트인 그의 말을 아이들에게 들려주며 마지막 장을 넘기기 전에는 다른 책을 시작하지 않기로 했다. 단, 도저히 못 읽겠으면 훑어 읽는 것으로 마무리를 지으라고 여지를 주었다.

확실히 전과는 달라졌다. 책을 고르는 것부터 신중함을 보였다. 친구들이 읽는 책을 눈여겨봤다가 다음에 읽기도 하고, 책에 대한 정보도 공유했다. 시작한 책의 마지막 장을 덮으면서 묘한 희열을 맛보기 시작했다.

■■■ 한 번의 성취가 더 큰 성공을 이끌어낸다

"자, 이번 시험은 60점만 넘기면 돼. 딱 60점만 맞을 사람?"

이렇게 물어보면 손을 드는 아이는 당연히 없다. 하지만 유독 글쓰기를 할 때는 "몇 줄 써요?"를 자주 묻는다. 딱 쓰라는 만큼만 쓸 작정인 것이다. 아이들 성향을 파악 못 했을 때는 "느끼는 만큼, 생각나는 만큼 쓰세요"라고 답했는데, 본깨적처럼 한 편을 쓰는 글도 3~4줄이 대부분이었다. 길게 쓰는 것이 좋은 글의 절대 조건은 아니지만, 짜임새 있는 내용을 담기에 턱없이 부족했다. 내용이 충실한 경우 또한 드물었다. "참 좋았습니다." "감동적이었습니다." 이렇게 구체적인 이유나 설명 없이 단순한 느낌만 달랑 적어놓았다. 댓글을 달 때도 대부분 이런 식이었다. "나도." "그렇구나." "넌 어때?" "감동적이야."

 "저는 원래 못 써요"를 입에 달고 사는 것이 답답해 동기부여 전문가 할 엘로드의《미라클 모닝》중 한 부분을 읽어주었다. "과거의 한계에 근거해 지금 자신이 가지고 있는 가능성을 제한한다." 그러곤 말을 이어갔다.

 "지금까지 글쓰기를 잘한 적이 없으니 앞으로도 계속 못 쓸 거라 생각하는 친구들이 많아. 아예 글을 써볼 시도조차 안 하는 사람이 많네."

 자신이 '잘 못 쓴다, 쓸 수 없다'라는 뿌리 깊이 박혀 있는 고정관념을 깨고 들어가기가 쉽지 않았다. 이대로는 안 되겠다 싶어서 책 본깨적 양식지의 줄 다 채우기,《논어》생각 키우기는 몇 줄 이상 하는 식으로 최소한의 글쓰기 분량을 정했다. 당연히 아이들은 입을 삐죽대고 못마땅한 표정을 지으며 억지로 써나갔다. 큼지막한 글씨로 듬성듬성 채우거나 시도 아닌 데 양쪽 옆에 여백을 잔뜩 남겨서 약속한 분량만 채워 오기도 했다.

 이 과정을 지켜보는 동안 글쓰기를 포기하지는 않을까 조마조마했다. 그런데 신기하게도 "인내하라. 무엇이든 처음에는 어렵지만 점점 쉬워지기 마련이다"라는 페르시아 시인 사디의 말처럼, 아이들의 불만이 점점 줄어들고 쓰는 양이 점점 늘어갔다. 멈춰서 생각하고, 친구들의 다양한 글을 읽어보고, 책 내용을 다른 지식이나 경험과 연결시키는 것도 많은 도움이 되었다. 그 과정에서 자신이 정말 마음에 드는 글을 뽑아내기도 했다. 불가능하다 여겼던 글쓰기의 한계를 한 번 뛰어넘은 아이들은 자기 글에 대한 기대가 한껏 높아졌고, 잘 쓸 수 있다는 자신감은 더 좋은 글로 이어졌다. 축적된 성공의 경험이 성취의 원동력이 된 것이다.

2장

❈

독서시민을
만드는
인문고전 프로젝트

좌충우돌 《논어》 항해의 시작

"고전 읽으면 서울대 간대요."

올 것이 왔다는 것을 직감했다. 인문교육 열풍이 시작된 지 얼마 지나지 않아 고전 읽기가 유행처럼 번지고 있었다. '유행'이라 거부감부터 들었다. 한창 화제가 될 때는 그것이 전부인 양 떠들다가 머지않아 열기가 식으면 가차 없이 도마 위에 오르는 교육 방법들이 비일비재했기 때문이다. 섣불리 시작하기 두려웠다. 아니 정확히는 확신이 없는 상태에서 잘 모르는 분야에 발을 들여놓는다는 것이 꺼려졌다.

그렇게 몇 년을 버티다가 결국 절대 열 것 같지 않던 판도라의 상자를 열고야 말았다. 그리고 벌써 좌충우돌 파란만장《논어》읽기 프로젝트가 3년째로 접어들고 있다. 혼자서는 절대 해낼 수 없었다. 같은 학년 선생님들의 지지 속에서 머리를 맞대고 프로그램을 함께 만들어나가지 않았다면《논어》프로젝트는 진작 공중분해 되었을 것이다. 아이들의 적극적인 참여와 빛나는 변화가 없었다면 허울 좋은 교사 만족 프로젝트로 이름만 남았을 것이다.

드넓은 바다를 항해하며 자신만의 고기를 잡아 올리는 아이들.

그 시작은 결코 쉽지 않았다.

■ ■ ■ 인문고전 독서까지 해야 한다고?

"휴~ 아이들 수준 책도 안 읽으려고 하는데, 무슨 수로 인문고전을 읽혀요?"

동료 선생님이 인문고전 교육을 권했을 때 한 치의 망설임도 없이 답한 말이다. 반감, 막막한 절망이 뒤섞인 절규였다. 또 뭘 하란 말인가. 그저 좋다고 하면 체계도 없이 교사에게 '한번 해봐'라는 식으로 던져놓고 고군분투하게 만드는 것이 싫었다. 그래놓고는 그 대열에 합류하지 않으면 마치 시대에 뒤떨어진 교사, 아이들을 진정으로 위하는 교사가 아닌 것처럼 분위기를 몰아가는 것도 지긋지긋했다. 멀리서 관망만 해왔지만, 마음 한구석에서 부담감이 스멀스멀 자라고 있었다. 독서에 관심을 가진 사람으로서 독서 교육을 조금이라도 세련되게 이끌어야 한다는 어쭙잖은 의무감이었다. 고민하는 모습을 지켜보던 박상배 작가님이 '3P 독서경영 전문가 과정'을 권하셨다.

"선생님께서 독서포럼나비 나온 지도 3년이 넘었는데, 독서를 제대로 배워서 교육 현장과 사회에 더 큰 나눔을 실천해보세요."

정곡을 찔린 데다 진심이 담긴 말이었기에 적당한 핑계를 대지 못했다. 평소에 씨앗독서를 추천해주시며 격려와 지지를 아끼지 않던 작가님의 권유에 이끌려 독서 과정에 참석하게 되었다.

그리고 운명처럼 《초등 고전읽기 혁명》을 필독서로 대면하고야 말았다. 펼쳐서 보게 되면 고전 읽기를 해야만 할 것 같아 서점에 가도 절대 시선을 주지 않고, 요리조리 피해 다니던 책이었다. 마지막까지 고집스레 버티다가 무거운 마음으로 책의 첫 장을 열었다.

고집을 꺾은 데 대한 보상인지 이 책은 인문고전 읽기의 불씨를 댕겨주었다. 송재환 선생님의 고전 읽기 사례는 인문고전에 대한 높은 문턱을 낮춰주었다. 동산초등학교 6학년《논어》읽기 과정을 살펴보며 '해볼 만하겠다. 한번 해보고 싶다'라는 생각이 들었다. 동산초등학교에서 꼽은 학년별 고전은 지루하고 어려운 고전이 아니라 아이들이 쉽게 읽을 수 있는 책들이 많아 마음의 부담을 내려놓을 수 있었다.

《논어》읽기에 도전해보고 싶은 마음은 들었으나 또 다른 장벽이 가로막았다. 바로 나 자신이었다. 조심스러운 성격 탓에 10가지 아이디어를 생각하면 이리저리 재고 따지다가 한 가지를 겨우 실천할 정도였다. 모두 새롭게 일궈야 하는 프로젝트라 설렘보다 걱정이 앞섰다. 3P 독서경영 전문가 과정을 거쳐 간 사람들이 대학, 직장, 지역사회 등 자신이 속한 곳에서 일궈낸 놀라운 성과들을 보니 '까짓 거 나도 해보자'는 오기가 생겼다.

드디어《논어》읽기를 해보기로 결심했다.

■■■《논어》한번 읽어볼까

《초등 고전읽기 혁명》을 읽으며 심장이 마구 뛸 때는 뭐든 다 해낼 수 있을 것 같았는데, 막상 현실에 적용하려니 막막하기 그지없었다. 2월에 새롭게 구성된 학년 선생님에게《논어》읽기를 시작해보자고 제안하면서도 '과연 가능할까?' 하는 의구심을 떨치지 못했다.

《논어》를 제대로 읽어본 적도 없는데, 가르칠 자격이 있나?' '어떻게 공부를 해야 하나?' '포기하지 않고 끝까지 잘해낼 수 있을까?' '아이들이 억지로 끌려오기만 하면 어쩌지?' 반신반의하며 안절부절못했다.

"도전 자체도 의미가 있어요. 실패조차 '위대한 실패'가 될 거예요. 아이들도 분명 과정에서 배우는 게 있을 거고요."

같은 학년 유상우 선생님 말을 붙들고 앞으로 나아갔다.

'선생님은 고전에 대한 전문 지식을 갖추고 《논어》를 꿰뚫고 있어야 한다.' '모든 아이가 《논어》를 이해하게 만들어야 한다.' '모든 아이가 《논어》를 잘 읽게 만들어야 한다.'

그간 나를 짓누르고 있던 이러한 부담들을 떨쳐냈다.

소박하게 목표를 잡았다. 선생님도 아이들도 자기 속도대로 갈 수 있는 실현 가능한 목표였다.

첫째, 《논어》를 처음부터 끝까지 읽는 것이다. 첫 글자부터 마지막 글자의 마침표까지 읽고 책을 덮은 뒤 '나 《논어》 읽은 사람이야!'라는 자부심을 갖도록, 완독했다는 성취감을 느끼도록 해주고 싶었다.

둘째, 모든 내용을 이해하기보다 읽는 과정에서 자신만의 생각을 만들어가며 내면의 힘을 기르는 데 중점을 두었다. 읽다 보면 마음에 콕 박혀 울림을 주는 구절이 있는가 하면, 몇 번이고 읽어도 생소한 부분도 많다. 모르는 부분이 나올 때면 아이들과 머리를 맞대고 구절의 의미를 함께 고민했다. 그런 배움의 과정 속에서 생각하는 힘이 길러졌다.

셋째, 잔소리 대신 《논어》로 인성 교육을 하고자 했다. 열 번의 잔소리보다 《논어》 한 구절이 효과적이었다. 눈빛이 달라지면서 조금이라도 바뀌려고 노력했다.

넷째, 함께 읽기로 공동체 의식을 길러주려고 했다. 《논어》는 내 일, 내 친구에게만 관심 있는 아이들을 '우리'로 묶어주는 교집합 요소였다. 함께 읽기에 더 재미있고 덜 힘들다. 생각을 나누면서 친구를 깊이 이해하고 서로 배우며 성장하는 것이다.

■■■《논어》200일 읽기 프로젝트의 탄생

"어른도 어려워하는《논어》를 애들이 읽는다고요?"

《논어》읽기를 하겠다니 주변에서 우려의 목소리가 높았지만 어렵게 한 결심을 되돌리고 싶지는 않았다. 오기가 생겼다. '아이라고 아이 책만 읽어야만 하는가?' '꼭 단계별로 수준별 책 읽기를 해야 하는가?' 내가 읽고 있는 책을 한참 뒤적이다 빌려 가는 아이들도 있는데, 꼭 쉬운 책만 읽혀야 하는지 의문이었다. 초등학교 때《어린 왕자》를 읽으며 가졌던 생각은 어른이 된 후 읽을 때의 생각과 다를 것이다.《논어》도 자신의 상황과 의식 수준과 흐름에 따라 나름대로 이해할 거라는 생각이 들었다.

한편으로는 부담도 컸다. 첫해에 실패하면 다시 시작하기 어려울 수도 있었다. 크든 작든 열매가 있어야 했다. 학부모들을 설득하고 아이들을 설득하는 일이 쉽지 않았다. 그래서 끊임없이 주변에 의지하며 프로젝트 꼴을 갖춰나갔다. 스스로가 못 미더워 다른 사람들과 책임을 나누고 싶은 얄팍한 마음에 선생님들과 수시로 의논하고, 아이들의 반응을 살피며 쉴 새 없이 의견을 물었다.

왜 200일인가?

이유는 의외로 단순하다.《논어》를 챕터별로 읽기에는 호흡이 길고, 하루 읽을 분량을 쪼개다 보니 한쪽 정도가 적당하겠다는 결론이 났다. 마침 책 분량도 210쪽 남짓이었다. 주말 포함하여 1학기 100일, 2학기 100일을 잡았다. 규칙적으로 일정한 분량을 읽으니 리듬을 타며 습관으로 자리 잡기 수월할 것 같았다.

3월에 독서법을 익히고 4월부터 《논어》 읽기를 시작하므로 한 쪽씩 읽을 때 '책 속 본깨적'을 적용하면 본깨적 연습도 하면서 생각을 확장해나갈 수 있겠다 싶었다. 1, 2학기 각각 100일씩 읽은 후에는 《논어》를 더 특별하게 생각하도록 《논어》 사랑 기념행사를 열기로 했다.

드디어 항해 준비를 마쳤다. 이제 출항이다.

하루 한 쪽 《논어》 뜯어 먹기

《논어》 시작 첫해 5학년 아이.

"우리 형이 어른도 어려워하는 《논어》를 제가 어떻게 읽느냐면서 무시했어요."

그다음 해 5학년 아이.

"5학년이 되면 《논어》 읽는다고 해서, 미리 사뒀어요."

첫해에 아이들이 길을 열심히 닦아놓은 덕분에 후배들은 5학년이 되면 《논어》를 읽을 거라는 기대를 안고 온다. 으쓱하기도 했지만 더 잘해야 한다는 부담감도 생겼다. 열정을 쏟을 만한 가치가 있었지만 수업을 병행하면서 《논어》를 정독하는 것은 만만치 않았다. 자연히 최소한의 노력으로 최대한의 효과를 거두는 방법을 고민하게 되었다.

《논어》 시작 전 《논어》 읽기 문턱을 낮추고 《논어》에 대한 관심을 최대한 끌어올리기 위한 활동을 했고, 하루 한 쪽 본깨적 쓰기로 《논어》를 깊이 이해하고 삶의 변화를 꾀했다.

▪▪▪ 우리는 《논어》 읽는 아이들이다

《논어》 시작 전 활동으로 《논어》의 가치를 깨닫고, 호기심을 높이고자 했다. 첫해에는 의욕이 앞서 많은 자료를 제시했으나 오히려 부담을 가지는 것을 보며 직접 조사하는 활동으로 바꾸었다. 《논어》를 한 꺼풀씩 벗겨낼수록 시대를 초월하여 다양하게 응용되고 있는 공자의 가르침에 놀라고 세대를 거듭하며 꾸준히 읽혔다는 사실에 흥분하기 시작했다.

《논어》 속 좋은 구절 찾기

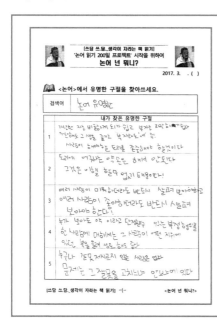

아이들이 뽑은 BEST 3

• 배우고 때때로 그것을 익히면 또한 기쁘지 않은가?

• 나는 날마다 다음 3가지 점에 대해 나 자신을 반성한다. 남을 위하여 일을 꾀하면서 진심을 다하지 못한 점은 없는가? 벗과 사귀면서 신의를 지키지 못한 일은 없는가? 배운 것을 제대로 익히지 못한 것은 없는가?

• 남이 자신을 알아주지 못할까 걱정하지 말고 내가 남을 제대로 알지 못함을 걱정해야 한다.

"선생님, 《논어》가 외계어가 아니었네요? 이 구절은 이해가 가요."

검색해서 좋은 구절을 찾고, 친구들이 쓴 내용을 공유하며 덧붙여 써가면서《논어》어록이 완성되었다. 가장 큰 소득은 아이들이 '《논어》도 읽을 만하다'는 긍정적인 생각을 하기 시작했다는 것이다.

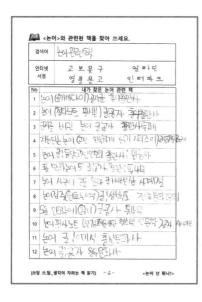

《논어》관련 책 찾기

《논어》에 관련된 책이 얼마나 되는지 찾아보았다. 인터넷 서점과 공공도서관 사이트에 접속하여《논어》관련 책을 뒤적거렸다. 흥미를 끄는 책은 목차와 소개 글도 훑어보고, 재미있는 책을 찾으면 친구들에게도 알려주었다.《공자 할아버지의 고민 상담소》같은 학급 서재에 있는 책을 발견했을 때는 눈을 반짝였다.

'《논어》가 대체 뭐길래?'

'내가 이렇게 유명한 책을 읽다니.'

제목에 '논어'라는 말이 들어가는 책만 1천 권이 넘는다는 사실을 눈으로 확인하고《논어》의 위력을 실감했다.

공자 프로필 작성하기

《논어》에 한 발짝 더 다가서본다. 공자 프로필을 작성해보았다. 연예인 프로필을 자주 뒤적여서 그런지 그리 어려워하지 않았다. 공자 얼굴을 그리고 책과 인터넷을 통해 생애, 정치 활동, 학문, 제자 교육 활동 등을 조사

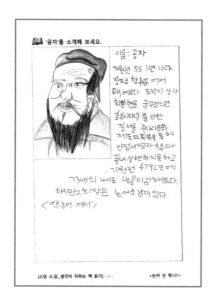

하여 간단하게 작성했다. 많은 이들의 존경을 받고 있는 공자가 실은 좋은 가문에서 태어난 사람도 아니고 세 살 때 아버지를 여의고 어머니 밑에서 자랐다는 점, 어머니가 돌아가신 어려운 상황 속에서도 15~16세에 이미 학문에 뜻을 세웠다는 점에 놀랐다. 젊었을 때는 알아주는 이가 없어 창고지기와 가축 사육일도 했지만 환경에 굴하지 않고 13년 동안이나 여러 나라를 돌아다니며 유교의 기틀을 마련했고, 3천여 명의 수많은 제자들을 가르쳤다는 사실에 감동받았다. 공자님도 아이들에게 특별한 사람이 되었다.

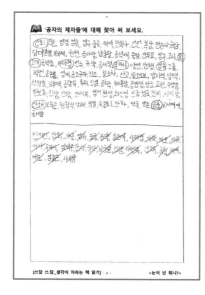

공자 제자 이름 조사하기

《논어》 책이나 인터넷 검색을 통해 제자 이름을 조사했다. 공자가 특히 아꼈던 제자들은 자료를 찾아 읽어보았다. 학문적으로 공자가 가장 아꼈던 안회, 공자의 학문의 맥을 계승하여 학문을 후세에 전한 증자, "나의 가르침을 게을리하지 않는 제자는 안연뿐이다"라고 칭찬을 아끼지 않았던 안연 등을 조사했다. 아이들은 제자들의 수에 일단 압도되었고, 이어서 공자를 따르며 배움을 익히는 그들의 태도를 본받고 싶어 했다.

공자 제자 이름 빙고 게임

간단한 게임인데도 아이들 얼굴에 생기가 돈다. 빙고 게임의 목적은 이름을 외우는 것이 아니라 수많은 이름에 친숙해지기 위해서였다. 몇 번이고 다시 하자고 졸랐고, 놀이를 통해 익힌 이름들은《논어》를 읽을 때 긍정적인 힘을 발휘했다. 빙고 게임에 나왔던 이름이라며 더 집중해서 읽고 몇 번이나 등장하는 유명한 제자들에 관심을 가지고 눈여겨보기도 했다.

《논어》 읽는 목표 세우기

5학년 프로젝트라는 이유로 어쩔 수 없이 읽는 것이 아니라 아이들 각자가《논어》읽기를 통해 이루고 싶은 목표를 가지고 자발적으로 참여하게 하고 싶었다. 간단한 활동이지만 목표 수립을 통해 의지를 다지자《논어》를 대하는 태도가 확실히 달라졌다.

'한 쪽도 건너뛰지 않고 본깨적 쓰기'

'인仁의 사랑 실천하기'

'좋은 구절 암기하기'

'열심히 써서 내 아이에게 물려주기'

《논어》읽기를 의미 있게 만들어주는 목표들이었다.

■ ■ ■ 일상으로《논어》를 초대하다

하루 한 쪽 본깨적 쓰기

　본격적으로《논어》를 매일의 일과 속으로 초대했다. 일 년《논어》진도표를 나눠주고 1학기 100일, 2학기 100일간 하루에 한두 쪽씩 읽기에 도전했다. 책 속 본깨적 쓰기는 과제로 해 오거나 아침독서 시간을 활용했다.

　본깨적 쓰는 방법은 이미 배웠기에 별도로 설명이 필요 없었고, 쓰는 분량은 아이마다 역량 차이가 있으므로 제한을 두지 않았다. 단, 대충 쓰는 아이들이 많아지면 글쓰기 훈련이 될 때까지 '깨달은 것 3줄 이상 쓰기' 같은 기준을 정할 경우도 있었다.

　매일 한 쪽씩 읽고 생각하고 쓰면서 자신만의 방법과 스타일을 찾아갔다. 일찍 등교하여 친구들과 의견을 나누며 쓰는 아이도 있고, 집에서 조용히 생각하며 마음의 울림만큼 깨알 같은 글씨로 한 바닥을 가득 메워 오는 아이도 있었다. 그렇게 자신만의 색이 담긴《논어》가 완성되어갔다.

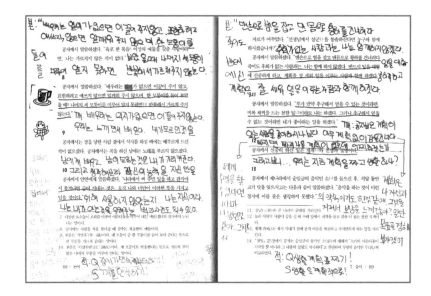

입으로 소리 내어 말하기

"공자께서 말씀하셨다."

점심시간 끝나는 종이 울리면《논어》를 낭독하는 소리가 교실을 가득 메운다. 왁자지껄 떠들던 아이들이 허겁지겁《논어》를 펼치고 한목소리를 낸다.《EBS 다큐프라임 슬로리딩, 생각을 키우는 힘》에서 낭독 아이디어를 얻었다. 낭독은 어릴 때 끊어 읽기를 연습하기 위해 잠깐 활용하는 방법이라는 선입견이 있었다. 소리 내어 읽는 '성독'이 집중력을 높이고 책 내용을 더 오랫동안 기억하게 한다는 사실이 놀라웠고, 고학년에게 무조건 묵독을 강요한 것이 부끄러웠다.

바로《논어》읽기에 도입했다. 짐짓 옛 선현들 흉내 내는 목소리를 듣고 있자면 서당에 온 듯 착각에 빠져든다.《우리아이 낭독혁명》에서 낭독이 오감을 깨워 뇌를 활성화시킨다고 한 대로, 리듬을 탄 낭랑한 목소리가 지친 심신에 생기를 불어 넣어줬다. 축 늘어지기 쉬운 5교시가 청량감 있는 분위기로 탈바꿈한 것이다.

질문과 경험 나누기

질문을 통해 경험을 나누는 시간이다. 어려운 단어 뜻을 유추해보거나 시대 배경, 《논어》 내용을 설명할 때도 있지만 보통 생활과 관련된 질문으로 아이들의 경험을 끌어낸다. 낭독만 하고 넘어가면 아이들은 자기 생각을 확장시킬 기회를 갖지 못하고, 욕심을 부려 깊게 들어가면 5교시 수업에 지장을 줄 수 있다.

질문은 다양한 관점을 공유하고 생각을 정리하는 데 효과적이다. 질문이 떨어지자마자 2분 정도 짝이나 모둠별로 "나는 이랬어"라고 의견을 말한다. 성토의 장이 되기도 하고, 깔깔거리며 웃음을 멈추지 못할 때도 있다. 모둠별로 한 명씩 사례를 들으며 다시 한 번 생각을 확장한다.

《논어》한 구절	아이들과 나눈 질문
제2편 위정(爲政) "군자는 여러 사람들과 조화를 이루면서도 당파를 이루지는 않고, 소인은 당파를 형성하여 여러 사람들과 조화를 이루지 못한다."	• 어떤 경우에 편을 가르게 되나요? • 친구 사이에 편이 갈라졌던 경험이 있나요?
제4편 이인(里仁) "사람의 허물은 각기 그가 어울리는 무리를 따른다. (그러므로) 그 허물을 보면 곧 그가 어느 정도 인(仁)한지를 알게 된다."	• 나에게 좋은 영향을 주는 사람은 누구인가요? • 어떤 영향을 받고 있나요?

제7편 술이(述而)	• 고치기 어려운 나의 나쁜 습관은?
"인격을 수양하지 못하는 것, 배운 것을 익히지 못하는 것, 옳은 일을 듣고 실천하지 못하는 것, 잘못을 고치지 못하는 것, 이것이 나의 걱정거리이다."	• 고치기 어려운 이유는?

댓글 달기

'책 속 본깨적-낭독-질문 및 경험담 주고받기'를 거치면서 채워진 생각 주머니를 활용하여 조금 더 풍성한 댓글을 쓸 수 있었다. 친구들 글을 많이 읽을수록 좋겠지만 시간상 하루 1명에게 달아주고, 다양한 글을 읽을 수 있도록 요일마다 다른 모둠으로 옮겨서 댓글 달기 활동을 했다.

> **활동** 《논어》 댓글 달기
>
> ①《논어》를 책상 위에 펼쳐두고, 요일마다 지정된 모둠으로 이동한다.
>
> • 예: 1모둠의 경우 '월(자기 모둠)→화(2모둠)→수(3모둠)→목(4모둠)→금(5모둠)'으로
>
> ② 색 펜으로 친구 글에 대한 소감, 깨달은 것 등을 적고 자신의 이름을 쓴다.
>
> ③ 댓글을 다는 동안 교사는 돌아다니면서 아이들 글을 훑어본 후 책에 도장을 찍는다.

교사가 매일 모든 아이의 《논어》 책에 댓글을 단다고 생각해보자. 《논어》 피드백은 엄두도 못 내고 《논어》 읽기 자체를 포기했을지 모른다. 돌려 읽기를 하지 않았다면 《논어》의 모든 쪽에 댓글을 받을 수 없었을 것이고, 생각을 표현하는 방법을 자연스럽게 익히기 어려웠을 것이다. 간단하지만

지속적인 피드백은 글쓰기 실력과 생각하는 능력을 기르면서 《논어》를 꾸준히 읽는 힘이 되었다.

독서코칭 5 《논어》 수업 때 흔히 겪는 문제들 ··

본깨적을 못 써 온 아이들이 있다면

본깨적을 못 써 온 아이들은 댓글 달기 활동에 참여하기가 어렵다. 댓글 다는 시간에 멍하니 있을 수밖에 없어 숙제로 내준 부분을 쓰라고 했더니 성실하게 숙제를 해 온 친구들의 반발이 있었다. 다음 방법으로 옆 친구가 댓글 다는 것을 함께 읽으라고 했더니 서로 장난을 치며 집중을 못 했다.

가장 호응이 좋았던 방법은 못 써 온 아이들끼리 《논어》 책을 바꿔 본깨적을 써둔 다른 쪽에 댓글을 달아주는 것이었다. 시간을 의미 있게 보낼 수 있었고, 친구 글을 읽고 생각을 나누는 목적을 달성할 수 있었다.

자꾸 훈계하는 댓글을 쓴다면

"글씨 못 알아보겠어. 또박또박 써."
"밑줄은 자를 대고 똑바로 그어야지."
"깨달은 것을 너무 적게 쓴 것 아니야?"

성향에 따라 다르지만 다른 친구의 장점보다 단점을 꼬집거나, 생각하기 귀찮아 눈에 보이는 형식적인 부분만 지적하기도 했다. 훈계보다 친구의 생각을 읽고 깨달은 것과 적용할 것을 쓰라고 한다. 글씨를 알아보기 힘든 경우는 《논어》 구절에 대한 자기 생각을 쓰라고 한다.

《논어》로 생각이 깊어지는 글쓰기

"오늘은 여기까지~"

"조금만 더 얘기하면 안 돼요?"

《논어》 구절을 나누다가 아이들은 종종 이런 아쉬움을 내비쳤다. 아이들의 반응이 내심 반가웠지만 아이들이 원할 때마다 수업 진도를 미루고 《논어》를 할 수는 없는 노릇이었다. 아쉬움을 달래기 위해 그날 끝내지 못한 이야기를 일기 대신 적어 오라고 하며 질문 몇 개를 내주었다. 그런데 이게 웬일인가! 판에 박힌 일기를 써 오던 아이들이 신나게 자기 이야기를 풀어 놓는 것 아닌가! 글의 무게감이 달라졌다.

이런 기회를 놓칠 수 없었다. 첫해에는 아이들과 하루 한 쪽 읽기도 벅차서 다른 곳으로 관심을 돌릴 틈이 없었는데, 2년째 접어드니 색다른 활동들을 구성할 여유가 생겼다. 그러던 차에 놀라운 모습을 보여준 것이다. '《논어》 생각 키우기'의 시작이었다. 아예 일기 대신 일주일에 한 편씩 《논어》에 대한 글을 쓰기로 했다. 글을 쓰는 것은 말하는 것보다 부담스럽지만, 일주일에 두세 편씩 쓰던 지겨운 일기 대신 글 한 편이라니, 아이들에게 손해 보는 일은 아니었다. 게다가 '공자 왈'을 외치니 뭔가 폼도 났다. 그렇게 일주일에 한 번씩 글을 쓰고, 생각을 나누는 시간을 갖게 되었다.

■ ■ ■ 《논어》로 생각 키우기

《논어》를 읽다 보면 잠시 멈춰 깊게 생각을 하며 한없이 풀어내고 싶은 구절들을 만난다. 문제는 그런 문구들이 워낙 많다는 것이다. 평소 《논어》를 읽을 때 마음에 울림을 주었거나, 아이들을 세차게 흔들어 말을 쏟아내게 만든 구절을 우선순위로 두고 문구를 선별했다. 함께 이야기하고 싶은 가치나 삶의 태도를 아이들의 현실 속 고민이나 학급에서 해결해야 할 문제와 연결하여 제시했다.

정의, 생명, 죽음, 효, 화합, 나눔, 진정한 친구, 용기, 역지사지, 약속 등 매주 한 가지씩 굵직한 주제들이 탄생했다. '《논어》 구절-상황 제시-나의 삶에서 생각할 문제'로 구성된 학습지에 생각을 정리하고 친구들과 의견을 나누었다.

인기가 많고 따르는 친구가 많았던 혜영이란 아이가 있었다. 아이들은 혜영이와 더 가까이 지내고 싶어서 잘 보일 법한 행동을 골라 했다. 그중 하나가 혜영이가 싫어하는 아이를 보란 듯이 괴롭히는 것이었다. 놀이에 끼워주지 않거나 대놓고 면박을 주기도 했다. 혜영이는 말릴 생각도 않고 은근히 그 상황을 즐겼다. 혜영이야 자기가 시킨 것도 아니고 아이들이 알아서 한 일이니 별다른 책임감을 느끼지 않았고, 친구를 은근히 소외시킨 아이들은 '혜영이를 위해서'라고 생각하며 잘못으로 여기지 않았다. 매듭을 어떻게 풀어나갈까 고심하던 중 때마침 건져낸 《논어》 구절을 고민과 연결하여 제시했다. 특정 아이들을 겨냥하여 비난하려는 것이 아니라 누구나 저지를 수 있는 잘못에 대해 객관적으로 고민해보고, 우리가 가져야 할 생각과 태도를 정리해보는 것이 목적이었다.

제4편 이인(里仁)
12. 공자께서 말씀하셨다.
"이익에 따라서 행동하면 원한을 사는 일이 많아진다."

많은 사람들은 소위 '잘 나가는 친구', '운동을 잘하는 친구', '인기가 많은 친구', '유명한 사람'을 사귀고 싶어합니다. 그런 사람들이 옆에 있으면 나도 함께 빛나고, 더 잘나 보인다고 생각하기 때문이지요.

또 무엇을 결정할 때 모두를 위한 의견이 아닌 자신이 원하는 쪽으로 주장해서 다른 친구들의 원망을 사는 경우도 있지요.

한번 생각해볼까요?

①공자님이 말씀하신 '이익'이 무엇이라고 생각하나요? 예를 들어보세요.

②나 또는 주변 사람이 '자신에게 이익이 되는 쪽'으로 행동해서 갈등이 생기거나 신뢰가 깨진 경우를 써보세요. 만약 그런 경험이 없다면, 왜 이익에 따라 행동하면 원한을 사는 일이 많아지는지 고민해보세요.

• 예: 무엇을 결정할 때 반 전체를 위한 결정이 아닌 자신이 원하는 쪽으로 결정

③나 또는 주변 사람이 '이익' 때문에 친구를 사귀거나, '손해'를 볼까 봐 친구를 멀리한 경우를 떠올려보고, 그 친구와 관계가 결국 어떻게 되었는지 써보세요. 만약 그런 경험이 없다면, 왜 이익에 따라 행동하면 원한을 사는 일이 많아지는지 고민해보세요.

　질문의 힘은 강력했다. 거창한 것이 아닌데도 생각을 자극하고 마음을 건드리는 질문들은 마음속에서 많은 것을 꺼내놓게 만들었다. 사건을 한 발자국 떨어져서 바라볼 수 있게 했다.

　생각에 생각을 이어나가고 확장하면서 자신의 경험을 끌어들여 생각에

가치와 의미를 부여하도록 했다. 멈춰서 자신의 교우 관계를 되돌아볼 기회를 가졌다. 제3자가 했다면 어떻게 그럴 수 있느냐며 비난을 퍼부었을 행동을 자신들이 저지르고 있었다는 것을 깨달았다. 자신의 열망에 사로잡히면 잘못된 행동을 저지를 수 있다는 것도 알게 되었다. 동시에 잘못에 대한 책임을 지고 어떻게 하면 비겁했던 행동을 바로잡을 수 있을지 함께 고민했다.

질문	아이들의 생각
공자님이 말씀하신 '이익'	• 조금 더 많이 먹거나 얻을 수 있는 쪽으로 가려고 하는 것. • 사탕을 얻기 위해 공부하는 것. • 나만 좋은 것. • 나에게만 이득이 되는 행동을 하는 것. 집 청소하고 용돈 받기로 했는데 귀찮아서 대충했다.
'이익이 되는 쪽'으로 행동해서 갈등이 생기거나 신뢰가 깨진 경우: 왜 이익에 따라 행동하면 원한을 사는 일이 많아질까?	• 줄넘기놀이 규칙 정할 때 내 의견이 반영되지 않아 삐진 적이 있다. • 친구가 돈 가져올 때만 슬쩍 맛있는 것 얻어먹음. 내 친구가 그랬다면 많이 실망하고 화가 날 것 같다. • 생일 축하 선물 주었던 친구가 갑자기 자기 생일날 "이렇게 해줘야 해" 하고 말해 부담스럽고 당황스러웠다. 진심으로 축하하는 마음이 아니라 나중에 자신이 돌려받으려고 그런 것 같았다. 그래서 약간 그 친구에게 신뢰가 깨진 것 같았다. • 동생과 먹을 것을 나눠 먹을 때 내가 큰 쪽을 먹은 것. 동생이 그날 엄청 울어서 엄마한테 혼났다.
'이익' 때문에 친구를 사귀거나, '손해'를 볼까 봐 친구를 멀리한 경험	• 인기가 엄청 많았던 친구랑 같이 다녔는데 알고 보니 이기적인 아이여서 되게 실망했다. 속마음을 보고 판단해야겠다. • 원하는 걸 꼭 얻어야 하니까 자기 멋대로 행동하게 되고, 그 행동을 친구들에게 한다면 그 친구들은 그렇게 행동한 사람에게 원한을 사는 일이 생기니까 그런 것 같다.

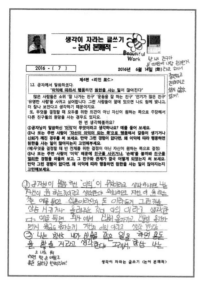

■■■ 어항 서클로 더욱 재밌게

"《논어》어항 서클은 코이 물고기다. 나 혼자 생각할 때는 생각이 크지 않았는데, 코이 물고기가 어항에서 강으로 더 넓은 곳으로 가면 더 크는 것처럼 친구들과 함께 생각하니까 생각이 더 커졌기 때문이다."

일 년간 어항 서클 활동을 마치고 쓴 소감문이다.

《회복적 생활교육 학급운영 가이드북》에 제시된 어항 서클은 안쪽과 바깥쪽에 하나씩 원을 만든 형태다. 모둠 토론은 여러 명이 생각을 나눌 수 있지만 다 돌아갈 때까지 시간이 많이 걸리고, 짝 토론은 한 사람 의견만 듣게 되어 아쉬움이 있었다.

아이들이 가끔 붕어 서클이라고도 부르는 어항 서클은 협동학습의 모둠

동심원과 비슷하다. 주로 영어 대화문을 짝을 바꿔가며 연습할 때 활용했었는데, 생각 키우기 학습지 질문에 대한 생각을 돌아가면서 나눌 때도 효과적이었다. 활동을 마친 후 생각의 마중물이 충분히 부어진 상태에서 친구 글에 댓글 달기를 하면 펌프질하듯 솟아오르는 생각들을 잡아채느라 정신이 없다.

활동 **어항 서클**

①반 아이들을 두 팀으로 나눈다. 모둠끼리 나누면 간단하다. 6개의 모둠이라면 세 모둠씩 나눈다.

②생각 키우기 학습지를 준비하여 한 팀은 안쪽에 작은 원을 만들고, 다른 팀은 작은 원을 둘러싼 큰 원을 만든다. 자꾸 친한 아이들끼리 모여 서려고 할 때는 남, 여를 번갈아가며 서게 하는 것도 좋다.

③안쪽 원과 바깥쪽 원이 마주 보고 서서 짝을 이뤄 질문에 대해 생각을 나눈다.

④질문을 마친 후 안쪽 원은 고정된 채로 바깥쪽 원 아이들만 옆으로 한 칸씩 이동해서 짝을 바꾼다.

⑤질문 하나당 두 명의 친구와 이야기한다. 공평하게 말할 기회를 갖기 위해 한 번은 안쪽 원, 그다음은 바깥쪽 원 친구부터 시작한다.

⑥마지막 질문에 대해 이야기한 짝과 글을 서로 바꿔서 댓글을 달아준다.

《논어》 댓글을 달고 끝날 때도 있지만 더 이야기를 나누는 경우도 있었다. 《논어》에 대해 전문적으로 다뤄줘야 할 것 같은 마음의 부담감을 내려놓고, 주제와 관련된 책을 읽어주거나 나의 경험을 들려주었다. 연관된 질문을 던지며 생각을 확장하기도 했다.

활동 **질문하기, 선생님 생각 덧붙이기**

제10편 향당(鄕黨)

12. 마구간에 불이 났었는데, 공자께서 퇴근하시어
"사람이 다쳤느냐?"라고 물으시고는, 말에 대해서는 묻지 않으셨다.

질문하기

한번 생각해볼까요?

① 〔구절 음미하기〕 공자께서 사람이 다쳤는지만 묻고, 왜 말에 대해서는 묻지 않았을까요?

② 〔나와 연결 지어 생각하기〕 내가 가장 중요하게 생각하고 있는 가치는 무엇인가요? 그 이유는?

③ 〔더 생각해보기〕 다음 이야기를 읽고 '선택 A'와 '선택 B' 중 한 가지를 선택한 후 그 이유를 써보세요.

나는 어떤 선택을 할 것인가?

브레이크가 고장 난 기차가 선로를 달리고 있습니다. 선로 앞쪽에는 5명의 인부가 일을 하고 있고, 선로 왼쪽에는 1명의 인부가 일하고 있습니다. 당신이 기차 차장이라면

- 선택 A: 그대로 달려가서 5명을 죽이겠습니까?
- 선택 B: 아니면 5명을 구하기 위해 선로를 바꾸어 1명을 치어 죽이겠습니까?

선생님 생각 덧붙이기: 꼬리에 꼬리를 물고 생각하기 '만.약.에'

①나는 공리주의에 동의하는가?

공리주의란 '최대 다수의 최대 행복'을 추구한다.

어떤 행위의 옳고 그름은 '그 행위가 인간의 이익과 행복을 늘리는 데 얼마나 기여하는가'에 따른다.

②어떤 도덕적 딜레마는 도덕 원칙이 서로 충돌하면서 생긴다.

예를 들어, 위의 기차 이야기에 적용되는 원칙을 보자.

하나는 가능하면 많은 생명을 구해야 한다는 원칙이며, 또 하나는 아무리 명분이 옳다 해도 죄 없는 사람을 죽이는 것은 잘못이라는 원칙이다.

그런데 만약 상황이 다음과 같다면 선택이 달라질까?

	철로에 서 있는 1명	다른 철로의 5명
상황 1	어린아이	어른
상황 2	친한 친구	모르는 사람
상황 3	독립군	독립군을 쫓는 일본 순사
상황 4	공자님	안연, 민자건, 자로, 염유, 자공 (공자님의 제자들)

- 참고문헌: 마이클 샌델, 《정의란 무엇인가》, 와이즈베리, 2014.

《논어》 생각 활동을 러시아 인형 마트료시카에 비유한 아이가 있었다. "인형 속에 인형이 계속 나오는 것처럼 친구들과 생각을 나눌 때 또 다른 생각이 끝없이 나와서"라고 멋지게 표현했다.

　인형과 달리 생각은 꺼낼수록 커진다는 점에서 반대지만, 《논어》의 바다에서 건져 올린 생각들을 요리하여 인생 식탁을 차리는 모습을 보니 흐뭇한 미소가 절로 떠올랐다.

아이들 들여다보기

어항 서클＝[　]이다

아이들이 일 년 활동을 마치고 나서 《논어》 생각 키우기 나눔에 관해 한 생각들이다.

[　]이다	이유
팽이	돌아가면서 여러 친구들의 생각을 알 수 있어서
계산기	친구들의 생각을 더하고 더해서 답이 나와서
색깔	친구들 여러 명이 다양한 의견을 말해서
나무	친구들과 생각을 나누며 자신의 생각도 자라기 때문에
지구	지구가 공전하는 것처럼 원의 궤도대로 위치를 바꿔가며 다른 친구들과 생각을 나누기 때문에
소통	평소 나는 말이 없는데 어항 서클을 하며 소통 실력이 늘었기 때문에

《논어》를 더욱 특별하게 배우는 법

일 년을 함께하는 프로젝트인 만큼 즐거운 추억과 연결해《논어》를 더 특별하게 만들어주고 싶었다. 1학기와 2학기로 나누어 다양한 활동을 했고, 《논어》를 완독한 후에는 책거리 행사를 했다. 행사는 아이들과 선생님의 의견이 다양하게 반영되어 꾸려졌다.

■■■ 1학기:《논어》100일 읽기를 하면서

야외 독서와 함께《논어》프로필 사진 찍기

서점에 들렀다가 책 읽는 모습의 그림을 담은 시리즈 기념엽서를 받았다. 책을 읽고 있는 여인, 옹기종기 모여 책을 펼쳐 들고 있는 아이들 모습이 담긴 그림이었다. 그중 하나는 르누아르의 〈책 읽는 여인〉이었다. 독서하는 모습을 들여다보고만 있어도 마음이 평온해지고 따스해졌다. 엽서를 몇 달이나 들고 다니며 보고 또 들여다봤다. 그 후 나는 특별한 장소에 갈 때마다 책을 들고 사진 찍는 것을 즐기게 되었다. 특별한 장소에서 책을 더 특별한 추억으로 만드는 것이 좋았다.

아이들에게도 그런 기쁨을 누리게 해주고 싶었다. 5월 어느 날 학교 근처 유채꽃밭에 꽃이 그득하게 필 무렵 아이들을 데리고 야외 아침독서 나들이를 떠났다. 아침 햇살을 만끽하며 여기저기 흩어져 독서를 한 후 프로필 사진 촬영 시간을 가졌다. 《논어》책을 들고 있는 모습, 읽고 있는 모습을 담아냈다. 마치《논어》를 연구하는 학자인 양 진지하게 촬영에 임했다.

학교에 돌아와서 라벨지에 사진을 인쇄해《논어》책 속표지에 붙이고, 일반 종이에 인쇄한 것은 독서 바인더에 끼웠다.《논어》를 펼칠 때마다 사진을 보며《논어》를 읽고 있는 자신의 모습에 점점 더 애정을 가지기 시작했다. 작은 사진 하나가《논어》에 한 걸음 더 다가가게 해준 것이다.

《논어》한 구절 홍보하기

《논어》의 매력에 빠져들기 시작한 아이들이 교실에《논어》를 써서 붙여 놓자는 제안을 했다. 이왕 붙여놓을 거 작품을 만들면 좋겠다 싶어 좋아하는 구절을 골라 A5 크기의 종이에 캘리그라피 쓰기를 했다. 그런 다음 전교를 돌아다니며 선생님과 친구들에게 그 구절을 보여주고 뒷면에 인증 사인을 받았다. 아이들은 공자 제자라도 된 것처럼 마냥 신이 나서《논어》구절을 알리기 위해 학교를 누비고 다녔다. 이날 다른 선생님들의 격려와 칭찬에 아이들의 어깨가 한껏 올라갔음은 말할 것도 없다.

공자 캐리커처 그리기

그림에 자신이 없거나 흥미가 없는 아이들도 특유의 익살스러움이 담긴 캐리커처에는 흥미를 보이며 공자님 얼굴을 재미나게 표현했다.

《논어》 책 릴레이 돌려 읽기

반 안에서만 돌려 읽기를 하다 보니 다른 반에서는 어떻게 《논어》 본깨적을 하고 있는지 궁금하기도 하고, 각기 다른 스타일들의 본깨적을 읽어보는 것도 재미있겠다 싶었다. 반끼리 《논어》를 교환하여 훑어 읽기를 했다. 빠르게 책장 넘기기와 멈춰서 읽기를 반복하고 간단히 읽은 소감을 써주었다. 이로써 《논어》는 5학년 친구들의 공통분모가 되었고, 끝까지 잘 읽어보자고 의기투합하는 좋은 계기가 되었다.

■ ■ ■ 2학기: 《논어》 200일 완독을 기념하며

《논어》 333 인덱스

《논어》 333 인덱스는 책 전체를 훑어보며 본 것, 깨달은 것, 적용할 것에서 각각 '베스트 3'를 선정하여 해당하는 내용이 있는 쪽에 인덱스를 붙이는 것이다. 박상배 작가는《인생의 차이를 만드는 독서법, 본깨적》에서 삼색 인덱스 붙이기를 제안했다. 본 것은 파릇파릇 희망을 상징하는 파란색, 깨달은 것은 깨달음의 빛과 닮은 노란색, 적용할 것은 열정의 빨간색으로 구분했다. 책의 세로 부분을 3등분하고 위부터 색을 구분해 붙인 후 지워지지 않는 얇은 펜으로 키워드를 적어 넣었다.《논어》에서 자신을 변화시킨 중요한 내용을 정리해보는 시간이 되었고, 그 내용을 빨리 찾을 수 있게되었다. 아이들에게 색다른 경험이었고, 무엇보다 자기 책이 알록달록 예쁘게 꾸며진 것을 무척 마음에 들어했다.

세상에 하나뿐인 나만의《논어》책 표지

일 년 동안 매일 책을 가지고 다니다보니《논어》표지는 너덜너덜 뜯어져서 사라진 지 오래였다. 완독 기념으로《논어》표지를 인쇄하여 책 표지 꾸미기를 했다. 인상 깊은 구절과《논어》완독을 축하하는 메시지를 쓰기도 했고,《논어》가격을 새로 매겨보기도 했다.《논어》를 읽고 맺은 열매를 다른 사람에게 뿌리는 것을 전제로 하여 억 단위의 가격을 매긴 아이도 있었다. 특히 《논어》에 무심한 듯 보였던 아이가 자기만의 책 표지를 공을 들여 만드는 모습을 보았을 때의 뿌듯함은 이루 말할 수 없었다.

책으로 탑 쌓기

5학년 전체 아이들의 《논어》 책을 모아 탑을 쌓은 후 기념사진 촬영을 했다. 강당에 모여 자기 책을 한 권씩 쌓아올릴 때의 설렘, 그리고 다 쌓고 나서 왈칵 몰아닥치는 감정의 소용돌이의

정체는 무엇이었을까. 아이들 얼굴에는 복잡 미묘한 감정이 스치고 지나 갔다. 드디어 끝났다는 시원섭섭함과 함께 《논어》를 완독했다는 자부심이 번득였다. '결국 우리는 해냈다!'

《논어》 도미노

《논어》 도미노는 아이들의 폭발적인 반응을 볼 수 있는 이벤트다. 반별로 할 때는 다른 반에서 《논어》 책을 빌려 왔고, 학년에서 할 때는 반별로 글자를 나눠서 맡았다. 하나만 잘못 건드려도 다시 세워야 하기 때문에, 많은 아이가 달라붙어서 하는 작업이 쉽지 않다. 그래도 몇 번 시행착오를 겪더니 완성해냈다.

"넌 저기를 막아."

"중간 중간 띄워놓고 마지막에 그곳에 책을 세우자."

"책을 펴서 세워."

"아니야, 너무 펴서 세우면 안 넘어져."

옥신각신하는 모습도 귀엽다. 드디어 넘어뜨릴 시간! 새해를 기다리며 카운트다운 하는 것처럼 "3! 2! 1!"을 외친다. 책이 우르르 연속으로 넘어질 때의 환호성은 아직도 잊히지 않는다.

《논어》 소감문 쓰기

《논어》 읽기를 마치고 소감문을 통해 아이들과 가족들의 목소리를 들어보았다. 아이들은 자신들이 결국 해냈다는 자부심이 가득했다. 다음 해 5학년이 될 후배들에게 격려와 조언을 아끼지 않았다. 《논어》를 처음 접할 때의 당혹스러움, 하루 한 쪽 본깨적의 어려운 점, 자신만의 노하우 등을 가감 없이 알려주었다. 《논어》를 시작할 때 아이들이 잘 해낼까 걱정하던 학부모들은 일 년 후 아이가 성장한 모습을 보며 무척 대견해하고 자랑스러워했다.

나에게 쓰는 편지

- 처음에는 절대 하지 못할 거라고 생각했는데 결국에는 해냈구나. 힘들고 귀찮을 때도 많았는데 잘 이겨냈어.

- 그 어려운 《논어》를 내가 해내다니. 읽고 해석하면서 어휘력도 늘고 새로운 경험에 적응한 나에게 놀라운 박수를 짝짝짝!

- 《논어》를 200일이나 꾸준히 쓴 네가 자랑스럽고 본깨적을 하면서 많이 생각했던 것 같아. 친구들에게 댓글도 정성껏 잘 달아줬어. 이제 다른 어려운 책도 도전해보렴. 본깨적 독서법으로 읽으면 더 자세히 읽고 깊게 느낄 수 있겠지?

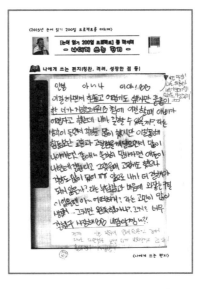

- 책이 두꺼워서 어려울 거라 생각했지만 매일매일 열심히 해서 《논어》를 끝냈구나. 본깨적을 쓰며 많은 공부가 되었지. 처음에는 짧게 대충 썼는데 점점 글 쓰는 속도도 빨라지고 글 솜씨도 늘었어. 깊게 생각하고 구체적으로 표현하는 실력이 늘었어! 많이 성장했구나. 책 읽을 때 시간이 빨리 간다고 느끼는 것은 《논어》를 읽을 때가 처음이지. 정말 뿌듯했어.

《논어》를 읽을 후배들에게 해주고 싶은 말

- 처음에《논어》를 보면 책이 두껍고 글자가 많아서 어지러울 수 있지만 차근차근 본 깨적을 쓰고 그 옆에 그림도 그리면 재미있어. 그리고 친구《논어》에 댓글 다는 게 제일 재미있어. 200일이 다 지나고《논어》책을 보면 진짜 신기하고 뿌듯할 거야.

- 처음에는《논어》에 대해 어리둥절한 것투성이고 적응도 안 되겠지만 점점《논어》에 애착이 갈 거야. 계속 하는데도《논어》에 대한 사랑이 느껴지지 않았다면 아마 완독하고 난 뒤에 감정이 쓰나미처럼 몰려올걸. 처음에는 다 하기 싫고 선생님이 미워지겠지만(웃음) 결론은 그 감정이 오래 가지는 않을 거라는 것!《논어》열심히 하렴~

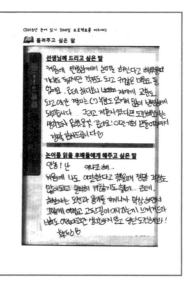

- 후배들아.《논어》를 처음 쓰면 귀찮은데 쓰다 보면 괜찮아져. 포기하지 말고 열심히 써. 그리고《논어》책 소중히 다루렴. 아니면 후회하는 날이 올 거야. 후후후

- 얘들아 반갑다. 이 형님께서 하나 알려주지.《논어》는 말이지 무작정 쓰려고 하면 '본' 빼고는 아무것도 못해. 찬찬히 '본'부터 쓰고 깊게 생각해서 '깨, 적'을 써나가렴. '질문'은 그냥 아는 것 쓰지 말고 모르는 걸 써야 도움이 된단다. 그럼 열심히 완독하자.

- 얘들아,《논어》가 두꺼워 보여도 매일매일 하면 하나도 어렵지 않고 쉬워.《논어》는 우리가 삶을 살아가면서 겪는 부분도 있단다. 내가 잘못 행동하던 것들이 나오면 민망할 때도 있고, 내가 해왔던 행동을 공자님이 잘했다고 하시면 으쓱해진단다. 그럼《논어》열심히 하렴.

가족 소감

• 일 년 동안《논어》를 읽는다는 소식을 접했을 때 기쁘기도 했지만 걱정도 있었습니다. 아빠인 내가 읽으려고 산 책을 다 읽지도 못하고 딸에게 주면서 쉬운 내용이 아닌데 잘 소화할 수 있을까? 너무 어려워 오히려 스트레스를 더 받지는 않을까? 걱정과 염려가 있었습니다.

그런데 한 달, 두 달이 지나며 아이가 읽어간 흔적을 살펴보았을 때 깨닫고 적용한 내용들이 너무 감동적이었습니다. 아빠로서 부끄럽기도 하여 더 속 깊은 아빠가 되려고 노력했던 시간이었습니다.

5학년의 도전! 우리 아이의 귀한 도전! 앞으로 인생을 살면서 어떤 어려움에도 당당히 맞서 싸울 수 있고 승리할 수 있는 기반을 다지는 시간이었습니다.《논어》를 끝낸 아이가 자랑스럽고, 무엇보다 성실하게 최선을 다해《논어》읽기에 임했던 모습에 감격했습니다. 정말 잘했다. 역시 내 딸이야!

• 같은 글을 읽더라도 사람마다 각자의 느낌이 다르고 적용이 다르다는 것을 반 친구들과 함께 생각을 나누면서 알 수 있었을 거야. 나와 생각이 다르더라도 '함께' 한다는 것에 감사하고 기뻐한다면 나로부터 행복한 세상은 시작되는 것 같아.

이 소중한 기억과 경험을 꼭 간직하며 다른 사람들에게 적극적으로 나누어줄 수 있는 아이로 성장하기를 기대한단다. 네가 정말 자랑스럽고 대견하구나. 정말 멋지다! 수고했어. 멋진 축하파티 준비할게.

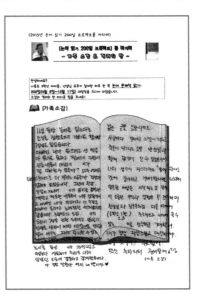

• 처음《논어》책을 접하고 책에 줄을 긋고 글씨를 쓴다는 것이 낯설고 힘들어하던 아이 모습이 떠오릅니다. 점점 시간이 흐를수록 본깨적 실력도 늘어나고 어려운 말

들을 찾아보기도 하고 서로의 생각을 친구들과 주고받으며 생각 못 했던 것들도 알게 되는 시간들이었습니다.
이제는 다른 책도 줄을 긋고 생각을 적으며 아이만의 책을 만들어낼 수 있을 것 같습니다. 힘들고 치칠 때도 있었지만 잘 이겨내며 좋은 모습을 보여준 아이에게 박수를 보냅니다. 사랑해~

• 어른들도 어려워하는《논어》를 읽고, 보고, 깨닫고, 실천하고. 정말 대단하다는 생각이 들어.《논어》를 읽으면서 때로는 힘들고 귀찮아했지만 생활 속에서 간간이 《논어》이야기를 하는 걸 보고 엄마는 깜짝 놀랐단다. 너도 모르게 생각의 깊이가 조금씩 커져가는 것을 보고 책의 힘이 크다는 것을 느꼈단다. 어른이 되어서도 지금까지 읽었던 것 잊지 말고 실천하렴.

아이들 질문에 긴장도 많이 했다. 잘 모르는 것을 들킬세라 치부를 드러내는 것 같아 부끄럽고 자존심 상했는데 이내 그 마음도 내려놓았다. 모르는 부분은 솔직히 인정하고 소크라테스처럼 다시 질문을 던졌다. 의도치 않게 어설프게 소크라테스의 문답법 흉내를 낸 셈이다. 나 또한 아이들보다 반 발짝 앞서간 사람일 뿐이었다. 허겁지겁 읽어내고 바쁘게 머리를 굴릴 때도 있었지만 하나하나 징검다리를 놓아가며 함께 목표를 향해 나아갔다.

이렇게《논어》읽기가 대단원의 막을 내렸다. 함께 시작해서 서로를 끈끈하게 엮어주었던《논어》. 그《논어》가 어떻게 자라나 어떤 열매를 맺을지 기대된다.

그리고 6학년이 되면 아이들은 새로운 선생님들과 함께《시민의 교양》으로 또 다른 항해를 시작한다.

또 다른 항해의 시작:
《시민의 교양》 읽기 프로젝트

《논어》 항해를 마친 아이들은 6학년이 되면 《시민의 교양》이라는 배에 올라탄다. '세금, 국가, 자유, 직업, 교육, 정의, 미래'를 주제로 정하고 주제별로 본깨적 독서와 생각하는 글쓰기를 하며 독서시민으로서 교양을 더 탄탄하게 갖춰가는 것이다. 《논어》 프로젝트를 맨땅에서 함께 일궈낸 유상우 선생님이 6학년으로 올라가면서 5학년과 연계된 독서 교육을 펼치고 싶어 했다. 5학년 때 《논어》를 통해 삶의 지혜와 인성을 배웠다면 6학년 때는 《시민의 교양》을 통해 조금 더 현실적인 문제를 고민해보려는 시도였다.

"고대 플라톤, 아리스토텔레스 시절부터 수없이 논의되어온 인문학 요소들을 아이들이 살아가는 현실과 연결 지어 생각해보는 시간이 필요하다고 생각했어요."

흥분을 감추지 못하던 유상우 선생님은 겨울 방학 내내 여러 서점을 돌며 수십 권의 책을 섭렵했다. 치열한 고민 끝에 '현실 인문학'을 적용해보기로 방향을 정했고, 아이들이 현실에서 고민할 법한 질문에 대해 실마리를 찾을 수 있는 《시민의 교양》을 선택했다. 하지만 6학년이 읽기에 호락호락한 책은 아니기에 6학년 선생님들과 아이들은 고군분투 책 씹어 먹기에 돌입했다.

　5학년 때 배운 본깨적 독서법으로 '세금, 국가, 자유, 직업, 교육, 정의, 미래' 각 챕터를 찬찬히 읽으며 생각을 키워나갔고, 단계별 글쓰기를 하며 자기 생각을 글과 말로 표현하는 능력을 길렀다.

　현실 인문학을 차근차근 삶 속에 적용해가는 모습을 지켜보며 이 아이들이 만들어갈 미래를 생각하니 상상만으로도 가슴이 벅차오른다.

■■■《시민의 교양》프로젝트를 시작하며

《시민의 교양》프로젝트 일 년간 여정을 소개한다.

《시민의 교양》 프로젝트 연간 계획

시기	활동	내용	
3월	준비	활동 준비하기	독서 바인더 1권 (3~12월 자료 정리)
4~7월	1학기 《시민의 교양》	《시민의 교양》 적극적 읽기와 글쓰기 • 월당 대챕터 1개, 주당 소챕터 1개 • 주제: 세금, 국가, 자유, 직업 국세청 주관 세금공모전 참가 • 글쓰기 및 포스터	
7월	중간 책거리 행사	꿈끼탐색 독서활동 • 책 돌려 읽고 댓글 달기	

9~ 12월	2학기 《시민의 교양》	《시민의 교양》적극적 읽기와 글쓰기 • 월당 대챕터 1개, 주당 소챕터 1개 • 주제: 교육, 정의, 미래
12월	책거리 행사	꿈끼탐색 독서활동 • 책에 인덱스 붙이기 • 책갈피 만들기 • 느낀점 나누기

■■■ 《시민의 교양》 적극적 읽기와 글쓰기

우리나라 대부분의 초등학교에서는 독서 교육을 필수로 하고 있다. 다양한 방법이 존재하지만 중요한 것은 시간. 주어진 시간이 별로 없는 상태에서 아이들이 평소 관심 없던 책을 읽으라고 하니 독서 교육은 흐지부지되기 일쑤다. 6학년 선생님들은 고민 끝에 아침독서 시간 15분과 함께, 국어 활동에서 매주 2시간씩 끌어와 독서 교육 시간을 확보하기로 했다. 독서는 물론 책 읽는 데 반드시 필요한 낱말 이해 교육, 단계별 글쓰기, 발표를 위한 시간이다. 이 시간은 국어과에서 필요로 하는 이해력과 표현력 신장에 큰 몫을 했다.

6학년 국어과 내용 중에는 관점 파악하기, 논설문 쓰기, 토의·토론하기 등 상대와 자기 생각을 파악하여 자신의 주장을 담은 글을 쓰고, 이를 바탕으로 상대와 이야기를 나누는 내용이 많다. 국어과 시간만으로는 이 목표를 충분히 달성하기가 어렵다. 아이들은 매주 반복하는 《시민의 교양》 프로젝트 덕분에 자연스럽게 국어과에서 요구하는 역량을 갖추게 되었다.

《시민의 교양》 프로젝트 주별 계획

요일	시간	활동	활동 자료
월	아침독서 15분	**독서** • 낱말 뜻 정리	
화	아침독서 15분	**본깨적** • 본깨적 책읽기 • 생각을 여는 질문	
수	아침독서 15분 1교시 국어	**글쓰기** • 구상하기 • 개요 짜기 • 초고 쓰기	
목	아침독서 15분 1교시 국어	**고쳐 쓰기 1차** • 모둠 발표 • 교정 **고쳐 쓰기 2차**	
금	아침독서 15분	**발표 및 게시** • 모둠 안에서 발표자 선정 및 영상 촬영	

■ ■ ■ 국세청 주관 세금공모전에 참가하다

《시민의 교양》에서 읽은 내용을 십분 활용할 수 있는 세금공모전에 도전했다. 아이들은 자신이 읽은 세금, 국가, 자유 부분 내용을 공모전 글 또는 포스터에 녹여냈다. 놀랍게도 그동안 쌓아온 배경지식과 글쓰기 실력 덕분에 큰 어려움 없이 참여할 수 있었다.

2016년에는 1명이 지방국세청장상, 4명이 세무처장상을 수상했고, 2017년에는 2명이 세무처장상을 수상했다. 한껏 고무된 아이들이 독서와 글쓰기를 더 열심히 했음은 말할 것도 없다.

■ ■ ■ 꿈끼탐색 독서활동이란?

좋은 것은 나누어야 한다는 생각에 1학기에는 친구들과 《시민의 교양》 돌려 읽기를 했다. 반 친구들끼리, 학년 친구들끼리 돌려 읽으며 책과 글쓰기 바인더 안쪽에 포스트잇을 붙여 감상평을 적었다. 아이들은 전투적으로 친구들의 책과 바인더를 탐독해나갔고, 자신의 독서활동을 되돌아보았다. 함께 고생한 것에 동질감을 느끼고 친구의 생각 표현 방법을 배우며 나누는 만큼 부쩍 성장했다.

학기 말에는 인덱스 붙이는 작업을 했다. 5학년 때와는 다르게 본 것은 눈에 잘 띄는 노란색으로, 깨달은 것은 머릿속에서 번쩍거린다는 의미에서 빨간색으로, 적용할 것은 삶 속에서 시원하게 적용하면 좋겠다는 의미에서 파란색으로 붙였다. 실제로 책 속 본깨적 활동 역시 같은 색으로 했다. 인덱스에는 자신이 일 년간 해왔던 활동 중 기억에 남고 마음에 드는 내용에서 본깨적 5개씩을 골라 키워드를 적었다. 인덱스를 붙이니 뭔가 전문적인 책이 된 것 같다면서 자신들의 독서활동이 진짜 완성된 것 같다는 의견이 많았다.

학년 말 자신들의 생각이 빼곡하게 담긴《시민의 교양》을 애지중지하는 모습 속에서 6학년 선생님과 아이들이 일군 수많은 열매가 겹쳐 보였다.

독서에도 이벤트가 필요하다

'이 책은 5년 전에 우리 반 아이들이 매일 읽어달라고 졸랐던 책.'
'저 책은 우리 반 아이들과 함께 눈물을 그렁거리며 읽던 책.'

　관련 기억이 떠오르는 책들이 있다. 몇 년에 걸쳐 추억이 겹겹이 덧입혀진 책들도 있다. 이러한 기억과 추억은 책을 더 특별하게 만들어준다. 책을 다시 펼치고 싶게 하고, 소중히 간직하고 싶게 하고, 책을 통해 무언가를 더 하고 싶게 만든다.

　아이들이 주변에 널려 있는 흔하디흔한 책 한 권 한 권을 소중히 품에 안고 특별한 책으로 만들기를 바랐다. 책에 대해 다양한 이미지를 갖게 되기를 바랐다. 책이라고 하면 지루함, 고리타분함, 불편함, 의무감을 떠올리는 것이 아니라 책의 따뜻한 감촉, 그 책을 읽었을 때 먹던 간식, 책을 읽고 재잘거리며 나누었던 이야기를 떠올리기를 바랐다.

　아이들이 자신의 긍정적인 경험과 연결해 책에 대한 사랑을 키워가기를 바라는 마음에서 아이들과 함께한 책에 특별함을 더하는 경험을 공유하고 싶었다.

■■■ 우리만의 책 세상, 서재 만들기

'내 것', '내 공간'은 중요하다. 더 아껴야 할 것 같고, 책임져야 할 것 같다. '행복한 집짓기 연구회'를 창설한 건축사 야노 케이조는《부자의 방》에서 행복한 삶을 살기 위해서는 집 안에 '자기만의 공간'이 있어야 한다고 말한다. 공간이 부족하다면 작은 의자 하나라도 '엄마 의자'로 정해놓고 그곳에서 생각하고 쉬는 시간을 가지라고.

개인적으로 독서에 대한 관심이 깊어지고 독서 교육에 관심을 갖게 되면서 '나의 서재'와 '아이들의 서재'를 만들고 싶은 열망이 커졌다. 언제 어디서나 손 내밀면 닿을 곳에 책이 있는 환경을 만들어주고 싶었다. 현실로 돌아와 교실을 둘러보니 우리 반에는 선뜻 손이 가지 않는 20여 권의 책들이 허술하게 꽂혀 있는 게 다였다. 그나마도 전년도 아이들이 학급문고로 가져왔다가 가져가기 귀찮다고 그냥 놓고 간 것이었다. 손때가 묻어 나달거리는 표지와 어린 동생이 읽을 수준의 책을 제하면 10권도 안 되었다.

큰 서점이나 도서관에 가면 책이 빼곡하게 꽂혀 있는 서가에 압도당해 도저히 책을 뽑아 들지 않고는 못 배길 때가 있다. 규모가 크지 않더라도 저절로 책을 빼서 읽고 싶은 서재를 만들고 싶었다. 서재를 채우기 위한 고군분투가 시작되었다. 도서관 어린이 도서 추천 코너에서 신간을 발견하면 두근거리는 마음으로 구입하고, 주말이면 중고 서점을 몇 바퀴씩 돌며 양손 가득 책을 사 왔다.

그런데 생각보다 책이 빨리 모이지 않는 데다 경제적인 부담도 만만치 않았다. 아이들에게 어떤 책이 좋은지도 잘 몰랐고, 무엇보다 그렇게 고생해서 모은 책에 아이들이 별 관심을 보이지 않는 데 맥이 풀려버렸다. 살짝

억울한 마음이 들어 아이들을 끌어들이기로 결심했다.

작은 일이라도 동참하는 것에는 아무래도 관심이 더 가기 마련이니까.

선생님과 학급 서재 채우기 경쟁하기

"선생님으로서 자존심이 있지, 너희 중 가장 많이 가져 온 사람보다 한 권 더 기부한다!"

잔뜩 생색을 내며 아이들 눈을 한 명씩 들여다보았다. 아이들의 적극적인 참여를 유도하기 위해 생각해낸 아이디어였다. 1인당 1권 이상 학급 서재에 빌려줄 책을 가져와서 선생님과 학급 서재 채우기 경쟁을 하기로 했다. 자신이 아끼는 책을 가지고 오는 아이도 있었지만 나이에 맞지 않는 책을 대충 챙겨 온 아이, 떨떠름한 표정으로 왜 이런 걸 시키느냐는 무언의 반항을 하며 안 가져오는 아이도 있었다. 책 읽으라고 하는 것도 귀찮은데 서재 만들기에 동참하라니 영 내키지 않는다는 태도였다.

조건부 기부라는 제안은 아이들의 그런 태도를 바꿔놓았다.

"100권 가져오면 101권 기부하실 거예요?"

선생님을 은근히 시험해보기도 했다.

"그럼, 당연하지."

책값을 생각하면 아찔했지만 일단 그러겠다고 힘주어 답했다.

"난 그럼 10권 가져와야지."

"20권짜리 시리즈 가져와도 돼요?"

교실이 술렁이기 시작하면서 한껏 의욕이 고취되었다. 환경에 따라 책을 많이 가져오는 아이와 그렇지 못한 아이 사이에 위화감이 조성되지 않도록, 권수보다 책을 들고 오는 마음가짐에 초점을 맞추도록 사전에 충분히 전달했다.

가져온 책 소개하기

아이들이 책을 들고 오기 시작했다. 바로 서재에 꽂으면 누가 어떤 책을 가지고 왔는지, 우리 반에 어떤 책이 있는지 모른 채로 일 년이 다 갈 수도 있었다. 아이들이 챙겨 온 책에 의미를 부여해주고 싶어서 책을 가져올 때마다 '이 책을 선정해서 가져온 이유'와 '책의 간단한 내용'을 앞에 나와 설명하는 시간을 가졌다. 쑥스러워하며 당황하던 아이들도 막상 자기 책을 소개하면서는 뿌듯한 표정을 감추지 못했다.

서재 한쪽 잘 보이는 곳에 별도의 공간을 마련하여 아이들이 소개한 책을 모아두었다. 그곳에 써 붙여놓은 '우리가 만들어가는 서재'라는 문구는 볼 때마다 절로 자부심이 들게 만들었다.

희망 도서 신청

약속대로 선생님이 책을 기증할 차례가 왔다. 내가 좋다고 생각하는 책은 아이들에게 별 감흥을 주지 못한다는 것을 이미 겪었기에 공공도서관에서 실시하고 있는 '희망 도서 신청' 제도를 벤치마킹하기로 했다. 도서관마다 다르지만 신청한 도서가 도착하면 신청자에게 가장 먼저 빌려갈 수 있는 권한을 주는 곳도 있다. 도서 신청 후 벅찬 마음으로 책을 빌렸던 경험을 아이들도 느끼게 해주고 싶었다.

희망 도서 신청을 받으면서 아이들은 서재 채우기에 더 열을 올렸다. 신청한 아이는 자신이 가장 먼저 책을 읽을 수 있는 데다, 서재를 의미 있는 책으로 채웠다는 긍지를 가질 수 있었다.

아이들 인생에 끊임없이 책 출연시키기

이렇게 어렵게 모은 책인데 얼마 지나지 않아 관심이 사그라지면 안 되겠다 싶어 끊임없이 책에 대해 언급했다. '선생님의 서재' 시간에 소개해주기도 하고, 수업 시간에 관련 내용이 있으면 아이들이 가져온 책과 연결시켰다. 2차 세계대전을 배우다가 "나치가 어떤 민족을 학살했을까?", "유대인들의 율법, 전통 등을 이야기로 담아놓은 책은?", "힌트 줄게요. 소희야, 아까 아침에 읽고 있고 있던 책 제목을 친구들에게 알려줄래?"라며 동기를 부여하고 아이들의 관심 영역 안으로 책을 들여왔다.

또한 이렇게 특별한 의미를 부여한 책은 책의 앞 얼굴이 보이게 놓았다. 도서관 잡지 놓는 서가를 활용하기도 하고 책장 위에 살짝 기대어 세워놓기도 했다. 꼭 읽지 않더라도 '어디선가 봤던 책, 어디선가 들어본 책'이 많아지면서 아이들은 책에 친숙해졌다.

서재에 이름 붙이기

책을 마음껏 뽑아 볼 수 있고 즐길 수 있는 서재를 반 이름을 따서 '담쟁이 서재'로 부르고 있다. 아이들이 애착을 가지고 정을 쏟는 곳이다. 집에서도 아주 작은 책꽂이 하나 또는 큰 서가의 한 칸 정도를 아이만의 서재로 정해주면 관심이 증폭되면서 책에 한 걸음 더 다가가게 될 것이다.

■■■ 도서관보다 더 큰 서점 체험학습

"선생님, 제 동생이 체험학습을 무슨 서점으로 가느냐며 놀렸어요."

교보문고로 체험학습 가기 며칠 전이었다. 한 아이가 쪼르르 달려와서 굳이 전하지 않아도 될 말을 했다. 올 것이 왔구나 싶었다. 체험학습도 배움의 연장이라지만 서점으로 체험학습을 간다니. 새로운 것을 만들거나 신기한 것을 구경하며 뛰노는 곳과는 한참 거리가 있는 장소다. 서점에 간다고 했을 때 실망하고 거부감을 가지면 어쩌나 우려도 되었다.

그런데 놀라운 것은 동생의 놀림이 아니라 이 말을 전하는 아이의 태도였다. 동생의 핀잔에 자존심 상하고 흥미로운 곳에 못 가는 것이 억울할 법했다. 그런데 오히려 동생이 어려서 뭘 모른다며 너털웃음을 치는 것이다. 서점에 간다는 사실에 자부심까지 느끼는 여유로운 태도가 고마웠다.

학급문고와 학교 도서관을 벗어나지 못하는 아이들에게 더 큰 책의 세계를 보여주고 싶었다. 경험의 한계선을 넓혀주고 싶었다. 다양한 분야의 책이 빼곡한 서가에 마음이 사로잡히고, 책에 빠져든 사람들에게 시선을 빼앗기며 책을 읽고 싶은 마음이 저절로 들게 하고 싶었다. 아이들을 서점에 데려다만 놓는다고 저절로 그런 마음이 생기기는 어려울 것 같아 여러 준비 단계를 거쳤다.

대산 신용호 선생님의 열렬한 팬이 되다

우선 김병완 작가의 《48분 기적의 독서법》에 나오는 교보문고를 설립한 대산 신용호 이야기를 읽었다. 그는 초등학교 입학 무렵 폐병에 걸렸고, 어려운 가정 형편 때문에 초등학교도 졸업하지 못했다. 이러한 약점을 극복하기 위해 중학생 나이에 '1천 일 독서'를 실천했다. 이 이야기는 아이들의 독서에 대한 관점을 바꿔놓았다. 게다가 돈 버는 데만 몰두한 기업가가 아니라 민족을 먼저 생각하는 애국자로서 더 나은 사회를 만들기 위해 노력했다는 이야기를 예사롭지 않게 받아들였다.

아이들은 어느새 신용호 선생님의 열렬한 팬이 되어 지대한 관심을 보이기 시작했다.

"신용호 선생님이 돌아가시지 않았다면 사인도 받고 함께 기념사진도 찍으려고 했는데 아쉽다."

"신용호 선생님이 독서에 시간 투자 하신 것처럼 내 꿈에 대해서 시간 투자를 해봐야겠다."

"독서량을 늘리고 두꺼운 책 읽기에 도전해야겠다."

"생각의 크기와 실천의 크기가 남다른 분이다. 나도 큰 꿈을 가져야겠다."

"신용호 선생님은 왜 독서를 성공의 시작점이라고 했을까?"

반대를 무릅쓰고 비싼 땅에 평생교육 실천의 장인 교보문고를 설립한 신용호 선생님에 대한 존경심을 드러내며, 그분의 철학이 녹아 있는 역사적인 장소에 가게 되었다는 사실에 한껏 기대에 부풀었다.

서점 탐방 목표 세우기

무엇을 하든 '왜 하는가'는 우리를 이끌어주는 이정표 역할을 한다. 교보문고에 가서 달성하고 싶은 자신만의 목표를 세워보았다. 아이들은 서점이 얼마나 넓은지 직접 확인하고, 코너별로 돌아다니며 관심 있는 책을 마음껏 읽고 싶어 했다.

체험을 더 의미 있게 만들 미션도 만들었다.

- '사람은 책을 만들고 책은 사람을 만든다' 돌 앞에서 기념사진 찍기
- 책 표지에서 한 글자씩 찾아 '책은 사람을 만든다' 문구 완성하기
- 베스트셀러 코너 앞에서 사진 찍기
- 책 읽는 모습 사진 찍기
- 《논어》관련 책과 나의 꿈과 관련 있는 책 찾아보기

서점 누비기

드디어 교보문고 체험학습 날! 아이들은 기대 이상으로 잘해주었다. 책은 사람을 만든다는 말이 새겨진 돌 앞에서 감격에 겨워 포즈를 취하고 연신 셔터를 눌렀다. 전에 읽어주었던 책을 어디선가 찾아서 들고 와 자랑했다. 종종걸음으로 검색대와 서가 사이를 돌아다니며 필요한 책을 찾고, 1만 년 된 카우리 책상에 앉아 진지한 모습으로 책장을 넘기며 독서를 하기도 했다.

이쯤 되면 독서량을 늘려 스스로를 가르치는 평생교육이 정착되기를 소망했던 대산 신용호 선생께서 우리 아이들을 보며 흐뭇하게 미소 짓고 계실 것 같다. 자신의 가능성을 키워줄 책을 손에 들고 서점을 누비며 독서 인생의 다음 장으로 넘어가고 있는 후손들이 얼마나 자랑스러울까?

"내가 책을 좋아하게 돼다니. 해가 서쪽에서 뜨겠군(동쪽인가? 서쪽인가?). 그만큼 책을 되게 싫어했던 1인! 책 싫어한다고 자랑했던 1인. 아무튼 진짜 추억으로 남게 될 것 같다. 무근지 Day! 너란 아이 내 맘에 쏙 드는 아이!"

학교에서 하루 종일 책을 읽은 후 아이가 쓴 소감문 내용이다. 짜릿한 전율이 관통하면서 울컥하는 감정이 소용돌이치기 시작했다.

이거야말로 한결같이 꿈꿔오던 독서 교육의 열매였다. 고작 15분의 아침독서 시간에도 매분 시계를 바라보며 끝나는 시간을 지루하게 기다리던 아이들이었다. 독서가 세상에서 가장 싫은 것처럼 책을 폈다 덮었다 공상에 잠겼다를 반복하던 아이들이었다. 그런 아이들 입에서 이런 말이 나오다니. 일 년 동안 쏟았던 노력이 한꺼번에 보상받는 듯했다.

무근지 데이의 시작은 이렇다. 독서포럼나비에서는 일 년에 한 번 '단무지 MT'를 간다. 전국에서 500명 이상의 나비 회원들이 2박 3일 동안 '단순 무식 지속적 책 읽기'에 참여

무근지 데이 포스터(학생작품)

하기 위해 모여든다. 개인적으로 참석한 사람들부터 가족, 대학, 직장에서 단체로 참석한 사람들까지 함께 독서하고 토론하고 강의를 들으며 성장하는 시간을 갖는다. 정보 교환과 나눔은 기본이다. 참석할 때마다 아이들과 해보고 싶다는 마음을 키워왔다.

한 해씩 넘기다가 드디어 용기를 내서 아이들에게 말을 꺼냈다. 단무지 MT 동영상을 보여주고 "한 번 해볼래?"라고 넌지시 떠보니 걱정과 달리 선뜻 해보겠다는 것이다. 어찌나 고맙던지. 이왕 하는 거 담쟁이 반만의 색이 드러나는 특별한 날을 만들어보기로 했다. 떼독서, 독서 토론, 강연, 책탑 쌓기 등 단무지 MT에서 어떤 활동을 했는지만 알려주고, 행사 기획과 진행은 아이들 의견을 적극 반영했다.

진도에 대한 부담도 없고 평가로부터 자유로운 만큼 목표와 활동을 마음대로 정해 그저 참여하고 즐기면 되는 일이었다. '책 놀이를 통한 배움'을 제대로 실천해보기로 했다.

D-Day 7: 이름 짓기

먼저 특별한 날의 이름을 짓기로 했다. 모둠당 한 개씩 이름을 받아 투표를 통해 하나를 결정했다. 독서법(독서하며 서로 알아가는 독서의 법칙), 휴가(휴식을 하며 가방에서 책을 꺼내 읽기), 무근지(무지개처럼 근사하고 지혜롭게 책 읽기) 등의 의견이 나왔고, 그중 '무근지'로 결정되었다.

D-Day 5: 목표 정하기

우리가 함께 이룰 목표에 대해 브레인스토밍으로 의견을 내고 마인드맵으로 정리했다. 첫째는 다양한 책을 많이 읽거나 읽었던 책을 다시 읽는

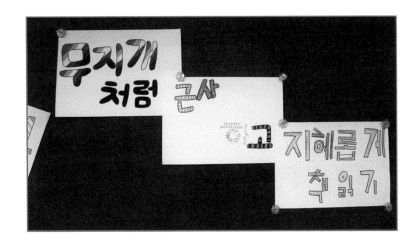

'다독', 둘째는 멈춰서 생각하고 상상하고 질문하며 읽는 '정독', 셋째는 스스로 책의 재미에 빠져드는 '몰입'이었다.

개인별 목표도 정해보았다. '5권 완독하기, 밑줄 치기, 귀 접기 하며 읽기, 몰입 독서하기, 인상 깊은 구절 기록하기, 아이디어 및 생각 기록하며 읽기, 바른 자세로 읽기, 만화책보다 줄글로 된 책 도전하기, 두꺼운 책 도전하기' 등 나름대로 다양한 목표가 나왔다.

D-Day 2: 읽을 책 정하기

특별한 날인 만큼 아이들은 기억에 남을 만한 책을 정하고 싶어 했다. 다들 행사 전날까지 집, 학교 도서관, 학급문고의 책들을 뒤적이며 며칠 동안 책 후보를 선정하는 데 꽤나 공을 들였다. 이렇게 정성을 들이는 아이들에게 또 하나의 추억을 선사하고 싶었다. 다 읽지 못해도 책을 쌓아놓고 뒹굴뒹굴 책 속에 파묻혀 책 읽는 재미를 만끽하게 해주고 싶었다.

"모두 일어나서, 서재에 있는 책을 다 꺼내 바닥에 펼쳐보자."

아이들은 기습 공격을 당한 것처럼 어리둥절한 표정으로 가만히 앉아 있었다. "책을 주제별로 꺼내서 읽고 싶은 책 마음대로 골라가는 거야."

그제야 선생님의 의도를 간파한 아이들이 우르르 몰려가 책을 뽑아서 기차처럼 죽 늘어놓기 시작했다. 우리 반에 이렇게 많은 책이 있었다는 것에 한 번 놀라고, 일 년 동안 얼굴조차 못 본 책이 많았다는 것에 또 한 번 놀랐다. '내일 너희를 다 읽어주겠어' 하는 비장함이 서린 표정과 함께 양손에 책을 한 아름씩 안아 들었다. 다음 날이 정말 기대되었다.

D-Day 1: 교실 꾸미기

매일 공부하는 교실을 특별한 공간으로 만들기 위해서는 약간의 마법이 필요했다. 책상 배치를 평소와 다르게 바꾸고 '무근지 데이' 타이틀 글자를 큼직하게 만들어 칠판에 붙였다. 평소 디자인과 회화에 두각을 나타내던 아이가 자원하여 그려 온 포스터를 인쇄해 칠판 가득 붙여놓고 포토존도 마련했다. 이제 준비 끝!

D-Day: 무근지 Day

드디어 무근지 데이가 왔다. 책상을 원형으로 배치하고 조용한 음악을 들으며 몰입 독서를 시작했다. 사각사각 책장 넘기는 소리만 이어졌다. 오롯이 책에만 시선을 고정하고 책을 읽는 모습이 대견했다.

중간중간 쉬는 시간에는 미리 준비해둔 특별한 먹거리를 선사했다. '큼지막하고 달콤한 귤'에 재미난 표정을 그려 기념사진을 찍고 한입 가득 넣어 비타민을 충전했다. 집중력을 높여주는 호두와 아몬드, 바삭바삭한 강냉이도 나눠 먹었다.

오전까지 몰입 독서를 마치고 오후에는 특별행사를 진행했다. 기념 포스터 앞에서 읽은 책을 들고 기념사진 찍기, 책 속 인상 깊은 구절을 쓰고 돌려 읽기, 책탑 쌓기, 책 도미노를 했다. 아이들은 자신들이 낸 아이디어가 실현되는 것을 좋아했고 기대 이상으로 재미있다는 사실에 흥분했다.

'처음'이라는 것은 특별함을 부여한다. 이 아이들에게 학교에 있는 시간 내내 함께 책 읽기, 책탑 쌓기, 책 도미노 등의 활동은 전부 처음이었다.

"책을 이렇게 오래 읽은 적은 처음이다."

"독서할 때 너무 몰입하여 선생님이 하시는 말씀을 전혀 못 들었다. 나도 몰입하면 이렇게 소리를 잘 못 들을 수도 있다는 걸 다시 한 번 깨닫게 되었다."

"책 읽으면서 운 것은 오늘이 처음이다."

"100쪽이 넘는 책을 한 번에 다 읽은 적이 없었는데 오늘 그걸 해냈다. 무근지 Day! 친구들과 함께 모여 책을 읽었던 것이 너무 좋았다."

활동을 마치면서 감탄 섞인 찬사들이 쏟아졌다. 책과 한 발짝 더 가까워진 아이들, 책 사랑 온도를 높이는 아이들. 책을 바라보는 시각 또한 달라졌을 것이다. 앞으로 어렵고 두꺼운 책, 다양한 분야의 책에 도전하고, 자신의 경계를 넓히며 희열을 만끽하는 모습을 기대해본다.

부모가 책을 읽어야 아이도 읽는다

부모 교육의 중요성은 아무리 강조해도 지나치지 않다. 부모는 아이가 자아를 형성하는 중요한 시기에 가장 큰 영향을 끼치는 롤모델이기 때문이다. 누구나 좋은 부모가 되고 싶지만 현실은 녹록치 않다. 온전하게 부모를 의지하던 아이가 품에서 벗어나 자기주장을 내세우기 시작하면서 끊이지 않는 전쟁이 시작된다. 훌륭하게 자라주기를 바라는 마음에서 건네는 말들은 "해라", "하지 마라" 잔소리가 되어버리기 일쑤다. 아이를 원하는 방향으로 이끌려는 부모와 끌려가지 않으려는 아이의 대립은 학년이 올라갈수록 심해진다.

원하는 것만 일방적으로 강요하는 부모에게 마음의 문을 닫아버리고 어떻게든 감시의 눈을 피해 원하는 것을 얻기 위해 머리를 굴린다. 아이의 반항에 분노로 발을 동동 구르며 어떻게 하면 아이가 내 말을 듣게 할까 연구하는 일은 이제 그만. 그럴수록 아이들은 더 기발한 방법으로 부모를 겪으려 할 것이다. 화로 일관하면 아이와 더 멀어질 뿐이고, 상처만 남기는 승자 없는 전쟁은 계속될 것이다.

아직은 돌아올 수 없는 강을 건넌 것이 아니다. 아이를 이끄는 멘토가 되려면 먼저 아이의 마음을 얻어야 한다. 어른인 부모가 인내심을 가지고 아이에게 손을 내밀고 마음의 문을 두드려야 한다. 자존심을 내려놓고 아이를 들여다보는 것이 소통의 시작이다. 하지만 이미 마음이 돌아선 아이와 어디서부터 어떻게 대화를 시작해야 할까? 이때 책은 효과적인 연결의 끈이 된다. 책에 나온 공통된 소재로 자연스럽게 이야기를 시작하다 보면 어느새 학교 이야기, 걱정, 고민, 하고 싶은 일 등을 재잘거리며 쏟아내게 될 것이다.

책으로 소통하기 위해서는 부모가 먼저 책으로 소통하는 즐거움을 깨닫고, 독서 토론 방법을 익혀야 한다. 이어서 소개할 학부모 독서모임과 가족 독서모임의 사례가 길잡이가 되어줄 것이다.

■■■ 학부모 독서모임: 나는 더 이상 어제의 엄마가 아니다

학부모 평생교육 프로그램으로 일 년 동안 진행된 독서모임은 '나는 더 이상 어제의 엄마가 아니다'라는 말을 그대로 증명해주었다. 가족, 이웃과 즐겁게 소통하는 방법을 배우고 좀 더 성숙하고 좋은 부모가 되기 위해 자발적으로 모인 만큼 변화에 대한 강렬한 열망이 엿보였다. 1부는 학부모 강사가 하부르타 수업을 진행하고, 2부는 내가 독서포럼나비 문화를 적용한 본개적 독서 토론을 맡아서 이끌었다.

《논어》책에서 아이들과 인상 깊게 나누었던 구절을 읽고 본 것, 깨달은 것, 적용할 것을 쓴 후 4~6명씩 조를 만들어 토론했다. 발표 기회가 공정하게 주어지도록 한 사람당 3~6분 정도 돌아가며 쓴 내용을 발표한 후에 궁금한 점이나 덧붙일 의견을 나누었다. 시시비비를 가리기보다 생각의 다양성을 존중하고 수용하는 데 무게를 두었다. 호칭도 '누구 어머님, 누구 아버님' 대신 배움을 청하는 존중의 마음을 담아 '선배님'을 사용했다. 토론을 마친 후에는 조마다 한 명씩 나와 함께 나눈 이야기나 의견을 나누며 다듬어진 자기 생각을 발표했다.

《논어》의 짧은 구절에서 뻗어나간 생각의 가지들은 놀라울 정도로 다양했다. 깨달은 것을 나누며 삶을 돌아보고 성찰했으며 자녀와의 관계를 되짚어보았다. 아이들과 갈등이 자기 탓인 것 같다며 무거운 마음을 고백하자 누구랄 것도 없이 속마음을 꺼내놓았다. 순식간에 서로의 상처를 위로하고 다독이는 분위기가 형성되었다. 매번 모임 자체가 아이들을 기르느라 고갈된 에너지 탱크를 채우는 시간이었고 힐링의 장이었다.

일 년의 모임을 마치면서 소감을 나누는 자리에서 변화와 성장의 결실이 확연하게 드러났다.

"서로 생각하고 나누는 과정에서 혼자서는 생각할 수 없었던 부분을 보게 되고 나를 돌아보는 계기가 되었어요."

"점점 아이들에게 잔소리를 덜하게 되고 인내심을 가지고 기다려주게 돼요."

"나 스스로를 반성하고 나, 주변 사람들, 내가 속한 환경을 돌아보며 작게나마 실천해나갈 수 있는 방법들을 생각해보는 것만으로도 큰 것을 얻은 것 같아요."

"공부해서 남을 주자!' 독서포럼나비 구호는 삶의 큰 전환점이 되어주었고 평생 잊지 못할 모토가 되었어요."

"개인적으로 책 본깨적을 시작했어요. 그냥 읽었을 때보다 기억에 훨씬 많이 남고 새길 수 있어서 좋네요."

이렇듯 뜻을 함께하는 사람들이 모여 지식과 생각을 나누면서, 자신은 물론이고 다른 사람들까지 변화시켰다. "내가 하는 일의 결실은 다른 사람의 나무에서 열린다"라는 피터 드러커의 말처럼 변화의 열매가 아이, 남편, 아내, 주변 사람에게서 자라기 시작한 것이다. 교육을 함께했던 한 분은 이미 아버지 독서모임을 만들어 토요일 새벽을 책으로 열고 있다. '내 아이, 내 가족'에 머물러 있던 시선을 넓혀 주변을 둘러보는 것은 참으로 멋진 일이다.

"아이 한 명 키우는 데 온 마을이 필요하다"라는 말처럼 아이를 둘러싼 친구들, 지역 환경, 교육제도 등 모든 것이 아이에게 중요한 영향을 끼친다는 사실을 다시 한 번 깨달았다. 다들 우리 아이를 위해 좀 더 나은 사회를 만들기를 원한다. 이를 위해 주변 사람들과 독서모임을 꾸리는 것으로 그 첫걸음을 떼어보기를 제안한다.

■■■ 가족 독서모임: 아이와 소통의 끈을 다시 연결하다

"아이와도 독서모임을 하고 싶은데 어떻게 해야 하나요?"

학부모 상담 때나 독서모임에서 알게 된 분들로부터 자주 받는 질문이다. 자녀와 비슷한 또래 아이들이 변화하는 모습을 부러워하면서 독서모임을 만들고 싶은데 막상 시작하려니 난감하다는 것이다. 부모에게서 멀어졌던 아이와 마주 보기가 쉽지 않을 것이다. 게다가 게임도 캠핑도 아닌 책이라니. 아이는 엄마 아빠가 또 이상한 것을 배워 왔다고 무조건 반감부터 가질 수도 있다. 이런 아이를 어떻게 독서모임으로 끌어들일까?

첫째, 부모가 먼저 책을 읽는 모습, 책을 읽고 변하는 모습을 보여주어야 한다. 독서포럼나비 선배님 중 한 분이 《라브리 가정교육》을 읽고 학원을 몇 개 끊었더니 초등학생 아들이 쾌재를 부르며 독서모임 또 언제 가느냐고 물어보더란다. 요즘은 아들도 가끔 독서모임에 참석하고 있다. 곧 가정에서도 독서모임을 시작하게 되지 않을까? 책을 그렇게 많이 읽으면서 왜 변하는 것은 하나 없느냐는 강한 비난에 충격을 받고 변한 아빠도 있다. 지식의 성을 쌓고 자기 뜻대로 가족을 휘둘러왔던 자신을 내려놓고 먼저 마음을 열었더니 처음에는 반신반의하던 아이가 이제는 든든한 아빠 편이 되었다며 미소 지었다.

둘째, 과감한 투자를 해야 한다. 돈이 아니라 시간과 마음을 말이다. '더나음 탈무드 연구소'를 설립한 심정섭은 《질문이 있는 식탁 유대인 교육의 비밀》에서 "아이와 함께할 수 있는 절대 시간을 확보하라. 가족을 위해 시간의 적금을 들어라"라고 강조한다. 바쁘다고 독서모임을 미루거나 건성건성 숙제처럼 해치우려는 마음은 잠시 접어두자. 아이는 부모의 진심을 금방 눈치챈다. 진심으로 모임 시간을 기다리고, 모임을 할 때는 세상에 가족만 있다고 생각하고 집중하자. 서로 등지며 시선을 피하던 아이와 마주보며 관계를 쌓아나갈 수 있을 것이다. 바쁘기만 했던 아빠가 아들과 인문고전 독서를 시작하면서 함께 진로를 고민할 정도로 가까워지고, 반항기로 똘똘 뭉쳐 있던 딸이 엄마에게 말을 걸기 시작하는 것을 독서모임에 참석한 선배님들을 통해 지켜보았다.

셋째, 다른 곳에서 열리는 독서모임에 참여해본다. 아이들 마음에 불을 댕긴다는 마음으로 가볍게 참석해보자. 어른들 독서모임이라도 괜찮다. 토론의 열기와 책에 대한 열정을 몸소 체험해보는 것으로 첫걸음을 떼어본다. 당장 움직임이 느껴지지 않아도 조급해하지 말자. 아이는 이미 또 다른 세상에 귀를 기울이고 서서히 물들어가는 중일 것이다.

　일단 독서모임을 시작했다면 어떻게 운영하고 유지하면 될까? 가족회의를 통해 요일과 시간을 정해 규칙적으로 운영한다. 금요일 저녁도 좋고 주말 아침도 괜찮다. 읽을 책은 아이와 함께 미리 정해 규칙적으로 운영한다. 특별한 경우가 아니라면 가족 모두 이 시간을 최우선으로 놓아야 한다. 시험 기간이라고 연휴라고 건너뛰거나 소홀히 하면 자리를 잡기 어렵다.

　함께 읽을 책은 가족의 의견을 반영하여 정하고, 읽으면서 정리한 내용을 이야기한다. 호칭은 '선배님'을 사용하는 것도 좋다. 아이는 자신이 존중받는다고 느끼며 자부심을 가지고 참여할 것이다. 한없이 어린아이로만 여겼던 내 아이가 영글어 있는 면을 발견하게 될 것이다. 또한 속마음을 들여다보며 깊은 유대감을 맺을 수 있게 될 것이다. 동생 돌보는 것이 얼마나 힘든 일인지, 강아지의 죽음으로 상실감이 얼마나 컸는지, 친한 친구와 해결하지 못한 갈등 때문에 체험학습에 얼마나 가기 싫었는지 알게 될 것이다. 마찬가지로 아이 또한 부모의 이야기를 들으며 부모를 폭넓게 이해하게 될 것이다.

　아이는 깜짝할 새에 자란다. 우물쭈물하다가는 아이와 교감할 중요한 시기를 놓쳐버릴지 모른다. 완벽하지 않아도 좋고, 모임이 잘 안 되어도 괜찮다. 좌충우돌하는 것은 당연하다. 궁극적인 목적은 책을 많이 읽히는 것이 아니라 아이가 잘 자라고 가족이 더 큰 행복을 누리는 데 있다. 일단 발을 들여놓고 시작해보자.

3^부

아이의 재능과
적성을 발견하는
한끝 독서법

창의력, 비판적 사고력, 의사소통 능력, 협업 능력은 자신의 재능을 발전시키고
삶을 즐겁게 영위하기 위해 필요한 기술들이다.
창의력은 세상을 좀 더 재미있고 풍요롭게 살 수 있도록 하는 원동력이고,
비판적 사고력은 삶을 당당하고 주체적으로 살기 위해 필요하다.
의사소통 능력은 관계 형성에 중요한 역할을 하고,
협업 능력은 인생이라는 장거리를 뛰면서 지치지 않고 열매를 일궈내는 데 필요하다.
책은 이런 기술들을 익히기 위한 길잡이가 되어주고, 올곧은 가치관과 따뜻한 심성을 갖춘
빛나는 사람으로 거듭나는 데 조언을 아끼지 않는 평생 친구가 되어줄 것이다.

1장

❈

책은
자신을
찾아가는 지도

나만의 씨앗을 발견하다

'대기업 입사', '공무원', '선생님'.

외부 강사가 진행한 5학년 비전교육 활동 중 '꿈 꼬마 장승' 안에 써넣은 직업이었다. 좀 더 구체적인 내용이 담기면 좋을 것 같아 물었다.

"어떤 분야에서 일하고 싶니?"

아이는 단 일 초도 망설이지 않고 답했다.

"그냥 대기업이면 돼요. 월급 많이 주잖아요."

다른 아이도 그냥 공무원이면 다 된다고 했다. 뭔가 불편한 감정이 스멀스멀 올라왔다. 이 아이들에게는 단순히 직업 종류를 알려주고 희망 직업을 선택하게 하는 진로교육은 무의미했다. 삶의 나침반이 되어줄 비전을 찾는 것이 시급했다.

'꿈=직업'이라는 단순한 논리를 가지고 있던 아이들이 나만의 씨앗을 발견하기 위해 진지하게 자신을 들여다보기 시작했다.

1장 책은 자신을 찾아가는 지도

■■■ 책으로 비전을 세우다

32개. 우리 반 아이들이 알고 있는 직업의 개수였다. 그나마도 서로 의견을 합쳐 30개가 겨우 넘은 것이다. 그중에서도 사회적으로 인정받는 몇 가지 직업 안에서 미래 직업을 선택한다. 대기업 사원, 공무원, 교사, 판검사는 단골로 등장하고 유행에 따라 직업이 수시로 바뀌기도 한다. 메디컬 드라마가 유행일 때는 의사. 월드컵 열풍이 휩쓸고 지나가면 남자아이들의 절반 이상이 미래의 축구선수를 자처하고 나선다. 한껏 동경의 대상이 되는 연예인도 빼놓을 수 없다.

자신의 미래 직업은 여러 번 바뀔 수도 있고 여러 개를 동시에 가질 수도 있다. 문제는 자신이 하고 싶은 일에 대한 진지한 고민이 없다는 것이다. 그 일을 하려는 이유와 이루기 위한 과정을 정확히 모른 채 화려한 겉모습만 보고 결정하는 것이다.

"선생님은 10년 후에 뭐 하고 있을 것 같니?"

아이들은 시큰둥하게 당연히 '선생님'이라고 답한다.

대답 대신 나의 사명을 낭독한다.

이 땅의 모든 어린이들이

체계적인 교육을 통해

다음 세대의 리더로 성장할 수 있도록

교육적 기회를 제공하는 일에 헌신한다.

3P 교육을 받을 때 용현중 코치님의 도움을 받아 인생의 큰 방향을 정리

했다. 교직 생활 10년을 훌쩍 넘겨서야 말이다.

사명을 실현하기 위한 다양한 방법이 있다는 것도 알게 되었다.

"선생님의 사명을 이루기 위해서는 해외에서 아이들을 가르칠 수도 있고, 해외 도서관 설립하는 프로젝트를 추진할 수도 있단다."

이제는 아이들의 비전을 찾을 차례다. 자신을 탐색하기 위해 먼저 '나의 삶 그래프'를 통해 학교생활과 가정생활을 돌아보았다. 가장 행복했던 순간과 가장 불행했던 순간을 그래프로 표현하여 자신의 삶을 찬찬히 들여다보았다.

일화를 들려준 후 아이들은 좋아하는 것, 잘하는 것, 장점을 찾았다. 요리하기, 애완동물 돌보기, 디자인, 동영상 제작, 인체 관찰, 캘리그래피, 우리 반 우유 배달, 친구 격려하기, 고민을 잘 들어주기 등 다양한 내용이 나왔다.

다음으로는 아이들의 관심사와 장점을 비전과 연결시켜보았다. 제인 구달 박사는 어릴 적 동물에도 마음이 있다는 것을 깨달았다. 이 깨달음이 침팬지에 대한 관심과 사랑으로 이어졌고 결국 영향력 있는 동물학자, 환경운동가로 자리매김할 수 있었다.

그녀는 어릴 때《둘리틀 박사》시리즈를 읽으며 아프리카에서의 삶을 꿈꾸게 되었고, 동물을 좋아

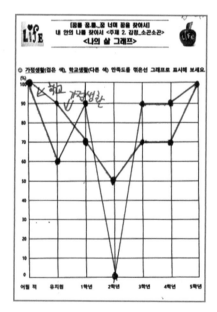

하는 친구들을 모아 '악어클럽'을 만들어 활동했을 정도로 동물에 대한 사랑이 지극했다.

수석교사 이인희 선생님의 '보물찾기' 교육에서 배운 방법을 활용하여 장점, 잘하는 것 중 2~3개를 골라 꿈과 연결하여 비전 선언문을 완성했다.

나 홍정연은

요리 실력, 동물에 대한 높은 관심, 디자인 능력을 꾸준히 길러

소외된 동물들에게

따뜻한 보금자리를 제공하고 맛있는 음식을 만들어주는

동물보호에 앞장서는 사람이 된다.

이정표가 생긴 아이는 동물 관련 유튜브 동영상을 찾아보고, 전 세계 멸종동물에 관심을 보이며 자료를 수집하기 시작했다.

《닉 부이치치의 허그》,《닉 부이치치의 점프》를 통해 사지 없이 태어난 닉 아저씨가 거듭되는 좌절로 자살까지 시도했지만 동기부여 전문가로 거듭난 것을 알게 되었다. 지체장애인들을 위한 기관인 '사지 없는 인생Life Without Limbs' 대표로 활동하며 많은 사람을 일으켜 세우는 부분에서는 아낌없는 박수를 보냈다. 닉 아저씨의 삶이 달라진 것은 '다른 사람에게 영감을

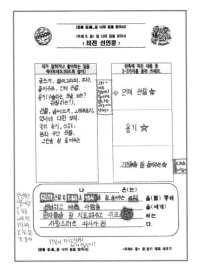

주는 사람이 된다'는 사명을 품은 후였다.

비전을 향해 나아가는 동안 내가 가는 길이 맞는지 의심하며 자신감을 잃어버릴 때도 있고, 시련을 만나 세차게 흔들릴 때도 있다. 그럼에도 불구하고 중요한 것은 삶의 지향점을 고민하며 꿈의 씨앗을 틔우기 시작했다는 점이다. 꿈이라는 것은 신기하게도 의지와 소망을 담으면 생명력을 얻어 꿈틀거리며 진화하기 시작한다. 여러 번 바뀌어도 그 꿈들은 서로 연결되어 또 다른 꿈을 만들어나간다. 아이들이 열어갈 또 다른 세상의 창이 궁금해진다.

독서코칭 6 미래 명함 만들기

미래의 나 소개하기

① 다양한 종류의 명함을 보여준다.
② 직업은 여러 가지를 동시에 가질 수도 있음을 알려주고, 직업 자체보다 어떤 사람이 될 것인지를 고민해서 적는다.
③ 실제 명함 크기로 하면 작으므로 A5 사이즈로 크게 제작한다.
④ 명함을 보여주며 미래의 자신을 소개하는 시간을 갖는다.

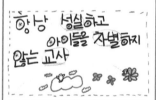

■ ■ ■ 재능을 조합하여 온리 원 only one 이 되라

스케이트를 배우기 위해 빙상장에 체험학습 갔을 때였다. 다리가 아파 친구들이 타는 모습을 구경만 하는 아이가 안타까워 카메라를 건넸다.

"찍고 싶은 장면 마음껏 찍어봐. 사진작가의 재능을 발견하게 될 수도 있잖아?"

아이는 머리를 긁적이며 답했다.

"저는 유치원 선생님이 될 거예요. 사진작가 안 될 거예요."

생각이 많아졌다. 자신이 미래에 하게 될 일을 한 가지로 한정 지으며 그것과 관련 없는 역량은 기를 필요가 없다고 생각하는 아이들을 많이 봤기 때문이다. 인지 코칭강사 정선주는《학력파괴자들》에서 남이 하지 않는 공부와 내가 하고 싶은 공부를 조합하여 온리 원 only one 이 되라고 했다. '그래, 취미와 관심 분야를 엮어 자신만의 조합을 만들어보자.' 탁월함을 갖춰 자신만의 영역을 구축하는 것이다.

로봇과학자 데니스 홍은 아이들에게 좋은 롤모델이 되어주었다. 그는 TED 강연 '당신의 꿈을 따라가라'에서 자신의 또 다른 꿈을 공개했다. 마술사, 요리사, 테마파크와 롤러코스터 설계사였다. 테마파크 놀이기구를 설계하고 로봇과 함께 요리하는 사진을 보자 아이들의 탄성이 이어졌다.

아이들에게 관심 분야와 하고 싶은 일을 연결하여 조합해보도록 했다. 세상에 하나뿐인 요리를 사진에 담아내는 셰프, 전 세계를 돌아다니며 빵 굽는 기술을 전수하는 여행작가, 탁월한 영상 제작으로 한국 문화의 우수성을 알리는 역사학자 등 갖가지 꿈의 조합이 탄생했다.

스티브 도나휴의《인생을 건너는 여섯 가지 방법》에는 독특한 능력을 지닌 대모 거북이 나온다. 아무도 먹이로 삼지 않는 해면을 먹고 소화시킬 수 있는 능력 덕분에 먹이 경쟁을 하지 않아도 되고, 해면이 가진 독성의 도움으로 포식자로부터 자신을 지켜낼 수 있다. 이처럼 나만의 독특함을 가지면 다른 사람을 짓밟고 오를 필요 없이 당당히 빛날 수 있다. 다른 사람들과 똑같은 길을 걸으며 치열한 경쟁 속에서 상처투성이가 되는 것보다 나만의 영역에서 자유롭게 헤엄치며 '세상에 하나뿐인 나'를 만들어가는 것은 분명 멋진 일이다.

멘토를 통해 자신의 경계를 넓혀라

"인생의 발자국 눈 덮인 들판을 걸어갈 때 발걸음 하나라도 어지럽히지 마라. 오늘 내가 가는 이 길은 뒷사람의 이정표가 될 것이기에."

김구 선생님 말씀을 아이들과 함께 음미해보면서 발자국을 따라 걷고 싶을 정도로 존경하는 인물이 있는지 물었다. 링컨, 세종대왕, 스티브 잡스, 제인 구달, 빌 게이츠, 링컨 등 그냥 유명한 사람을 나열할 뿐이었고 진정 어떤 점을 닮고 싶은지는 선뜻 이야기하지 못했다.

닮고 싶은 롤모델이 있다는 것은 중요하다. 멘토의 삶을 통해 인생의 다양한 모습을 구체적으로 상상할 수 있기 때문이다. 멘토의 생각, 판단, 결정을 보며 올바른 가치관, 의사 결정 방법, 역경을 극복하는 태도 등을 배울 수도 있다.

나의 멘토는 이인희 선생님이다. '교실놀이'와 '놀샘 초등 셀프리더십' 프로그램을 만들어 '교실 행복 씨앗'을 전국으로 퍼트리고 계신 분이다. 힘든 일이 있을 때 의논드리고 교육에 대한 고민을 나눌 수 있는 든든한 인생 선배다. 아이들에게 실컷 이인희 선생님 자랑을 하고 나면 어느새 아이들 눈에 부러움이 깃든다. 아이들 주변에 열렬히 닮고 싶은 사람이 없다는 사실이 마음에 걸렸다. 책 속 멘토 외에 주변에서 만날 수 있는 살아 있는 멘토를 만나게 해주고 싶었다.

■■■ 대한민국 자기경영대상 페스티벌에 참석하다

대한민국 자기경영대상 페스티벌은 3P자기경영연구소에서 일 년에 한 번씩 여는 행사다. 3P 바인더를 통해 자신의 성장뿐 아니라 공동체 발전에 긍정적인 영향을 준 사람들이 참가하는 의미 있는 자리다. 한마디로 영향력 있는 멘토들의 집합소인 것이다.

페스티벌은 변화와 성장 사례 결과물인 바인더를 코너별로 전시하고, 참가자가 그 내용을 설명하는 형식으로 이루어진다. 우리 반도 일 년 동안 빼곡하게 채워온 바인더를 준비하여 참석했다. 본깨적 독서, 《논어》읽기, 다양한 프로젝트를 통해 일궈온 열매였다. 3P자기경영연구소 강규형 대표님은 미래의 보배들이 왔다며 따뜻하게 맞아주셨다. 아이들의 독서와 수업 결과물을 찬찬히 살펴보시며 엄지를 세워 칭찬을 아끼지 않으셨고, 아이들의 질문에 친절하게 설명해주셨다.

팀을 짜서 돌아가면서 설명을 하고, 나머지는 페스티벌 현장을 누비고 다녔다. 대학생 선배들의 꿈을 향한 열정에 물들고, 중년에 접어든 선배님들의 통쾌한 인생역전 스토리에 홀딱 빠져 몇 번이고 청해 들었다. 안산 경안고등학교 선배들의 LSP 토요학교와 독서모임 성과를 눈으로 확인하며 감탄을 쏟아냈다. 무엇보다 친구의 성장을 도우면서도 자신의 진로를 개척하는 것이 가능하다는 사실에 긍정적인 자극을 받았다. 다람쥐마냥 재빠르게 움직이며 개성 넘치는 명함을 모으는 데 열을 올리고, 다양한 바인더 활용 사례에 눈이 휘둥그레져서 끊임없이 질문을 쏟아냈다. 특히 4학년 후배의 학습 정리 바인더를 보며 바인더 정리에 대한 마음가짐을 새롭게 했다.

놀라움의 연속이었다. 참가자 한 명 한 명이 아이들에게는 훌륭한 멘토였다. 발이 닳도록 돌아다니며 멘토들의 인생이 집약된 바인더에서 삶의 다양성과 인생 고민의 흔적들을 엿보았다.

인생 멘토들과의 짧지만 강렬했던 만남은 아이들을 바꿔놓았다. 자기를 표현하는 멋진 문구를 지어야겠다며 비전을 다시 고민하는 아이, 자신의 역사를 차곡차곡 기록해야겠다며 바인더 정리에 열을 올리는 아이, 자신의 진로에 대해 묵직한 진지함을 드러내는 아이, 독서에 대한 열정에 불을 지핀 아이가 생겨났다. 이날 심어진 씨앗이 어떻게 자랄지 기대된다.

■■■ 세계를 배움터로 삼은 인생 선배를 만나다

매년 다른 청소년들로 구성되어 세계를 탐험하는 국제학교 무한상상팀이 있다. 독서포럼나비에 참석하는 선배님의 두 아들이 이 팀의 일원으로 세계여행을 떠났다는 이야기를 들었다. 아이들에게 《세계가 교실 세상이 교과서》에 실린 세계를 무대로 펼쳐지는 좌충우돌 모험담을 읽어주고, 가끔 들려오는 여행 소식을 부지런히 전했다. 부러움 반 호기심 반이 들어찬 눈으로 이것저것 질문하는 아이들을 보며 고등학생 선배들을 초청하고 싶다는 열망이 생겼다.

무한상상팀에 참여한 두 인생 선배의 따끈따끈한 경험담이 아이들의 시야를 트여줄 것이라는 확신이 있었다. 인생의 큰 업적을 이룬 위인이나 유명인에게만 배울 점이 있는 것이 아니다. 평범하지만 조금 다른 길을 걸은 선배들에게도 얼마든지 배울 수 있다.

드디어 만남의 날. 도전정신과 개척정신을 배울 수 있는 좋은 기회였다. 고등학생이 세계 일주를 했다는 사실만으로도 대단한데, 끊임없이 이어지는 흡입력 있는 이야기는 아이들을 뒤흔들어 놓기에 충분했다. 달을 닮은 칠레 아타카마 사막 이야기를 들을 때는 눈에 그리듯 상상의 나래를 펼쳤고, 20시간이 넘게 버스로 남미 국경을 넘으면서 체력의 한계를 느꼈다고 할 때는 제 몸이 힘든 것처럼 얼굴을 찌푸렸다. 2박 3일 동안 히치하이킹만으로 오스트리아에서 스위스까지 국경을 넘어 이동했다는 대목에서는 여기저기서 탄성이 절로 쏟아졌다. 로빈슨 크루소처럼 무인도에서 맨밥과 된장만으로 며칠을 버텼다고 하자 쉴 새 없이 쏟아지는 질문에 진행이 안될 정도였다. 인도 테레사 수녀원과 캄보디아 밥퍼의 봉사활동 사진을 보면서, 자신들이 남이섬에서 했던 '세계 어린이 살리기 캠페인' 활동에 대한 자랑을 늘어놓았다. 강의를 마친 후에도 뒤를 졸졸 따라다니며 선배들을 놓아주지 않았다.

"민서 선배님, 정말 무인도에서 버틸 수 있어요?"

"준서 선배님, 같이 사진 찍어요."

드넓은 세상을 엿보며 자신들이 누비고 다닐 세상이 얼마나 큰지 깨달았다. 선배들의 도전정신이 아이들에게 그대로 스며들어 세계를 마음에 품게 되었다. 누군가 세워둔 이정표를 따라 한 걸음씩 내딛는 것은 행복한 일이다. 아이들이 이 만남을 통해 인생 선배의 어깨에 앉아 더 넓은 세상을 바라보고 성장하기를 바란다. 훌륭한 사람들의 발자국을 따라 걷던 아이들이 성장하여 누군가의 등대가 되는 가치 있는 길을 걸어가기를.

꿈을 적고, 보고, 그리다

'남아프리카공화국 넬슨 만델라 대통령 만나기.'

나의 꿈 목록에 적혀 있다가 만델라 대통령이 서거하면서 이루지 못한 안타까운 꿈이다. 이뤄진 꿈, 이루지 못할 꿈, 이룰 꿈들로 가득한 나의 꿈 목록을 아이들에게 읽어준다. 생뚱맞아 보이는 것도 있고, 너무나 시시콜콜해서 꿈이라는 거창한 이름을 달기 민망한 것도 있지만 정신없는 일상 속에서도 인생 방향을 점검하게 해주는 소중한 목록이다.

아이들에게 20대부터 80대까지 간단하게 인생 계획을 세워보라고 한 적이 있었다. 일 년 후의 계획도 세우기 어려운데 먼 미래 계획을 세우라니 무척 난감해했다. 반면에 꿈 목록을 적어보라고 하니 신나게 적는다. 꼭 이뤄야 한다는 부담 없이 일단 하고 싶은 것을 다 적으면 되니까. 하나씩 목록을 늘려가는 재미가 쏠쏠한 모양이다.

꿈 목록까지 작성했다면 본격적으로 꿈을 향해 달려야 한다. 달리기 전 운동화 끈을 힘차게 동여매듯 내 앞에 닥칠 고난과 역경을 뛰어넘을 수 있도록 마음을 단단히 먹어야 한다.

■■■ 꿈 목록으로 미래의 나와 함께 걷기

"진짜 달에 다녀왔어요?"

"독사에서 독을 어떻게 빼요?"

"진짜 비행기 조종할 줄 알아요?"

아이들은 설마 이걸 다 했을까 하는 표정으로 일일이 확인을 했다. '그렇다'는 대답을 들어도 의심의 눈초리를 거두지 않았다. 《존 아저씨의 꿈의 목록》에 나오는 127개의 꿈 목록을 믿기지 않는 표정으로 읽고 또 읽었다. 존 아저씨가 열다섯 살에 작성했다는 것도 놀라운데 그걸 다 이뤘다니 믿기지 않을 만도 했다.

고작 12년 동안 보고 듣고 경험한 것으로 자신을 좁은 틀에 가두고 그 크기에 맞춰 꿈을 한정 지어버리는 것이 안타까워 보여준 목록이었다. "네 꿈은 뭐니?"라는 애매한 질문 대신 '무엇을 하고 싶은지', '어떤 사람이 되고 싶은지' 세분하여 생각하면 좀 더 수월하게 꿈을 그리지 않을까 하는 간절한 마음이 있었다.

존 아저씨처럼 꿈 목록을 작성해보기로 했다. 《성과를 지배하는 바인더의 힘》에 나오는 강규형 대표님의 꿈 리스트 분류 항목을 적용했다. '하고 싶은 일, 가보고 싶은 곳, 갖고 싶은 것, 되고 싶은 모습, 나누어 주고 싶은 것' 5가지로 분류한 양식지를 나눠주고 적어보라고 했다.

또 질문 세례가 시작된다.

"백만장자 되는 것 써도 돼요?"

"선생님, 얘가 말도 안 되는 것 썼어요. 시간 여행자가 된대요. 그런 건 안 되죠?"

다른 아이들의 꿈을 함부로 판단하기도 하고, 꿈이 이뤄지지 않을 것 같다는 의심을 먼저 한다. 이때 미리 준비해둔《Time Power 잠들어 있는 시간을 깨워라》를 펼쳐 동기부여 전문가 브라이언 트레이시가 했던 한마디를 쓱 던진다.

"어떤 한계도 없다고 생각하고 마음껏 써라. 시간, 돈, 재능, 인간관계, 소질, 능력이 무한대라고 생각하라."

그제야 봉인이 해제된 듯 눈을 반짝이며 적극적으로 생각을 쏟아내기 시작한다.

'하고 싶은 일'에는 '이 세상 음료수 종류별로 다 마셔보기, 새로운 별에 내 이름 붙이기, 인공지능 학교 만들기, 스카이다이빙, 무중력 체험, 인류 최초로 태양 방문, 동물의 마음을 읽는 법과 성격 좋아지는 법 배우기' 등을 썼다. '가보고 싶은 곳'은 'LA다저스 홈구장, 폴란드 유대인 수용소, 북극' 등을 썼고, '갖고 싶은 것'은 '우주선, 영원한 목숨' 등을 썼다. '되고 싶은 모습'은 '다른 사람을 이해하는 사람, 당당한 사람, 부지런히 실천하는 사람' 등을, '나누어 주고 싶은 것'은 '내가 번 돈, 나의 그림, 동영상 제작 방법' 등을 썼다. 아이들의 가치관과 미래의 모습을 엿볼 수 있는 항목이 많았다.

자주 들여다보고 꿈을 실천할 수 있도록 바인더 맨 앞에 끼워놓았다. 당장 이루고 싶은 꿈을 몇 가지 골라 책상에 붙여놓는 아이, 바로 다음 날 한 가지를 실천하고 온 열정 넘치는 아이 등, 각자 다른 방식으로 꿈 목록에 대한 애착을 보였다.

목록을 작성하는 과정을 통해 자신이 추구하는 가치관, 인생의 방향을 살펴보게 되었다. 과거의 행동들이 오늘의 나를 만들었듯 매 순간의 결정과 실천이 모여 미래의 나를 만들어간다. 아이들이 꿈 목록을 통해 스무 살, 쉰 살, 백 살의 자신과 함께 걷기를, 미래가 언제나 현재진행형이기를 꿈꾸어본다.

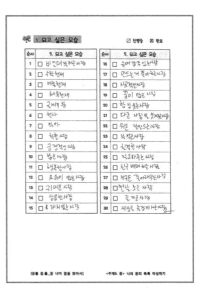

■■■ 노력과 인내를 건너뛴 열매는 없다

들고 있던 물건을 등 뒤로 숨기면서 어디로 갔는지 묻는다. "에이! 선생님이 뒤에 숨기셨잖아요." 시시하다는 듯 답한다.

"그런데 아기들은 물건이 눈앞에서 사라지면 정말 없어진 줄 안단다." 말을 이어간다. "너희가 꿈을 대하는 태도가 아기와 같다는 생각이 들어. 꿈을 이룬 후의 눈에 보이는 화려한 성공만 보려 하고, 그 뒤에 숨겨진 인고의 과정은 보지 못하잖니."

아이들은 가시밭길을 맞닥뜨리는 순간 너무나도 쉽게 품고 있던 꿈을 냅다 내팽개쳐버린다. 결실을 맺기 위해 필요한 인내의 시간을 견뎌내지 못하는 것이다. 생명공학자가 되기 위해 수학 실력을 키우고 싶지만 어려운 문제를 만나면 다른 사람에게 물어보거나 답지를 들춰보는 간단한 방법을 택한다. 소설가를 꿈꾸지만 독서와 글쓰기를 귀찮아하고, 영어 실력이 빨리 늘지 않는다고 외교관의 꿈을 금세 포기해버린다.

다른 사람은 모두 일사천리로 꿈을 이루는 것 같은데 자신은 뜻대로 되지 않는다고 조바심을 낸다. 원하는 것을 얻기 위해서는 고통을 감내해야 한다는 사실을 깨달아야 한다. 끈기와 열정, 강인함, 성실함, 강한 실행력을 마음속에 장착해야 한다.

책은 일일이 물어보기 힘든 다른 사람의 인생을 펼쳐 보여준다. 린다 수 박의 《사금파리 한 조각》은 주인공의 도전과 실패, 좌절과 극복 과정을 잘 보여주는 책이다. 불가능하다 여겼던 도공의 꿈을 이뤄낸 고아인 목이의 인생을 따라 삶의 태도를 배워갔다.

도공이 되기 위해 진흙을 퍼 오는 힘든 일을 보람차게 해내는 목이의 인내와 열정에 감화되었다. 심혈을 기울여 도자기를 만드는 민 영감님의 장인 정신을 본받아 자신의 일에 최선을 다하려는 마음을 다졌다. 왕실의 주문을 받기 위해 민 영감님이 만든 꽃병을 왕실에 전달하러 가던 중 강도를 만나 매병이 깨져버린다. 목이는 포기하지 않고 깨진 사금파리 한 조각을 들고 가 결국 왕실의 주문을 받게 되고, 목이는 간절히 바라던 도공의 꿈을 이룬다. 아이들은 꿈을 이룬 목이를 흐뭇하게 바라보며 인내와 노력의 진정한 '가치'와 '필요성'을 깨달았다.

꿈을 향해 나아가는 동안 겪게 될 고통과 좌절을 여정의 일부로 받아들이고, 고난을 이겨내고야 말겠다는 굳은 의지가 필요하다. 장석주 시인의 시 〈대추 한 알〉 속 구절이 떠오른다.

저게 저절로 붉어질 리는 없다
저 안에 태풍 몇 개
저 안에 천둥 몇 개
저 안에 벼락 몇 개

2장

책이
평생 공부 습관을
만든다

지식의 확장도 책에서부터

《4차원 교육 4차원 미래역량》에서 미국 교육과정재설계센터 Center for Curriculum Redesign, CCR는 지금까지 배워온 전통적 지식 외에 실질적 삶을 살아가면서 필요한 지식을 익혀야 한다고 강조한다. 지식의 유효기간은 점점 짧아지고 있으며, 빠르게 변하는 세상에 적응하려면 끊임없이 새로운 것을 습득해야 한다. 배움은 평생 지속되어야 하는 것이다.

우리 삶의 중요한 문제지만 교육과정에서 깊게 다루지 않는 먹거리를 건강 및 환경 문제와 연결시켜 수업을 진행해보았다. 이를 통해 새로운 정보를 열린 마음으로 받아들이는 능력과 개인의 건강 문제를 사회적 맥락에서 바라보는 눈을 기르고자 했다.

■■■ 우리 아이들의 건강은 무사할까

아이들은 어린이날 이후 은근한 긴장감 속에 하루하루를 보낸다. 바로 체격검사와 체력검사가 기다리고 있기 때문이다. 체격검사 날이 되면 시끌벅적하다. 외모에 부쩍 관심이 높아진 여자아이들은 전날 굶었다는 둥, 살이 더 쪘을 거라는 둥 잔뜩 걱정하며 체중계에 올라섰다가 절망하며 내려온다. 매년 과체중, 중증도비만, 고도비만 비율이 늘고 있다. 뚱뚱한 체형 때문에 극도의 스트레스에 시달리는 아이들도 많다. 고도비만 결과를 받은 아이는 의기소침한 채로 며칠 동안 급식을 반으로 줄여보지만 몸무게가 쉽게 줄지 않아 좌절한다.

체력도 현저하게 떨어졌다. 체력검사 측정 결과를 1~5급으로 구분하는데 4, 5급이 매년 눈에 띄게 증가하고 있다. 선생님들은 비상사태에 돌입하여 체력증진 프로그램을 개설하고 이 아이들에게 지속적인 도움을 주기 위해 노력하지만 운동량이 늘어도 눈에 띄는 효과가 없는 경우가 많다.

아이들 생활을 관찰해보니 운동 부족뿐 아니라 식생활 습관도 문제라는 생각이 들었다. 학교를 마치고 학원 시간 중간에 떡볶이나 편의점 컵라면으로 허기를 달랜다. 마땅히 먹을 게 없거나 입맛이 없다는 이유로 일주일에 3~4번 라면으로 끼니를 때운다. 치킨, 피자 같은 야식을 자주 즐기고, 주말이면 친구들과 시내에 나가 길거리 음식 투어를 하며 폭식을 한다. 체험학습 날에는 반나절 만에 해치우는 음식이 도시락 외에도 과자 서너 봉지, 탄산음료, 캐러멜, 초콜릿 등 어마어마하다.

이렇듯 기름이 도는 고소한 음식, 달콤한 음식, 자극적인 먹거리에 익숙해지다 보니 상대적으로 거칠고 소박한 음식은 외면받기 일쑤다. 편식이 심하니 급식 시간에 골고루 먹게 해달라고 간곡하게 부탁하는 학부모들이 점점 늘어간다. 채소를 먹여보려고 무진장 애를 썼던 때가 있었다. 급식 시간마다 007 작전이 펼쳐졌다. 방울토마토를 일부러 국에 떨어뜨려 못 먹겠다며 울상 짓고, 잽싸게 시금치나물을 바닥에 버리고 딴청을 부린다. 오이무침이 나왔을 때는 토할 것 같다며 당장에라도 쓰러질 것 같은 표정으로 닭똥 같은 눈물을 뚝뚝 흘리기도 한다. 닭갈비가 나왔을 때는 닭고기만 예술적으로 싹 골라 먹고 당근은 고스란히 남겨 와서는 배불러서 더 이상은 아무것도 못 먹겠다고 떼를 쓴다. 아이들 거짓말이 늘어가는 것이 안타까워 다 먹으라는 말 대신 '하나만 먹기'를 실천하고 있다.

비만이 되면 성인병을 포함한 각종 질병에 걸릴 확률이 높아진다. 질병에 걸리는 나이도 점점 앞당겨지고 있다. 한참 활기차게 일할 젊은 사람들이 질병 치료에 쏟는 돈과 시간은 개인 차원을 넘어 의료 및 복지비용이 늘어나는 사회문제를 만들어내고 있다.

아이들은 이렇게 애타는 상황도 모르고 싱글거리며 말한다.

"괜찮아요. 이 살들이 다 키로 간다고 했어요."

성장기에 잘 먹는 것이 중요하지만 고칼로리에 인스턴트식품으로 찐 살들이 과연 키로 갈지 의문이다. 바른 식생활 습관을 기르는 것은 너무나 높은 산처럼 느껴졌다. 채소를 먹는다고 당장 건강해지는 것도 아니고 패스트푸드를 즐겨 먹는다고 당장 몸이 아픈 것도 아니므로 아이들이 개선 의지를 보이지 않는 것은 당연한 일이었다. 그렇다면 먹거리에 대한 지식을 습득하여 생각이 변하면 식습관을 바로잡기 위해 노력을 기울일 거라는 기대감이 생겼다.

■■■ 아는 만큼 건강해진다

의외로 음식에 대해 잘 모르거나 잘못된 정보를 가지고 있는 경우가 많다. 많은 사람들이 먹고 있으면 막연히 '먹어도 괜찮다'고 생각하는 게 일반적이다. 우리가 흔히 먹는 음식에 들어 있는 성분을 탐구하면서 어떤 음식이 우리 건강을 해칠 수 있는지 알아보았다.

먼저 '당'을 화두에 올렸다. 당 줄이기 캠페인이 벌어질 정도로 당 섭취량이 늘었고, 달콤함으로 유혹하는 먹거리는 손쉽게 사 먹을 수 있다.

"설탕을 직접 먹은 적이 없는데 도대체 어디서 섭취하는 걸까?"

탄산음료, 초콜릿, 사탕, 과자에 설탕이 들어간다는 것은 어렵지 않게 찾아냈지만 피자, 치킨에 설탕이 들어간다는 사실은 도저히 납득할 수 없다는 표정을 지었다. 《아이의 식생활》에서 제시된 자료에 따르면 100그램당 단맛의 정도를 각설탕의 개수로 비교해보았을 때 과자는 8개, 양념 치킨은 11개, 소시지는 2개 반, 피자는 9개에 해당하는 단맛이 숨어 있다. 게다가 흰 우유에도 설탕이 들어 있다는 사실은 큰 반전이었다. 더운 날이면 탄산음료와 스포츠음료를 1~2병은 거뜬히 마시던 아이들이 스스로 학교에서는 물만 마시겠다는 제안을 했고, 일 년 동안 잘 지켰다.

다음으로는 식품첨가물을 도마 위에 올렸다. 식품첨가물에 대한 각성은 큰 폭풍을 몰고 왔다. 식품첨가물 개념조차 모르고 있다가 대형 패스트푸드 햄버거에 60가지가 넘는 첨가물이 있다는 사실에 입을 다물지 못했다. 아베 쓰카사의 《인간이 만든 위대한 속임수 식품첨가물》을 살펴보며 자신이 즐겨 먹는 음식에 들어간 식품첨가물을 살펴보았다. 컵라면의 화학조미료, 인산염, 단백가수분해물, 증점제, 유화제, 산미료 등과, 삼각김밥의 화학조미료, 글리신, 증점제, 감초, 스테비아 등 첨가물을 확인하며 얼굴이 점점 일그러졌다.

집에서 먹은 과자나 라면 봉지, 음료수 병을 가져와서 뒷면에 표기된 외계어 같은 첨가물을 살펴보았다. 자주 눈에 띄는 것들이 있었다. 식품 보존성을 높여주는 PH 조정제인 구연산이나 구연산나트륨, 식품의 유통기간을 늘려주는 보존료 소르빈산칼륨, 식품에 감칠맛을 더해주는 화학조미료인 L-글루타민산나트륨 등이었다.

자주 등장하는 치자황색소와 카라기난에 대해 궁금해하길래 안병수의 《과자, 내 아이를 해치는 달콤한 유혹》에서 해당 글을 발췌하여 함께 읽었다. 치자황색소는 치자 열매에서 추출하여 얻는 천연색소이지만 치자 열매는 먹을 수 있는 과실이 아니라고 한다. 일본 〈식품첨가물 평가 일람〉에는 위험 등급 3급으로 분류되어 있는 물질로, 오랜 기간 섭취할 경우 장애가 생길 수 있다는 것을 알게 되었다. 카라기난은 우유의 점성을 높여주어 코코아 가루 같은 고형분의 침전을 막는 역할을 한다. 이 또한 일본 〈식품첨가물 평가 일람〉에서 위험 등급 4급에 올라가 있는 물질이라는 것을 알고 경악을 금치 못했다.

열띤 토론이 벌어졌다.

"첨가물을 장기적으로 섭취했을 때 과연 안전할까?"

"안전하지 않다면 왜 시중에서 첨가물이 들어간 식품이 팔리고 있는 것일까?"

"첨가물이 있는 여러 음식을 동시에 먹었을 때는 어떻게 될까?"

배운 내용을 집에 가서 알리기에 바빠졌고, 음식을 먹기 전 습관적으로 포장지 뒷면에 적힌 첨가물 이름을 살피기 시작했다.

한 달이 훌쩍 지나갔다. 아이들은 여전히 과자와 패스트푸드를 좋아하지만 음식을 대하는 관점이 달라지고 선택의 폭이 넓어졌다. '다들 먹으니까 먹어도 괜찮다'라는 막연한 믿음에서 벗어나 '라면이 너무 먹고 싶지만 몸에 나쁘니까 일주일에 한 번만 먹자'라고 판단하고 선택할 수 있게 되었다.

히포크라테스가 "내가 먹는 것이 바로 나"라고 말했듯 매일의 식습관이 건강, 정서, 학업 능률을 결정한다. 올바른 먹거리를 선택하는 힘을 기르고 배운 점을 자신의 식생활에 적용하면서 건강한 삶을 일궈나갈 아이들을 기대해본다.

주도적인 삶을 만드는 메타인지 학습

'숙제를 꼬박꼬박 잘 해 오고, 중요한 물건은 미리 챙겨서 가져오고, 시간 관리를 잘하는 아이.'

물론 이런 아이들이 많지 않지만 공부 습관과 생활 습관이 잘 형성되어 있는 아이들을 살펴보다 공통점을 발견했다. '메타인지'가 다른 아이들보다 발달한 것이다.

심리학자 김경일 교수에 따르면 메타인지는 우리의 생각을 바라보고 있는 또 다른 눈이라고 한다. 자신의 사고 능력을 객관적으로 바라보고, 아는 것과 모르는 것을 구분하고 파악하는 능력인 것이다. 한마디로 문제점을 찾아내고 해결하는 능력이라고 볼 수 있다. 메타인지는 주체적이고 능동적인 삶을 이끌어가는 데 꼭 필요하다.

■ ■ ■ 메타인지 학습이 왜 중요한가

'숙제를 안 해 오는 아이들.'

매일 씨름하는 문제다. 숙제를 못 해 온 이유도 각양각색이다. '학원이 늦게 끝나서', '동생을 돌봐야 해서', '숙제를 까먹어서', '주말에 부모님과 가족 여행을 다녀와서' 등 끝이 없다. 한때는 숙제를 내주지 않고 모두 학교에서 해결하려고 애썼던 적도 있다.

다른 모습도 관찰해보니 숙제가 있고 없고의 문제라기보다 '자기 주도 학습' 능력이 얼마나 되는지가 중요했다. 숙제를 성실하게 잘 해 오고 높은 학업 성취를 이루는 아이들은 '자기 주도 학습' 능력이 높았다.

저학년 때야 부모님이나 선생님이 시키는 대로 숙제를 하고 공부를 곧잘 따라오지만 학년이 올라갈수록 요령을 피우며 은근슬쩍 안 하려는 경향이 강해지기 시작한다. 부모님의 잔소리는 점점 효력이 떨어지고, 숙제와 공부를 하는 대가로 점점 더 큰 외적 보상을 요구한다. 공부와 숙제의 필요성을 못 느끼니 상대적으로 더 재미있는 게임, 놀이, 외모 꾸미기에 빠져든다.

자기주도성이 있는 아이들은 달랐다. 외적 보상이 없더라도 이루고 싶은 것이 있으면 자발적으로 학습 목표를 세우고 시간 계획을 하며 실천해 나갔다. 자연히 학년이 올라갈수록 자기 주도적인 학습 능력 차이에 따른 학습 성취의 차이가 도드라진다.

자기 주도 학습 능력을 결정하는 것 중 하나가 메타인지다.

'소수의 곱셈을 할 때 자릿수를 자꾸 헷갈리네. 자릿수 계산하는 연습을 집중적으로 해야겠어.'

'주말에는 숙제하기 싫어서 안 할 것 같아. 금요일 저녁에 끝내야지.'

'갑자기 외할머니 댁 가느라 숙제를 못 했으니 월요일 아침에 일찍 학교 가서 해야지.'

메타인지가 발달한 아이들은 상황을 분석해 스스로 해결책을 제시한다. 앞으로는 지금까지 존재하지 않았던 정답이 없는 전혀 새로운 문제를 풀어야 할 일이 많아질 것이다. 배웠던 지식과 기술을 다른 분야에 적용하는 능력을 기르는 것이 중요하다. 메타인지가 바로 이러한 역량을 길러줄 수 있다.

■■■ 나를 바라보는 또 다른 눈을 뜨다

수업 중에 메타인지를 기르기 위한 현실적인 방법을 찾아보았다. 첫 번째는 '아는 것과 모르는 것을 구분해서 모르는 것을 집중적으로 학습'하는 것이고, 두 번째는 '서로 가르치기'다.

첫째, 아는 것과 모르는 것을 구분하기 위한 전략을 세웠다. 수학은 단원 시작할 때마다 간단한 개요 마인드맵을 함께 그려 배울 내용의 흐름을 파악했다. 배울 내용을 미리 풀어 와서 수업 시간에는 모둠별로 서로의 풀이 과정과 답을 비교해보고 왜 다른지 설명하면서 서로 배워갔다. 아이들은 선생님이 푸는 대로만 푸는 것이 아니라 나름대로 다양한 방법을 찾았다.

수학 문제를 차분하게 설명해줄 때도 있지만 보통은 모둠을 돌아다니면서 필요한 질문을 던지거나 최소한의 도움만 주는 코칭을 했다. 나머지 부분은 아이들이 채워나갔다. 아이들이 직접 칠판에 나와 풀이 과정을 설명하고 오류가 있으면 함께 바로잡아갔다. 때로는 엉뚱하고 기발한 방법을 선보여 반 전체를 놀라게 하기도 했다. 수업은 자기성찰로 마무리했다. 수업을 되돌아보며 '통분을 자꾸 틀린다. 최소공배수, 공배수 구하는 방법을 더 연습해야겠다'처럼 스스로 피드백을 했다.

영어 읽기는 '비포 앤 애프터' 전략을 썼다. 매 단원 시작 전 영어 교과서를 펼쳐놓고 단원 첫 장부터 마지막 장까지 훑어보며 읽을 수 있는 단어나 문장에 모두 동그라미를 쳤다. 단원 학습을 마친 후 새롭게 읽을 수 있게 된 단어나 문장에 다른 색 펜으로 표시했다. 스스로 읽기 실력 향상 정도를 한눈에 파악하며 성취감을 느끼는 동시에 더 공부할 것을 파악할 수 있기에 효과적이었다.

둘째, '서로 가르치기'를 했다.《왜 우리는 대학에 가는가》에서 김경일 교수는 교육 강국 핀란드의 예를 들며 '서로 가르치기'가 메타인지 향상에 탁월한 방법이라고 소개한다. 핀란드는 전교 1등 학생이 전교 2등과 꼴등을 가르치도록 한다. 이 둘을 이해시키는 각기 다른 방법을 연구하면서 자신이 아는 것과 모르는 것의 구분이 명확해지고, 알고 있는 지식의 원인과 결과의 관계가 정리된다고 한다. 서로 성장하는 상생 교육이 이루어지는 것이다.

우리 반은 주로 수학, 사회, 영어 시간에 가르치기 활동이 활발하게 이루어졌다. 수학 문제 풀이 과정을 알려주고, 영어 문장 읽는 방법을 일러주었다. 사회 시간에는 역할을 나눠 조사한 내용을 서로 알려주거나 새롭게 알게 된 내용을 설명해주었다.

친구를 가르치려면 알고 있는 내용을 정리한 후 언어로 표현하는 과정을 거쳐야 한다. 그 과정에서 진짜 본질을 이해하고 있는지 돌아보게 된다. 가르치면서 자신이 부족한 부분을 깨닫고, 잘 몰랐던 부분을 집중적으로 공부하게 된다. 많이 가르쳐줄수록 메타인지가 자연스럽게 향상되는 것이다.

아이를 크게 하는 성장 마인드세트

"저는 해도 안 돼요."

"원래 글 못 써요."

"나 이거 못 하는데."

자동으로 튀어나오는 말들이다. 어쩌다 이렇게 무기력한 말을 쉽게 내뱉게 되었는지 궁금하기도 하고, 때로는 자신을 너무 비하하는 태도에 화가 나기도 했다.

이 말들은 여러 뜻을 담고 있다.

'저는 이미 포기했으니 선생님도 희망을 갖고 애쓰지 마세요.'

'원래 이렇게 태어났으니 노력해도 소용없어요.'

'애쓰고 싶지 않으니 더 이상 귀찮게 하지 마세요.'

한창 세상을 신나게 빨아들여야 할 때 인생에 초연한 모습이라니. 도대체가 초등학생에게 어울리지 않는 태도에서 탈출하게 돕고 싶었다.

▪▪▪ 학습된 무기력에서 탈출하다

"어릴 때 쇠사슬에 묶여 자란 코끼리는 어른이 되어서도 쇠사슬을 끊을 생각을 하지 않는다."

학습된 무기력을 잘 설명하고 있는 이야기다. 서커스단 기둥에 묶인 어린 코끼리는 여러 번 탈출을 시도하지만 쇠사슬을 끊어내기에는 역부족이다. 어릴 적 좌절은 깊이 각인되어 충분한 힘이 길러진 후에도 쇠사슬을 끊을 시도조차 안 하게 된다.

'학습된 무기력'은 피할 수 없거나 극복할 수 없는 환경에 반복 노출되어 실패의 경험이 지나치게 누적된 경우 생긴다. 주변 사람으로부터 들은 부정적인 말, 거듭된 실패로 좌절감이 내면에 깊이 뿌리내리면서 미리 겁먹고 자포자기해버리는 태도가 형성된 것이다.

자기비하를 멈추고 무기력에서 빠져나오도록 손 내밀고 싶었다.
《논어》에서 염구와 공자의 대화가 눈에 들어왔다.

"선생님의 도(道)를 좋아하지 않는 것은 아니지만, 제 능력이 부족합니다."
염구가 말하자 공자가 답한다.
"능력이 부족한 자는 도중에 가서 그만두게 되는 것인데, 지금 너는 미리 선을 긋고 물러나 있구나."

이 구절을 붙들고 《논어》 생각 키우기' 주제로 '학습된 무기력'을 던졌다. 써 온 글을 바탕으로 어항 서클을 시작했다. 미리 선을 긋고 물러나서 후회했던 경험을 이야기할 때 눈 깜짝할 새에 성토의 장이 되었다. 스스로 자격이 안 된다는 생각에 학급회장 선거에 출마조차 안한 것을 내내 후회했던 것, 육상 대회 출전을 포기하고 나서 대회에 나가 좋은 성적을 거둔 친구를 부러워했던 것, 찬반 토론할 때 머뭇거리다가 말할 기회를 놓친 것, 수학 문제는 조금만 어려워 보여도 지레 겁먹고 포기해버렸던 것 등 경험들을 앞다투어 꺼내놓았다.

자신이 뛰어넘고 싶은 한계를 이야기해봤다. 어려운 수학 문제를 끝까지 붙들고 풀어보는 것, 영어 문장을 자유롭게 읽는 것, 노는 데 시간을 다 쓰지 않고 숙제를 기한 내에 마치는 것, 떨지 않고 태권도 대회에 임하여 금메달 따는 것, 아침에 지각하지 않는 것 등의 의견이 나왔다. 한계를 굿고 선 밖으로 나가지 않았던 것이 나만이 아니라는 데 위안을 얻고, 스스로 어떻게 성장을 제한해왔는지 확인했다.

이제는 아이들이 잔뜩 움츠린 마음으로 "그걸 어떻게 해요?", "저는 못해요"라는 말을 할 때마다 짐짓 공자님 말투를 흉내 내며 넌지시 말을 던진다. "지금 너는 미리 선을 긋고 물러나려 하는구나." 그러면 아이들은 각성하는 암호를 들은 듯 마음을 가다듬는다.

■ ■ ■ 성장 마인드세트를 장착하다

'세렌디피티!'

'뜻밖의 발견'이란 뜻이다. 책을 뒤적이다가 심리학자 캐럴 드웩의 '마인드세트' 이론을 발견했을 때 뜻밖의 행운이 찾아온 것 같았다. 아이들에게 깊이 뿌리내린 부정적인 생각들을 바꿔주고 싶어, 캐럴 드웩 박사의《성공의

새로운 심리학》, 교육상담가인 메리 케이 리치의 《마인드세트 교실혁명》
을 보며 수업 활동을 해보았다.

먼저 다른 사람에게 들었던 자신에 대한 부정적인 평가를 그때의 느낌
과 함께 써보라고 했다. 솔직한 말들에 얼굴이 화끈거리고 부끄러워졌다.

- 공부도 못하는 게 게임만 하니?(공부를 잘 하려고 노력하는데 이런 말을
  들으니까 슬프다.)
- 넌 아빠를 닮아서 수학을 못하는 거야.(내가 노력하면 잘할 수 있는데 계
  속 못한다고 하니 의욕이 사라지고 하기 싫었다.)
- 언니처럼 잘해봐.(내가 언니보다 잘하는 게 없는 것처럼 말하니 짜증 난다.
  '차라리 말을 말지'라는 생각을 했다.)
- 무슨 말을 못 알아들어.(원래 아무것도 못 하는 아이같이 느껴져 불쾌하
  다. 내가 나쁜 아이가 된 것 같다. 더 이상 말을 듣고 싶지 않다.)
- 넌 항상 그렇지 뭐.(짜증이 치솟는다. 이 아이와 놀고 싶지 않다. 더 엇나가
  고 싶다.)
- 네가 그러니까 못 하는 거야.(자신감이 없어진다. 앞으로도 쭉 못 할 것 같다.)

다음으로는 자신을 부정적으로 평가하는 말을 자기 생각과 함께 적어보
았다.

- 난 왜 이렇게 수학을 못할까?(내가 날 너무 부정적으로 평가하는 것 같아
  서 후회했다.)
- 난 잘 모르는데 애들은 잘하네.(나도 잘할 수 있는데 내가 날 부정적으로

생각했다.)

- 난 왜 이렇게 둔한 걸까?(체육, 게임할 때 계속 뒤처질 것 같다.)
- 난 역시 안 돼. 내가 그렇지 뭐.(한심하고 뭘 해도 안 될 것 같다.)
- 난 이 세상에 왜 태어났지?(이 말은 내가 혼났을 때나 짜증 날 때 하는 말이다. 이 세상에 왜 태어났는지 모르겠고 차라리 죽고 싶은 마음이 있었다.)
- 내가 그걸 어떻게 해?(실패하느니 차라리 안 하는 게 낫다.)

서로의 생각을 나눠본 후에 캐럴 드웩이 제시한 고정 마인드세트와 성장 마인드세트를 비교하여 설명해주었다. 고정 마인드세트를 가진 사람은 지능이 고정되어 있다고 생각하여 똑똑해 보이기 위해 애쓰고, 도전을 피한다. 실수는 패배로 여기고 재능만으로 성공할 수 있다고 여기기 때문에 노력을 소용없는 것으로 생각한다. 빨리 정체되고 자신의 잠재력보다 훨씬 낮은 성취를 이루게 된다.

반면 성장 마인드세트를 가진 사람은 지능은 개발될 수 있다고 믿기 때문에 배우려는 열망이 있고 도전을 기꺼이 받아들인다. 실수를 성장하고 개선하는 기회로 삼아 회복탄력성을 기른다. 노력을 통해 능력을 개발할 수 있다고 믿는다. 다른 사람의 성공에서 교훈과 영감을 찾고 비판으로부터 배우며 아주 높은 수준의 성취를 이루게 된다.

2가지 마인드세트를 구체적인 상황 속에서 생각해볼 수 있도록 전날 있었던 일을 이야기로 엮어서 제시했다.

오늘은 되는 게 없는 수요일이다. 1교시 수학 시험을 망쳤다. 2교시 수학 시간에는 상자를 준비 못 해서 직육면체 수업에 제대로 참여하지 못했다.

3교시 영어 쓰기 퀴즈를 볼 때는 막상 'This is for you. Oh, you're so nice.'를 쓰려니 기억이 잘 나지 않았다. 분명 다 외운 것 같은데. 5교시에 협동 미술 작품 구상할 때 모둠 친구들이 내 의견을 들어주지 않고, 자기들이 하고 싶은 대로 했다.

바로 전날 있었던 일이라 깊은 공감대를 형성했다. 고정 마인드세트와 성장 마인드세트 두 관점에서 받아들이고 생각하는 태도를 써보았다.

상황	고정 마인드세트	성장 마인드세트
수학, 영어 시험을 망쳤을 때	'난 실패자야. 난 끝났어.' '내가 그렇지 뭐. 기대한 게 잘못이야.' '왜 이렇게 많이 까먹는 거야. 난 정말 멍청이야.'	'실패는 성공의 어머니야. 더 열심히 연습하면 돼.' '지금은 어렵지만 연습하다 보면 쉬워질 거야.'

앤절라 더크워스는 《그릿 GRIT》에서 뛰어난 성취를 이루는 가장 큰 요인은 지능도, 성격도, 경제 수준도, 외모도 아닌 바로 '그릿grit'임을 밝혀냈다. 그릿은 '불굴의 의지', '투지', '집념'이며, 실패에 좌절하지 않고 자신이 성취하고자 하는 목표를 향해 꾸준히 나아가는 능력이다. 아이들이 축 처져 있을 때 외치는 구호가 생겼다.

"우리에게 필요한 것, 뭐?"

"열정과 끈기! 그릿!"

3장

독서로 만들어지는
놀라운
삶의 기술

창의력은 타고나는 것이 아니다

"어차피 엄마 뜻대로 결정할 거면서 왜 마음대로 하라고 했는지 모르겠어요."

머리핀이 예쁘다고 칭찬을 건넸을 뿐인데 예상과는 달리 볼멘소리가 툭 터져 나와 당황스러웠다. 아이는 흥분을 가라앉히지 못하고 억눌려 있던 심정을 쏟아냈다. 팬시점에서 자신이 원하는 머리핀을 고르라고 해놓고 결국에는 엄마가 원하는 것을 사주었다는 것이다. 자기가 고른 머리핀마다 촌스러워서, 너무 튀어서 안 된다고 했단다. 새 머리핀이 생긴다고 기대에 한껏 부풀었던 마음이 분노와 서운함으로 바뀐 것이다.

순간 뜨끔했다. 나 또한 아이들에게 결정권을 내어주는 듯하면서 '더 교육적인 방향으로 이끈다'는 그럴듯한 명분으로 내 의견을 관철시킨 경우가 많았다.

의견이 수용되지 않는 상황이 반복되면 아이들은 점점 부모님이나 선생님의 눈치를 살피게 된다. 호기심과 상상력을 펼치기보다 틀에 박힌 '정답'만 찾게 된다. 창의력을 발휘할 토대는 마련해주지 않으면서 '학습'을 통해 창의력을 쥐어짜내려니 아이들은 곤혹스러울 수밖에 없다. 창의력을 발휘하기 위해 필요한 것은 천재적인 재능이나 신의 한 수가 아니라 자유로움을 만끽하고 감수성을 기를 수 있는 터전이다. 그리고 그 터전의 자양분은 기다림과 포용이다.

■ ■ ■ '마음대로'의 자유를 허하라

"선생님, 알아서 하라고 하지 말고, 그냥 어떻게 하는지 알려주세요."

"맞아요, 집에서도 괜히 제가 우겼다가 잘못되면 '거봐, 그러니까 엄마 말 들으라고 했잖아. 엄마 말 들었으면 이렇게 안 됐지'라고 해요."

아이들을 보고 있으면 답답할 때가 한두 번이 아니다. 이렇게 하면 금방 결론에 도달할 텐데 고집을 부리며 다른 방법으로 해보겠다고 한다. 어른들은 자기 말을 순순히 따르지 않은 아이들을 괘씸하게 여긴다. '그래 얼마나 잘하나 보자'라고 벼르고 있다가 실패하면 마치 큰 잘못이라도 한 듯 '그럴 줄 알았다'며 핀잔을 준다. 이런 일이 반복되면 아이들은 점점 위축되고 실패를 두려워하며 실패할 만한 것은 시도조차 하지 않는다. 그냥 어른들이 하라는 대로 하는 게 편하고 안전하다는 것을 알아버렸기 때문이다. 실패하면 부모님과 선생님 탓으로 돌리면 그만이다.

하지만 시행착오를 겪지 않고 얻어진 결과물은 오히려 독이 될 수 있다. 그것만이 '답'이라고 여기며 시야가 좁아지고 융통성 없는 사고에 갇히는 것이다.

'실패에 대한 두려움'과 '모든 문제에는 하나의 정답이 있다고 믿는 닫힌 마음'.

조벽 교수가《인성이 실력이다》에서 제시한 창의력에 걸림돌이 되는 요소다. 아이들에게는 고정관념을 깨부술 자유가 필요하다. 마음대로 생각을 뻗어 나가고 생각한 대로 도전할 수 있는 자유. 직접 겪고 부딪히고 구르고 깨지면서 주어진 상황을 납득하며 다양성을 체득할 자유 말이다.

그렇다면 어떻게 자유를 줄 수 있을까?

첫째, 아이들의 생각을 수용해준다. 자신의 상식 밖에 있으면 틀린 것이고, 책에 나온 대로 풀어야 제대로 푼 것이며, 교과서에 나온 것이 유일한 정답이라고 믿는 아이들. 이런 생각을 깨려면 아이들의 말과 행동에 대한 어른들의 반응이 달라져야 한다.

"그거 틀렸네. 다시 해봐."

"이걸 왜 이렇게 했어? 이런 방법으로 하면 간단한데."

예전에는 이런 말을 자주 했다. 당연히 아이들은 눈치를 보고 어떻게 할지 먼저 물어본다.

반응이 열렬하고 진정성이 담길수록 효과가 크다. 한심한 생각이 들어도 일단 적극적으로 반응하려고 노력했다.

"우와~ 그렇게도 생각할 수 있겠네. 신선한 발상인데?"

"독특한 관점이로구나, 또 다르게 생각해본 사람?"

"말이 생각을 바꾼다"라고 했던가. 점차 아이의 생각들이 빛나 보이고, 엉뚱한 생각도 창의적으로 여겨졌다. 진심이 담긴 반응에 고무된 아이들은 통통거리며 적극적으로 생각을 펼쳐나갔다.

둘째, 과정을 경험할 시간을 준다. 과학 시간에 지시약으로 염기성 용액과 산성 용액을 구분하는 실험을 했다. 식초, 유리세정제, 묽은 염산 같은 용액에 페놀프탈레인 용액을 한두 방울 떨어뜨려 색의 변화를 관찰하는 것이다. 실험을 빨리 끝낸 모둠이 용액을 이리저리 섞어보기 시작했다. 계획한 실험을 마쳤으면 두 번째 실험으로 넘어가라는 말이 튀어나오려다 실험 결과에 상관없이 10분 정도 자유롭게 실험해보라고 했다.

아이들은 이것저것 섞어보기도 하고 용액의 양을 달리하면서 여러 시도를 해보았다. 새로운 사실을 발견하면 기뻐하며 다른 모둠에 알려주었다. 교과서에서 제시한 대로 실험 결과가 나오지 않아 풀이 죽어 있던 모둠도 연금술사가 비법을 만들어내듯 진지한 자세로 용액들을 섞어나갔다. 순식간에 활기가 넘쳤다. 모둠마다 교과서에 없는 각기 다른 제조법으로 나온 결과를 비교, 분석하면서 나름대로 결론을 도출해냈다. 아이들이 보여준 열정과 자유로움은 기존 수업 방식에 대한 고민을 안겨주었다.

무조건 답을 내기에 급급했던 수학 수업도 바꿔보았다. 흔히 재빠르게 공식에 대입해서 정확하게 문제 해결을 하는 것이 수학을 잘하는 것이라 여긴다. 다양한 해결 과정은 아이들의 관심사가 아니다. 풀리지 않는 한 문제를 가지고 끙끙거리는 것보다 선생님이 제시하는 설명을 듣고 바로 습득하는 것이 더 효율적이라고 생각한다.

기계적인 학습에 익숙해져 있는 분위기를 깨기 위해 모둠별로 문제를 해결하는 방식으로 바꿨다.

"'이거 풀어라. 이건 이렇게 푸는 거다' 책에서 시키는 대로만 하는 것이 자존심 상하지 않아? 분수, 소수, 도형을 가지고 놀아봐. 수학 마스터가 되어보는 거야."

은근히 자존심을 건드리면서 동시에 치켜세웠더니 오기가 생긴 아이들이 하나둘씩 움직이기 시작했다.

모둠별로 돌아다니면서 끙끙거리며 손 놓고 있는 모둠은 잘 풀고 있는 모둠에 가서 힌트를 얻어오게 하고, 전체적으로 어려워하면 징검다리 힌트를 제시했다. 공통된 오류나 재미난 풀이 과정을 눈여겨봐 두었다가 반 전체가 함께 공유했다. 처음에는 답답해서 안달했던 아이들이 3개월 정도 지나자 '아는 방법 총동원해서 방법 찾아내기' 전략으로 서로 풀이 과정을 비교해보며 다양한 문제 해결 통로를 찾아냈다. 문제 푸는 양은 줄었지만 생각이 뻗어 나가는 범위와 응용력은 커졌다.

'자유로움'을 준다는 것은 아이들이 틀에서 벗어날 때의 불안함과 귀찮음을 감수해야 한다는 것을 의미한다. 제한된 자유를 주며 그 안에서만 뛰놀게 하는 것이 속 편하다. 하지만 그만큼 상상력과 창의력이 제한된다.

어디서 툭 튀어나올지 모르는 좌충우돌 생각과 행동을 넉넉하게 받아들이며 고개를 끄덕여줄 마음의 준비가 필요하다. 아무리 엉뚱해도 다그치지 말고, 진심으로 격려해줄 수 있는 허용의 폭을 조금 더 넓혀보자. 그러면 아이들이 자신을 둘러싼 틀을 깨고 열린 마음으로 세상을 빨아들이며 어른들이 제시한 온리 웨이 only way 대신 마이 웨이 my way를 자유롭게 누비게 될 것이다.

독서코칭 7 숫자로 자신을 표현하기

나를 소개합니다

3월 첫날 서로 서먹하고 어색한 분위기 속에서 자기소개를 하는 것은 쉽지 않다. 일본 하쿠호도 생활연구소의《생활자 발상학원》에 나온 '숫자로 자기소개를 부탁합니다'를 응용하여 적용해보았다. 숫자의 의미를 본인이 소개하거나 친구들이 추측하게 한다. 서로를 재미나게 알아갈 수 있다.

- 숫자: 금액, 시간, 가지고 있는 것의 개수, 경험의 횟수나 빈도 등 '나'를 표현할 수 있는 수

숫자	의미	설명
0	4학년 때 지각 0회, 조퇴 0회, 결석 0회	튼튼하고 건강함
1	취침 시간 새벽 1시	게임 하다가 종종 늦게 잠
2	동생의 나이	방과 후와 주말에 동생을 돌봐야 해서 힘듦
3	이사한 횟수	아빠가 군인이어서 이사를 자주 했음. 적응력 강함
4	다니는 학원의 개수 (태권도, 피아노, 수학, 영어)	학원 지겨움. 자유로운 영혼이 되고 싶음
7	좋아하는 아이돌 그룹 멤버 수	같은 그룹 좋아하는 친구들은 언제나 환영함. 우리는 모두 친구
10	일주일 동안 내가 우리 집 강아지 똥을 치우는 횟수	강아지를 무척 좋아하고, 강아지를 돌보는 수의사가 되고 싶음
15	15분. 집에서 학교까지 걸어올 때 걸리는 시간	나랑 함께 등하교 할 사람?
30	30분. 매일 친구들과 축구하는 시간	점심을 빨리 먹고 함께 축구할 사람은 누구나 환영함
400	걸리지 않고 한 번에 넘을 수 있는 줄넘기 수	활발하고 운동을 좋아함

■■■ 오감 촉수를 뻗어 감수성을 키워라

"중국은 나무젓가락이던데 한국은 왜 쇠젓가락을 써?"

"왜 한국 사람은 밥그릇을 내려놓고 먹어?"

외국에서 만난 친구가 한국에 놀러 왔을 때 던진 질문에 선뜻 답해줄 수가 없었다. 당연하게 여긴 것들이라 이유를 생각해본 적이 없었기 때문이다. 일상에서는 궁금하게 여기지 않던 것들이 환경이 바뀌면 뭐든 물음표로 바뀐다. 한국에 처음 놀러 온 친구에게 뭐든지 새로웠듯이, 나 또한 새로운 나라를 여행할 때 이국적인 풍경, 낯선 언어와 생활 모습까지 한꺼번에 몰려오는 자극에 정신을 못 차리곤 했다.

아이들은 일단 교실 밖으로 벗어나기만 해도 한껏 고무되어 생기가 돈다. 교실에서는 버들가지마냥 축축 늘어져 있던 아이들이 발을 땅에 붙일 새도 없이 통통거리며 숲을 누비고 다닌다. 봄 햇살을 그득 담고 자라나는 식물에게 말을 걸고, 무심코 지나쳤던 구름의 움직임에 시선을 던진다. 비명을 지르며 벌레들을 피해 다니다가 갑자기 쭈그리고 앉아 바닥에 놓인 돌 생김새를 예사롭지 않은 눈으로 관찰한다. 낙엽을 한 움큼 모아 몇 번이고 머리 위로 흩뿌리며 숨이 차오르도록 까르르 웃는다.

익숙한 공간을 벗어나면 아이들의 오감은 한껏 예민해져서 보고 듣는 모든 것을 한껏 빨아들인다. 두부 만들기 체험에서는 오래도록 혀끝을 맴도는 간수의 맛에 괴로워해보고, 묵직한 맷돌의 움직임을 온몸으로 느껴본다. 빙상장에서는 스케이트 날이 얼음을 스치며 사각거리는 소리에 귀를 기울이며 몸이 부드럽게 미끄러져 나가는 것을 즐긴다. 경복궁 목조건물에서 은은히 베어 나오는 나무 냄새와, 오후 햇살을 머금은 나뭇잎을 뒤흔드는 바람 소리에 온몸의 세포를 깨우기도 한다.

자신을 가두던 틀에서 벗어나 마음껏 느끼고 자유롭게 생각을 뻗어나간다. 안타깝게도 그런 시간은 일 년 중 며칠 안 된다. 지겹다 못해 아이들을 무기력하게 만드는 쳇바퀴 도는 일상으로 돌아가야 한다. 창의력을 길러주자고 매일 새로운 장소에 갈 수도 없는 노릇이다. 답답한 마음에 일상 속에서 새로움을 추구하는 방법을 찾아보았다.

첫째, 소소한 일상에 변화를 준다. 오감 촉수를 쫙 뻗어서 평범한 일상 속에서 독특하고 신비로운 것을 채집하며 세상의 모든 것을 늘 새롭게 받아들이도록 하는 것이다. 박웅현 작가는 《다시, 책은 도끼다》에서 물 한 잔도 예민한 촉수로 느끼면서 먹는 사람은 그 순간의 존재 방식이 다르다고 했다. 물의 온도, 맛, 목 넘김의 느낌을 온전히 느낀 사람에게는 물을 마시는 평범한 시간조차 찬란한 순간이 될 거라면서 말이다. 오감이 예민할수록 좋은 삶을 살 수 있다는 말도 덧붙였다.

매일 다니는 길 말고 조금 돌더라도 다른 길을 가면 익숙해 무심코 지나쳤던 풍경이 다르게 보인다. 매일 하루 한 가지씩 사람들의 표정을 관찰해 기록해보기도 하고, 색다른 조합의 재료로 간단한 요리를 만들어보기도 한다. 주말이면 스마트폰을 잠시 놓고 자연을 벗 삼아본다. 무뎌진 감각이 깨어나고 무심코 흘려보냈던 순간이 달라지는 것을 느낄 수 있다.

둘째, 오감을 자극하는 소재를 가지고 활동을 한다. 미술 시간에 주세페 아르침볼도의 그림 〈봄〉, 〈여름〉, 〈가을〉, 〈겨울〉로 수업할 때였다. 그림 일부만 보여주었을 때는 꽃, 포도, 양파, 나뭇가지가 어우러져 사람 얼굴이 된다는 것을 상상도 못 하다가 전체 그림을 보여주자 여기저기서 탄성이 터져 나왔다. "호박이 모자 같아." "버섯 귀다." "사람 목이 나무 기둥이야." 눈을 반짝이며 재잘거렸다.

식물을 활용하여 얼굴을 그려보라고 했더니 무궁화 꽃 귀에, 닭다리 볼, 연근 눈까지 독창적인 작품들이 나왔다. 서로의 아이디어에 감탄하면서 우스꽝스러운 표정에 낄낄대며 웃음을 멈추지 못했다. 김원숙 화가가《삶은, 그림》에서 멋진 화집을 거꾸로 놓고 그림 연습을 한다기에, 인물 그림을 거꾸로 놓고 위에서부터 따라 그리기를 해보았다. 호기심이 제대로 발동했다. 발부터 머리까지 완성되는 순간까지도 의심을 풀지 않았다. 완성되었을 때 도저히 믿을 수 없다는 얼떨떨한 표정이 잊히지가 않는다.

셋째, 입체적인 상상력을 통해 책마다 다른 세계를 만난다. 책은 시대를 넘나들기도 하고, 같은 시대에 다른 곳의 삶을 엿볼 수도 있다.《80일간의 세계 일주》속 주인공과 함께 여행하며 다른 나라의 모습을 상상해보고, 《로빈슨 크루소》를 통해서는 무인도에서 어떻게 살아남을지를 고민해보기도 했다.

창의력은 교과서 내용처럼 가르치거나 배울 수 있는 것이 아니다. 날마다 삶 속에서 예민한 감수성을 기르면 많은 것이 달라 보일 것이다. 그 다름 속에서 시선을 사로잡은 무언가에 즐겁게 빠져든다면, 미국 심리학자 칙센트미하이가《몰입》에서 말했듯 몰입을 통해 창의력이 향상될 것이다.

방학에 특별함 더하기

시간이 비교적 여유로운 방학 때 선택 과제로 내주는 활동들이다. 아이들과 선생님들의 아이디어 중 인기 있었던 활동을 뽑아보았다.

- 손바닥으로 떨어지는 빗방울을 눈 감고 가만히 느껴보기
- 맨발로 잔디밭 걸어보기
- 물구나무서서 하늘 바라보기
- 하늘에 떠 있는 구름 보며 비슷한 모양 동물, 물건 상상해보기
- 집에 가면서 보이는 자연 다 만져보기(풀 위의 이슬, 꽃잎, 강아지풀, 돌멩이, 웅덩이 물 등)
- 개미 행렬 따라가보기
- 집에서 학교까지 몇 걸음인지 세어보기
- 한 시간 동안 지나가는 사람 세어보기
- 우리 아파트 창문 세어보기
- 지나가는 사람들 관찰하며 다양한 표정 기록하기
- 나무를 하나 정해서 잎이 몇 개인지 세어보기
- 비 오는 날 빗소리와 음악을 들으며 자기
- 태어나서 한 번도 먹어보지 못한 음식 찾아 먹어보기

비판적 사고가 자기 주도성을 만든다

"아빠가 그게 맞다고 했단 말이야."

"우리 엄마는 그거 아니라고 했어."

"선생님, 뭐가 맞아요?"

한참 옥신각신하다가 결국 선생님에게 와서 판정해달란다.

부모님 말이 곧 판단의 근거가 된다. 친구가 자기 부모님 말에 반론을 제기하면 부모님을 모독했다고 생각하여 자존심을 겨루게 되는 경우도 종종 있다. 이렇듯 아이들이 생각하고 결정을 내릴 때 보면 '내 생각'이 빠져 있는 경우가 많다.

유명한 사람이 한 말이라면 덮어놓고 믿고, 다수의 선호를 따르는 것이 유행을 따라잡는 것이라 여긴다. 집단의 생각을 자기 생각과 동일시하며, 자신의 결정이 주입되거나 조정당한 생각일 수 있다는 의심을 전혀 하지 않는다. 이렇듯 영향력 있는 사람이나 다수의 권위에 결정권을 내어주는 경우가 많다. 아이들이 나름대로 가치 판단 근거를 가지고 자기 결정력을 가지려면 비판적 사고력을 길러야 한다.

역사학자 윌리엄 그레이엄 섬너는 비판적 능력은 정신적 습관이자 힘이며, 사람의 행복에서 가장 우선하는 조건이라고 했다. 비판적 사고력은 세상의 소문, 오해, 잘못된 가치관에 이리저리 흔들리지 않고 당당하게 주체적으로 살아가기 위해서 반드시 필요하며, 이러한 능력은 질문을 던지는 자세와 토의, 토론하는 습관으로 길러질 수 있다.

■ ■ ■ 질문으로 생각 비틀기

"선생님, 그건 동물 학대 아닌가요?"

수업을 가르며 분노 어린 목소리가 튀어나왔다. 순간 어리둥절한 표정과 함께 모든 시선이 경수에게 쏠렸다. '자신의 한계를 뛰어넘어라'는 주제를 설명하다가 뚜껑이 닫힌 병 안에 오랫동안 갇혀 있던 벼룩이 높이 뛰는 것을 잊어버렸다는 이야기를 들려주던 때였다. 자신의 한계를 긋는 사람을 벼룩에 비유하려고 예를 들었을 뿐이었다. 경수는 다른 아이들의 시선은 아랑곳하지 않고 말을 이어갔다.

"크기가 작아도 생명인데 벼룩을 병에 가두다니, 이것도 동물 학대잖아요."

병 안에 갇혀 답답했을 벼룩의 심정에 공감하고, 다시는 높이 뛰지 못하게 만든 실험자에 대해 분노를 표출한 것이다. 아이들의 생각을 잘 파악하지 못했던 예전 같으면 황당해하면서 쓸데없는 소리 말고 수업에나 집중하라고 타박했을 것이다. 얼마 전 동물의 권리에 대해 성찰했던 내용을 벼룩 실험과 연결시킨 것임을 재빠르게 눈치챘기에 핀잔을 주는 대신에 칭찬을 해줄 수 있었다. 친구의 의도를 파악한 아이들도 갸웃거리던 고개를 이내 끄덕였다.

평소에 말이 별로 없고 발표도 거의 안 하던 아이였는데 이런 반전이 펼쳐질 수 있었던 것은 책을 통해 배경지식을 쌓고 질문을 통해 깊이 생각해 보았기 때문이다. 《닭답게 살 권리 소송사건》은 혹독한 환경에서 키워진 산란닭들이 농장주를 상대로 소송을 건 이야기다. 산란닭과 농장주가 원고와 피고가 되어 각자의 입장을 변론하는 부분이 실감 나게 제시된다. 소비자 입장에서만 닭을 대했던 아이들에게는 새로운 관점을 열어주는 책이었다. 초복 때 급식으로 닭다리 하나씩이 나왔는데, 우리 학교 학생 수를 헤아려보더니 400마리 넘는 닭이 죽었다며 안타까워했다. 물론 닭다리는 끝까지 열심히 뜯기는 했지만 말이다.

떠오르는 의문을 질문으로 만들어서 모둠끼리 하브루타를 했다. 당연히 닭은 풀밭에서 자랄 거라는 아이들 생각을 질문을 통해 비틀기 시작했다.

"우리가 마트에서 사 먹는 닭은 어디서 자랐을까? 풀밭이 아니라 배터리 케이지에서 길러진 닭들일까?"

"왜 계란 포장지에 있는 사진처럼 닭을 풀밭에서 기를 수 없는 걸까?"

"농장주는 산란닭을 어떻게 생각하고 있을까?"

"농장주가 배터리 케이지에서 닭을 키우는 것을 선호하는 이유는 뭘까?"

질문에 대한 각자의 생각이 뜨겁게 오갔다. 자신이 받아들이는 정보와 주변 상황에 대한 합리적인 의심이 시작되었고, 다양한 정보를 비교하고 융합하면서 자신만의 생각이 만들어지기 시작했다. 타당한 근거를 들어 자기 생각을 당당하게 말하는 능력을 기르는 것이다.

때로는 남과 다른 생각을 품었다는 이유로 배척당할 수도 있다. 좋은 게 좋은 거라고 다수의 생각과 의견을 따르면서 무난하고 평범하게 살면 되는 것 아니냐며 피곤하게 살지 말라는 비난을 들을 수도 있다. 하지만 한 손에는 생각의 자양분을 제공하는 책을, 다른 한 손에는 세상을 바라보는 시각을 벼리는 질문을 쥐고 있다면 세상의 소음에 흔들리지 않고 자신이 중심에 선 삶을 살아갈 수 있을 것이다.

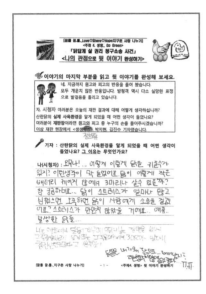
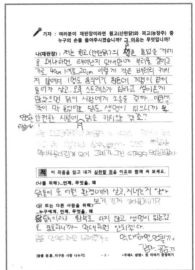

■■■ 토론으로 생각 다지기

지하철이나 버스를 타면 스마트폰을 들여다보고 있는 것을 흔히 볼 수 있다. 보통 SNS를 주고받거나 게임을 하는 사람들이 대부분이다.

한 청년이 스마트폰 2개를 가지고 하나로는 최신 드라마를 보고, 다른 하나로는 게임을 동시에 즐기는 것을 보았다. 해외여행 가는 비행기 안에서 초등학생 정도 되어 보이는 외국 아이가 기내 화면으로는 영화를, 자신의 스마트폰으로는 게임을 즐기던 모습이 겹쳤다. 비단 우리나라에만 유행하는 현상은 아닌 듯싶다.

　스마트폰과 게임은 아이들의 식지 않는 관심사다.

　"카톡방을 새로 열었으니 들어와라."

　"어제 새벽까지 카톡 울림에 잠을 못 잤다."

　"게임 아이템 구입할 돈 다 모았다."

　"이번 주말에 드디어 스마트폰 바꾼다."

　이렇게 꾸준히 화제에 오를 만큼 아이들 삶에 깊숙이 들어와 있다. 어른들이야 아날로그 시대를 거쳐 왔지만 현재 초등학생들은 날 때부터 디지털 환경에 싸여 있었으니 스마트폰을 분신처럼 생각한다.

　"친구들 중에 나만 없어요."

　"나만 카톡 대화에 못 끼고 있는데 내가 친구 못 사귀면 엄마가 책임질 거예요?"

　스마트폰을 손에 넣을 때까지 부모님을 집요하게 조른다. 일단 스마트폰을 갖게 되면 온종일 손에서 놓지 못한다. 게임하면서 화면을 하도 눌러대 액정을 교체한 아이도 있고, 학교에서 수업 시간 동안 전원을 꺼두는 것조차 불안해하는 아이도 있었다.

　인터넷과 스마트폰이 생활화되면서 아이들이 정보를 찾는 방법 또한 달라졌다. 몇 번만 클릭하면 쏟아지는 정보를 스윽 훑어보고 다 안다고 생각한다. 보고서나 설명 자료를 만들 때는 중요한 내용을 정리하기보다 복사해서 출력한 내용을 토씨 하나 안 빼고 베끼는 경우도 있다. 세계적인 IT 미래학자이자 인터넷의 아버지로 불리는 니콜라스 카는 《생각하지 않는 사람들》에서 "뇌는 우리가 사고하는 대로 바뀐다. 인터넷은 집중력을 분산시키고 뇌 능력을 감소시킨다"라고 꼬집었다. 사색 없는 단순한 검색은 정보 처리 능력과 사고력을 저하시킨다.

토론은 생각하는 능력을 끌어올리는 효과적인 방법이다. 하지만 생각을 펼칠 수 있는 능력이 부족한 아이들끼리 모여 토론을 하기는 어렵다. 상대적으로 말을 더 잘하는 아이가 주도권을 쥐고 자신의 의견대로 결정해버린다. 말 잘하는 아이의 의견이 틀렸어도 나머지 아이들은 틀린 줄 모르고 고개를 끄덕거리는 모습을 보면 은근히 부아가 치민다. 목소리가 작거나 딱히 자신의 생각을 만들지 못한 아이들은 어쩔 수 없이 끌려가게 된다. 생각하는 것이 귀찮아 은근히 결정권을 넘기는 아이도 있다. 생각하는 힘이 필요하다는 사실을 다시 한 번 깨달았다.

스마트폰 사용에 대한 경각심을 일깨워주고 토론 능력도 향상시키기 위해 '스마트폰 사용 이대로 괜찮은가?'라는 주제로 PMI 토론을 했다. PMI는 제안된 주제의 장점Plus, 단점Minus, 흥미로운 점Interesting 을 따져보고 효과적인 대안을 제시하는 방법이다. 양면을 생각할 수 있는 좋은 방법이라 여겨서 선택했다.

아이들은 스마트폰의 장점에만 치우치지 않고 단점도 잘 지적해냈다. 집중력과 사고력이 떨어지고, 욕 사용이 늘고, 시간을 많이 빼앗긴다는 의견을 솔직하게 제시했다. 스마트폰의 부정적인 영향을 줄이기 위한 여러 가지 제안도 내놓았다.

"밤 10시 이후에는 카톡을 보내지 않는다."

"게임은 정해진 시간에, 할 일을 다 했을 때만 한다."

"검색에서 나온 내용을 그대로 믿지 말고 관련 자료는 책도 함께 찾아본다."

"책 읽고 생각하는 시간을 늘린다."

특히 독서 시간을 늘리자는 제안이 반가웠다. 삶의 일부인 스마트폰의 폐해를 스스로 인정하고 불편한 진실을 직면하고 대안을 찾아본 것만으로 큰 의미가 있었다.

토론은 다양한 방향에서 접근하여 고정관념을 깨고 다양한 관점에서 생각을 다질 수 있다는 장점이 있다. 또한 얕고 가벼운 생각에 길들여지지 않고 깊은 사고를 통해 창의적이고 비판적인 사고를 하도록 이끈다. 토론거리를 수시로 던져서 생각의 귀차니즘에 빠져 있는 아이들을 즐겁게 괴롭혀보자.

독서코칭 9 가볍게 토론 즐기기

토론에는 다양한 방법이 있다. 협동학습 토론 기법 중 우리 교실 상황에 맞게 응용하여 자주 활용해온 방법을 소개한다.

신호등 토론

- 서로의 생각을 짧은 시간 안에 공유할 때 효과적
- 주제를 듣고 빨강(반대 의견), 노랑(중립), 초록(찬성 의견)의 신호등 이미지 중 하나를 선택하여 의견과 이유를 설명
- 3가지 색을 어떤 의미로 쓸 것인지는 교사와 학생이 결정
- 열띤 의견이 오간 주제들: 초등학생 화장, 교실에서 스마트폰 사용, 홍길동이 부자의 돈을 훔쳐 가난한 사람들에게 나누어준 행동은 옳다, 선의의 거짓말은 괜찮다

피라미드 토의 토론

- 의견을 수렴하거나 대표 의견을 정할 때 활용
- 각자 1가지씩 의견을 냄. 2명이 모여 설명과 설득을 통해 1가지 의견을 고름. 4명

이 모여 골라낸 2가지 의견 중 1가지를 고름. 점점 모이는 인원수를 늘려가며 필요한 의견을 골라냄

- 열띤 의견이 오간 주제들: 우리 반에 욕이 사라지기 위한 해결 방법 BEST 5, 우리 반이 만들 건강 요리 5가지, 우리 반이 후원할 NGO단체 3곳

부딪혀야 의사소통 능력도 키워진다

"선생님, 쟤가 자꾸 허락도 없이 풀 가져가요."

"저보고 바보래요."

"하지 말라고 했는데 계속해요."

저학년은 말할 것 없고 고학년들도 무언가를 끊임없이 이른다. 답답하고 도움이 필요해서 말하는 경우도 있지만 자기 뜻대로 안 되거나 선생님의 힘을 빌려 문제를 빨리 해결해버리고 싶어 하는 경우가 대부분이다. 막상 불러다 자초지종을 물어보면 둘이서 충분히 해결할 수 있는 문제인 데다 이른 아이도 잘못이 있는 경우가 많다.

경쟁하듯 고자질을 하거나 갈등을 피하려고 감정을 꾹꾹 누르는 것은, 자기 생각과 감정을 표현하고 전달하는 데 미숙하고 갈등 해결에 서투르기 때문이다. 갈등을 잘 해결하고 사람들과 관계를 다져나가기 위해서는 연습이 필요하다. 여러 상황에 온몸으로 부딪혀가며 다양한 감정을 느껴보고 의사소통 방법을 터득해가는 경험이 쌓여야 한다.

결국 의사소통을 잘하려면 '바라봄'과 '내어줌'을 잘해야 한다. 나만의 생각과 감정으로 가득 찬 아이는 상대방을 읽어내거나 담아낼 수 없다. 상대에게 귀를 기울이고 시간과 관심을 내어주는 것이 의사소통의 시작이다.

■■■ 아이들을 갈등의 장에 빠뜨려라

현장체험학습 장소로 이동하는 버스 좌석을 정할 때였다. 희망하는 아이들과 앉고 싶다고 하여 하루의 시간을 주었는데 다음 날 말싸움이 벌어졌다. 함께 다니는 5명의 친구들 중 누가 혼자 앉을지 결정하는 과정에서 감정이 상해 언성이 높아진 것이다. 5명 모두 무리에서 떨어져나가는 것을 싫어했다. 한 치 양보도 없이 상대방이 혼자 앉기를 강요했다.

서운한 마음이 커지면서 예전에 해결되지 않았던 문제들까지 들먹이며 눌러놓았던 감정들을 봇물 터지듯 쏟아냈다. 좌석을 제비뽑기로 정하면서 일단락되었으나 씁쓸함이 가시지 않았다. 상담을 해보니 서로 간 갈등을 친구에 대한 배신으로 여기고 무의식적으로 피해왔었다. 감정이 상해도 내색하지 않고 친구니까 이해하고 받아줘야 한다고 생각했던 것이다.

갈등은 '싸우는 것, 서로에게 상처 입히는 것'이라는 편견이 뿌리 깊게 박혀 있다. 아이들도 갈등이 생기면 선생님에게 들킬까 봐 무척 조마조마해한다. 갈등은 '옳지 않은 것'이라는 전제 아래 갈등 자체가 생기지 않게 노력하는 것이 배려와 존중의 미덕이라고 배우는 경우가 대부분이기 때문이다.

성격도 가치관도 다른 이들이 모인 공동체에서 갈등은 자연스럽게 발생하기 마련이다. 하고 싶지 않은 일을 서로 미룰 때, 모둠 활동에서 아무것도 안 하고 놀고 있는 아이와 열심히 하려는 아이로 나뉠 때, 별명을 부르며 놀릴 때, 급식 줄을 새치기할 때, 먹기 싫은 반찬을 친구 식판에 놓거나 좋아하는 음식을 장난치듯 집어 가버릴 때, 내가 좋아하는 연예인을 깎아내릴 때, 물건을 허락도 안 받고 가져가 쓸 때, 끊임없이 자기가 하고 싶은 말만 하며 방해할 때, 친구가 나를 안 기다리고 집에 먼저 가버릴 때, 친구와 의견이 맞지 않을 때 등 정말 다양한 상황이 존재한다.

갈등을 피하기만 하다 보니 문제 해결 방법을 제대로 배우지 못하고 감정적으로 상황에 대처한다. 쪼르르 달려가 고자질하기, 날카롭게 신경질 내기, 말로 못 이기면 때리기, 끝까지 고집부리기, 자기 뜻대로 안 되면 친구 사이 이간질하기, 친한 친구에게 문제가 생기면 우르르 몰려가서 편들어주며 함께 따지기 등 자칫 학교폭력으로 이어지는 방법으로 대응하는 경우가 대부분이다.

3가지를 통해 아이들이 갈등 해결 방법을 배우도록 노력했다.

첫째, 아이들이 갈등을 삶의 일부로 받아들이게 하는 것이다. 갈등은 나쁜 것이 아니라 갈등이 생겼을 때 현명하게 해결하면 된다는 것을 알려준다. 교육학자 김지영 교수는 《다섯 가지 미래 교육 코드》에서 갈등을 피해야 할 것이 아닌 해결해야 할 것으로 간주하고 갈등 해결 능력을 키워주어야 한다고 강조한다. 스스로 갈등을 잘 해결할 수 있다고 믿는 '갈등 해결 자기 효능감'을 길러주어야 한다는 것이다. 갈등을 대하는 태도를 바꾸는 것이 갈등 해결의 시작이다.

둘째, 갈등을 해결할 때 아이들 스스로 '관계의 역사'를 함께 살피게 하는 것이다. 행동의 원인은 겉으로 보는 것만큼 단순하지 않고 복잡한 감정이 깔려 있는 경우가 많다. 명훈이의 경우도 그랬다. 지영이를 볼 때마다 장난스러운 표정으로 툭 치고 지나가곤 했는데, 지영이도 처음에는 장난으로 받아들이다가 결국 참지 못하고 버럭 화를 냈다. 자초지종을 들어보니 명훈이는 지영이가 다른 남자아이들을 장난으로 때리고 다니는 것이 꼴 보기 싫어서 괴롭힌 거라고 고백했다. 정작 지영이는 명훈이를 때린 적이 없었는데도 말이다. 4학년 때 자신을 때렸던 짝의 모습을 지영이에게 투영하여 상한 자존심을 조금이나마 회복하고 싶었던 것이었다. 그 짝과 싸웠을 때 남자인 명훈이가 더 혼났던 억울함을 풀고 싶은 마음도 한몫 했다.

이 작은 사건에도 이렇게 복잡한 심리가 얽혀 있는데 아이들은 자기 감정이 어디서 시작되었는지 잊어버리곤 한다. 단순히 하나의 현상만 보고 해결한다면 비슷한 갈등이 계속 일어날 가능성이 크다. 아이들 스스로 관계의 역사를 거슬러 올라가 근본 원인을 파악하고 해결한다면 갈등을 훨씬 수월하게 해결할 수 있을 것이다.

셋째, 아이가 갈등을 해결하는 것을 한 발짝 떨어져서 지켜보는 것이다. 교우 관계 때문에 속상해하는 아이를 보면 부모님의 마음은 찢어진다. 친구 관계가 틀어지거나 싸우고 오면 혹시 왕따를 당하는 것이 아닌지 노심초사한다. 속으로는 불안하더라도 부모나 교사는 좀 더 의연한 태도로 지켜볼 필요가 있다. 해결할 기회를 주지 않고 매번 부모님이 나선다면 아이는 끝내 갈등을 스스로 해결할 방법을 배우지 못한다. 자신이 겪는 일을 심각하게 생각하여 자기 연민에 빠지거나 스스로 빠져나올 힘을 잃고 무기력하게 다른 사람이 도와주기만을 바라게 된다.

아이들은 스스로를 과대평가하는 경우가 많다. 자신이 어떤 상황에서든 너그럽게 상대방을 이해하고 배려할 수 있을 거라 생각한다. 막상 상황에 휘말리고 나면 상상과 현실은 다르다는 것을 깨닫는다. 분노, 짜증, 섭섭함, 배신감 등을 겪어보면서 감정을 조절하고 상대방의 감정을 읽어내는 법을 배워야 한다. 이런 말을 하면 미움을 받거나 오해를 사지 않을까 하는 걱정, 전하는 이야기를 상대가 이해 못할 때의 답답함, 내 이야기를 들어주지 않았을 때 느끼는 서운함, 원하는 바를 얻지 못했을 때의 분노 등, 갈등이 해결되는 데 시간이 걸린다는 사실을 다양한 상황 속에서 체험하며 경험을 쌓아가는 것이다. 그래야 각자 원하는 것을 얻기 위해 합의점을 찾고, 때로는 양보가 필요하다는 것을 인정하게 된다. 포용력을 갖춘 좀 더 괜찮은 사람이 되어가는 것이다.

독수리가 새끼를 절벽에서 밀어 날게 만들 듯 아이를 갈등의 장으로 밀어 넣는 용기가 필요하다.

■■■ 온몸으로 경청하고 공감하기

고은이란 아이가 아직 분이 풀리지 않은 듯 격앙된 표정으로 찾아왔다. 전날 3명이 함께 놀다가 고은이가 강아지 밥을 주러 집에 잠시 다녀온 사이 둘만 떡볶이를 먹으러 간 것이 문제였다. 기다리란 말 없이 집으로 갔기에 두 친구는 고은이가 집으로 돌아간 것이라 여겼다. 고은이가 서운한 마음을 카톡에 표현했는데, 친구의 댓글 때문에 많이 흥분한 상태였다.

카톡 대화 내용을 보자마자 스무 줄이 넘는 양에 숨이 턱 막혔다. 두 친구가 고은이 말을 단어 하나까지 논리적으로 반박하며 자신을 변론해놓았다. 고은이가 더 화가 날 만했다. 논리적인 설득 대신 그냥 고은이 이야기를 들어주고 서운한 마음을 다독여주었다면 좋았을 거라는 아쉬운 마음이 들었다. 고은이 또한 친구들에게 비난하는 말투가 아닌 서운한 마음을 부각시켰더라면 두 친구가 방어적으로 나오지는 않았을 것이다.

소통 문제 컨설턴트 강정흔은 《CEO를 감동시키는 소통의 비밀》에서 '감정 빼주기'를 제안한다. 상대의 감정이 격해져 있을 때는 논리적인 설득이나 이성적 대화가 어렵기 때문에, 우선 공감적 경청을 통해 상대방을 수용적이고 호의적인 상태로 만들어야 한다는 것이다.

의사소통이 원활하게 이루어지기 위해서는 진심 어린 경청과 공감이 중요하다. 그리고 경청은 온몸으로 해야 한다. 상대방의 이야기를 들을 때는 눈을 마주치고, 고개를 끄덕이고, 맞장구를 쳐주고, 몸을 살짝 상대방 쪽으로 기울여 '나는 너의 이야기를 잘 듣고 있어'라는 신호를 주어야 한다. 고은이와 두 친구가 화해하는 자리를 만들었는데, 앙금이 풀리지 않은 세 사람은 성의 없는 말투로 사과를 건네고, 짜증이 잔뜩 섞인 목소리로 다음부터 그러지 말았으면 좋겠다는 부탁을 했다. 제 할 일을 다 했다는 표정이었다. 정작 관계는 나아진 것이 없는데 말이다. 상대방의 마음을 움직이고 문제를 해결하는 방법을 몰라도 너무 모른다는 생각이 들었다.

'말'이 의사소통의 전부라고 생각하는 태도를 바꾸기 위해 미국 심리학자 앨버트 메라비언의 '메라비언의 법칙'을 알려주었다. '7-38-55법칙'이라고도 불린다. 타인의 감정을 파악할 때나 호감도에 영향을 끼치는 요소는 말투, 톤, 억양 같은 청각 이미지가 38%, 자세, 용모, 제스처 같은 시각 이미지가 55%나 되고, 말의 내용은 고작 7%를 차지한다. 상대방의 마음을 열려면 말보다 표정, 행동, 말투가 더 중요하다는 것을 일깨워주었다.

공감도 온몸으로 해야 한다. 〈지식채널 e: 거울뉴런〉을 보며 우리 뇌에는 감정이입 세포인 거울뉴런이 있어 상대의 감정, 경험을 반영하고 교감할 수 있다는 것을 알게 되었다. 미래학자 다니엘 핑크는 미래 인재의 6가지 조건 중 하나로 '공감'을 꼽았다.《새로운 미래가 온다》에서 그는 공감을 통해 사람들과 유대를 돈독히 하고, 함께 일하고, 사회윤리의 발판을 마련한다고 했다. 이런 공감 능력은 훈련으로 길러질 수 있다.

공감 훈련을 위해 아이들에게 '감정통역사'라는 역할을 부여했다. 갈등이 생기면 시시비비를 가리기 전에 친구의 현재 감정을 헤아려보고 그 이유에 대해 말해보게 했다.

"축구에 너만 끼워주지 않아서 소외당한 느낌이 들었구나."

"친구들이 너만 빼고 생일잔치에 가서 속상하고 자존심이 상했겠구나."

마음이 상한 아이는 친구들이 자신의 감정을 이해하려고 노력하는 모습에서 위안을 얻었다. 교사의 열 마디 말보다 친구들이 해주는 공감의 말이 효과가 컸다. 마음이 차분해진 후에 문제를 더욱 쉽게 해결하게 된 것은 말할 것도 없다.

의사소통은 서로의 채널을 맞춰나가는 것이다. 다른 주파수를 가지고 있는 사람들이 서로 같은 채널로 맞춰야 소통이 가능하다. '헤아림'의 자세로 이해할 준비가 되어야 채널을 찾아낼 수 있다. 아이들이 자유롭게 소통하며 따스한 삶을 누리기를 희망해본다.

독서코칭 10 경청 훈련하는 법

온몸으로 딴짓하며 듣기

목적

경청의 중요성을 깨닫는다.

활동 방법

① 2~4명씩 조를 편성한다.

② 한 사람이 주제에 관해 이야기할 때 다른 사람들은 끊임없이 온몸으로 딴짓하며 듣는다.

- 예: 계속 꼬적이기, 하품하기, 옆 친구랑 이야기하기, 엎드려 있기, 책 읽기 등
③주제는 누구나 쉽게 이야기할 수 있는 것으로 제시한다.
- 예: 주말에 있었던 일 설명하기 등
④다음 사람이 돌아가며 이야기한다.

아이들 소감

"한 대 때려주고 싶었어요."

"다음에 할 말을 자꾸 까먹었어요."

"나 혼자 말하고 대답하는 것 같아 비참했어요."

"아무도 내 이야기를 들어주지 않으니 쓸쓸했고, 더 이상 말을 하고 싶지 않았어요."

"실제 상황이었다면 그 친구와 멀어졌을 것 같아요."

효과

- 경청의 중요성 깨달음
- 역지사지의 마음으로 상대 이야기를 경청하며 들으려고 노력함

■ ■ ■ 친구는 감정의 쓰레기통이 아니다

아이들이 화났을 때 주로 하는 행동과 말은 다음과 같다.

- 상대를 누르기 위해 심한 욕 골라 하기

  (기회가 되면 자녀의 SNS 대화를 한번 들여다보라. 정말 내 아이인가 싶다.

  무엇을 상상하든 그 이상의 심한 말들이 오고 갔을 확률이 높다.)

- 친한 아이들과 몰려가서 자신과 싸운 친구에게 비난 쏟아붓기

  (아이들은 '의리'라는 이름으로 친구를 위해 이런 행동을 한다. 집단의 힘은 강력한 무기다. 상처도 몇 배로 깊어진다.)

- 부모님 동원하기

  (부모님은 평소 아이에게 잘해주지 못했던 미안함을 한 번에 갚을 좋은 기회라고 생각하고, 아이의 SOS에 기꺼이 응한다. 물불 안 가리고 아이들 말만 믿고 상대 아이를 혼내는 경우가 있다. 물론 아이는 자기 부모님이 그렇게 해주리라는 것을 이미 알고 있었다.)

위 방법들의 공통점은 말과 행동이 거칠고 그 수위가 높다는 것이다. 지거나 손해 보면 안 된다는 생각에 필요 이상으로 강하게 반응하는 것이다. 평소 대화 역시 마찬가지다. 비방하고 깎아내리는 말, 강요하는 말, 우월감에 가득 찬 말, 상처 주는 말을 쉽게 한다. 의도적이든 실수였든 일단 뱉은 말은 격한 감정싸움으로 이어지고 급기야 관계가 소원해지는 경우가 흔하다.

교실이 무슨 정글인 양 시도 때도 없이 날을 곤두세우고 으르렁거리니 하루도 편할 날이 없었다. 아이들에게 필요한 것은 자신의 의사를 제대로 표현하는 방법이었다. 비폭력 대화법을 익혀 실천하면 아이들의 말과 행동에서 가시가 빠질 것 같았다. 비폭력 대화Nonviolent Communication, NVC는 자신이 무엇을 관찰하고 느끼고 원하는가를 의식하면서 정직하고 명확하게 자신을 표현하도록 이끄는 소통 방법이다. 국제 평화 단체인 CNVC 설립자이자 교육 책임자인 마셜 B. 로젠버그가 처음 제창했다.

여러 단계로 나누어 비폭력 대화를 익혀보았다.

활동 1   의사소통 온도계

활동 목적

평소에 아이들이 자주 쓰는 말에 대한 선호도를 조사한다.

활동 방법(책 내용을 상황에 맞게 수정)

①내 마음을 따뜻하게 하는 말, 차갑게 하는 말을 적는다.

②모두 교실 중간에 일렬로 서고 한 사람만 교실 앞에 선다.

③맨 앞에 선 사람이 한 문장을 읽는다.

④나머지 아이들은 마음이 상한 만큼 뒤로 물러나고, 기분이 좋아진 만큼 앞으로 나아간다.

⑤다른 아이들도 한 명씩 차례로 나와 문장을 말한다.

아이들이 선택한 BEST 5

마음이 따뜻해지는 말	마음이 차가워지는 말
괜찮아. 그럴 수도 있지.	너 필요 없어.
너는 ~를 참 잘하는구나.	어쩌라고? 이 멍청아.
넌 할 수 있어.	너 원래 이거 못하잖아.
대단하다. 그거 어떻게 했어?	에휴~ 쯧쯧쯧.
이거 먹을래?	응, 아니야.

효과

- 같은 말이라도 느끼는 정도의 차이가 있다는 것을 알게 됨

- 관계를 멀어지게 만드는 말 vs 힘이 되는 말을 스스로 깨닫게 됨

- 참고문헌: 제인 넬슨 외, 《학급긍정훈육법》, 에듀니티, 2014.

다음으로 비폭력 대화 단계를 연습해보았다.

활동 2 · 비폭력 대화 단계 연습하기

활동 목적

비폭력 대화를 실제 생활에서 사용할 수 있도록 단계별로 연습한다.

비폭력 대화 단계

단계	의미	예시
관찰	상대방의 말과 행동을 있는 그대로 관찰하기	옷장에 넣어둔 내 체크무늬 셔츠가 보이지 않아.
느낌	그 행동을 보았을 때 느낌을 표현하기	(입고 나가야 하는데 없어서) 당황스러워.
필요/ 욕구	자신이 포착한 느낌이 내면의 어떤 욕구와 연결되는지 말하기	혹시 네가 입고 갔니? (네가 입고 갔는지 알고 싶어.)
부탁	다른 사람이 해주길 바라는 것 표현하기 긍정적인 행동 부탁하기	(입고 갔다고 하면) 입고 싶으면 미리 말해줄래?

- 참고문헌: 김미경, 《청소년을 위한 비폭력 대화》, 우리학교, 2013.

활동 목적

역할극을 통해 비폭력 대화를 익힌다.

활동 방법

비폭력 대화 4단계에 따라 자신의 의사를 전달하는 것을 역할극으로 표현해보세요.

> 친구가 일주일 넘게 내 별명을 장난삼아 놀리듯 부르고 있다. 싫다는 의사를 분명히 밝혔고, 하지 말라고 여러 번 부탁했는데도, 오늘 또 "이 킹콩아", "킹콩 안녕"이라고 놀렸다.

효과

- 감정이입을 통해 놀림 당한 아이의 마음을 이해함
- 비폭력 대화 4단계에 맞춰 의견을 제시했을 때의 효과를 깨달음

"선생님, 항상 이렇게 4단계로 이야기해야 해요? 생각하는 데 시간이 너무 많이 걸려요."

역할극을 마치고 한 아이가 걱정스러운 눈빛으로 질문했다. 이 질문을 듣고 학습 코칭 연수 때 강의해주신 교수님 말씀이 떠올랐다.

"코칭 공부를 시작하며 공감하고 존중하는 말을 쓰려고 부단히 애를 썼지만 40년 넘은 언어 습관이 하루아침에 바뀔 리가 없었어요. 맞지 않은 옷을 입은 듯 어색하고 제 아이도 저를 이상하게 봤어요. 그래도 포기하지 않

고 이불을 뒤집어쓰고 코칭 책에 나오는 예시 대사를 몇 달 동안 치열하게 외웠더니 조금씩 말문이 트이더군요."

나도 감정코칭을 배울 때 지시적이고 강압적인 말투를 고치려고 일 년 남짓 출근길에 '공감하는 말'을 외웠었다. 습관이 된 후에는 낯간지러운 것이 줄고 자연스럽게 공감하는 말이 나오게 되었다.

비폭력 대화도 마찬가지다. 4단계 형식보다 무엇을 전달하고 싶은지에 집중하면 된다. 결국 상대의 마음을 여는 것은 의사소통 기술이 아니라 소통하려는 의지, 깊은 공감, 진정성이 담긴 존중과 배려다.

독서코칭 11 상대의 생각을 헤아리는 법

페터 빅셀의 책, 《책상은 책상이다》로 채널 맞추기 연습

책에 대하여

스위스의 대표적 현대 작가인 빅셀은 주로 '언어와 소통의 문제'를 다룬다. 《책상은 책상이다》에서는 한 중년 남자가 어느 날 갑자기 '책상을 책상'이라 부르는 변함없는 법칙에 진저리를 내고 자신만의 언어를 창조한다. 시간이 지나면서 그는 사람들의 언어를 잊어버리고 소통이 단절되면서 결국 사회로부터 소외된다.

활동 목적

의사소통을 잘 하려면 상대가 이해할 수 있는 언어를 구사해야 한다는 것을 이해한다. 여기서 말하는 '언어'란 상대방의 생각을 포함한다.

활동 방법

① 이야기를 읽고 질문을 만든다.
"남자는 결국 어떻게 되었을까?"

- 그는 사람들이 하는 말을 더 이상 이해할 수 없게 되었고, 사람들도 그의 말을 이해할 수 없게 되었다.
- 점점 침묵하게 되고 자기 자신하고만 이야기하게 되었다. 나중에는 인사조차 하지 않고 고립된다.

② 나만의 언어사전을 만들어 글을 쓴다.

③ 쓴 글을 친구들과 공유하며 어떤 뜻인지 파악해본다.

④ 느낀 점을 나누고 친구들과 의사소통했던 자신의 모습을 되돌아본다.

- 친구에게 내 생각을 강요했다.
- 원하는 말만 하고 친구의 이야기는 진지하게 듣지 않았다.
- 이해가 안 되는 것을 틀렸다고 생각하고 이해하려 노력하지 않았다.

학생 작품

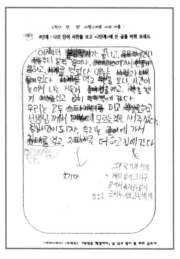

• 언어사전

방학 →붙임딱지	아침밥→시계	우유→딸기	교과서 →스파게티	칠판→리본
학교→우유갑	세수→선풍기	책가방 →종이컵	공부→책상	점심→침대
아침→전등	식빵→시럽	실내화가방 →책	급식실→종이	교시→피자
화장실 →크레파스	사과잼→나무	신발→치즈	시계→우산	

• 글

어제부터 붙임딱지가 끝나고, 우유갑에 간다. 전등부터 일찍 일어나, 크레파스에 가서 선풍기를 하고, 시계를 먹었다. 메뉴는 시럽과 나무와 딸기였다. 시계를 먹고 우산을 보니 시간이 늦어서 나는 서둘러 종이컵을 메고 책을 챙겨 치즈를 신고 급히 우유갑에 갔다.

우리는 모두 스파게티를 펴고 책상을 하고 선생님께서 리본에 모르는 것을 써주셨다. 점심시간이 되자 우리는 종이에 가서 침대를 먹고 2피자를 더 하고 집에 갔다.

협업하는 아이들이 멀리 간다

"선생님, 그냥 혼자서 하면 안 되나요?"

더는 자기만 손해 보는 모둠 활동은 못 하겠다는 강한 의지가 배어 있었다. 아람이는 차분하고 성실한 데다 공부에 글쓰기까지 두루 잘하는 아이였다. 문제는 무엇을 하든 자신과 자신이 속한 모둠이 가장 잘해야 한다는 '강박'이었다. 끊임없이 주변을 살피며 조금이라도 뒤처지는 것 같으면 조바심을 내며 자기 자신과 모둠원을 다그쳤다. 친구들이 하는 것이 성에 차지 않으면 한숨을 푹 내쉬며 "그냥 내가 할게" 하고 냉큼 가져가 본인이 해결했다.

이 모둠은 항상 묘한 긴장감이 돌았고, 아이들 표정도 어두웠다. 뭘 해도 아람이를 만족시키지 못하니 자포자기한 심정으로 아람이가 하는 것을 무기력하게 지켜보는 경우가 많았다. 아람이가 할 몫은 점점 늘어갔고 불만도 쌓여갔다.

교육심리학자 알피 콘은《경쟁에 반대한다》에서 "아이들에게 경쟁이 불가피하다는 것을 주입시켜 그렇게 행동하도록 하는 것이 사회화 과정의 핵심"이라고 말했다. 어릴 때부터 끊임없는 경쟁 속에서 살아온 아람이의 선택지에 '협업, 상생' 같은 보기는 존재하지 않았다. 안타까운 일은 비교와 경쟁에 내몰려 항상 긴장의 끈을 놓지 못하고, 외로운 싸움을 하는 아람이 같은 아이들이 많다는 것이다. 경쟁이 전부라고 알고 살아온 아이들에게 갑자기 협동심을 발휘하라니, 진통을 겪는 것은 당연하다. 협업 방법을 차근차근 익히면서 낯선 경쟁을 내려놓고 '따뜻한 교감'과 '함께 이룸'의 희열을 맛보게 해주고 싶다.

■■■ '나'에서 '우리'로 궤도를 수정하다

"엄마는 사사건건 경수랑 비교해요. 제가 이런 취급을 받는 것이 다 경수 때문이에요. 걔를 안 보고 살면 좋겠어요."

경수가 자신의 모습을 찍어서 올린 유튜브 동영상에 성재가 심한 악플을 달았다. 자초지종을 들어보니 성재는 성적이 우수하고 상을 많이 받아오는 경수와 비교당하면서 엄청난 스트레스에 시달리고 있었다. 경수와 성재는 유치원 때부터 친구고 두 가족이 함께 주말 캠핑을 갈 정도로 부모님들끼리도 잘 알고 지내는 사이다. 친한 친구라지만 끊임없이 비교당하다 보니 미워하는 마음이 생겼고, 속상함을 악플 다는 것으로 표출한 것이다.

비교와 경쟁은 아이들을 병들게 하고 관계를 망가뜨린다. 친구를 이기는 것으로 자신의 가치를 끊임없이 증명해야 하기 때문이다. 자기보다 잘하는 아이를 끌어내리고, 못하는 아이를 깔보며, 상대의 실수는 가차 없이 비난한다. 부모님이 친구보다 더 잘하라고 다그치고, 선생님이 성적순으로 줄을 세울수록 질투, 불안, 이기주의가 팽배해진다. 쉴 새 없이 앞만 보고 달리기도 벅찬데 주변을 둘러보고 손 내밀 여유가 있을 리 없다.

숨 막히는 경쟁을 내려놓게 하고 싶었다. 혼자만의 외로운 싸움이 아닌 함께 헤쳐 나가는 기쁨을 누리게 해주고 싶었다. '나'에서 '우리'로 궤도를 수정해주고 싶었다.

우선, 책을 읽어주며 비교와 경쟁에 지친 마음을 꺼내보는 시간을 가졌다. 노경실의《철수는 철수다》에 철수 엄마가 모범생 준태와 사사건건 비교하면서 철수의 자존감을 짓밟는 장면이 나온다.

"우리 엄마랑 똑같아요."

아이들한테서 자신의 처지를 한탄하는 볼멘소리가 터져 나왔다. 서로 맞장구를 쳐가며 비교 당할 때의 좌절감과 분노를 거침없이 드러내며 유대감이 생겨났다.

트리나 폴러스의《꽃들에게 희망을》에는 이런 말이 나온다. "그 기둥더미 속에서는 이제 친구란 있을 수가 없었습니다. 그들은 다만 하나의 위협이요 장애물일 뿐이며 동료들을 발판으로 삼고 기회로 이용하여 올라가야 하는 것이었습니다." 꼭대기에 무엇이 있는지도 모른 채 수백 마리의 애벌레들이 수단과 방법을 가리지 않고 동료들을 짓밟으며 위로 또 위로 올라가는 장면과 앞만 보고 달려가는 우리 아이들 모습이 겹쳐 보였다.

"친구가 대회에서 떨어졌으면 좋겠다고 생각한 적이 있어요."

"제가 시험을 더 잘 보면 그 친구가 다른 친구들이랑 제 욕을 할까 봐 걱정돼요."

"다음에도 제가 제일 잘할 수 있을지 모르겠어요."

솔직한 고백의 말을 듣고 방법을 생각해보았다.

고민 끝에 교실에서 모둠점수제와 물질적 보상을 없앴다. 아이들은 점수에 예민하다. 1점을 더 얻기 위해 모둠 친구를 윽박지르는 일을 서슴지 않으며, 점수 배정이 공평하지 못하다 생각하면 악다구니처럼 따지고 들기도 한다. 물론 아이들은 '점수를 깎는다'는 협박에 금방 선생님 말을 듣고, 1등 모둠에게 주어지는 포상을 위해 과제를 기꺼이 수행한다. 하지만 회의가 들었다. "아이들을 점수로 움직이는 것이 바람직한가?" "1등을 못한 모둠에게 상실과 좌절을 안겨주면서까지 모둠점수제를 운영해야 하는가?" 의문이 꼬리를 물었다.

물질적 보상 또한 마찬가지였다. 격려 차원에서 주기 시작한 물질적 보상이 오히려 아이들에게 독이 될 때가 있다. 자발적인 내적 동기가 사라지고 외적 보상에 따라 움직이게 되기 때문이다. 결실의 크기가 아닌 보상의 크기에 성취감이 비례한다. 부모님과 1등이나 100점을 놓고 스마트폰 새로 바꿔달라는 협상을 하고는 한다. 아이가 자랄수록 요구하는 보상의 크기는 감당 안 될 정도로 커진다. 외적 보상보다 노력 과정을 인정해주며 스스로 내적 동기를 가질 수 있게 해야 한다.

다음으로는 반을 하나의 공동체로 묶을 가치를 정했다. 상징적 의미를 담아 반 이름을 지었다. 우리 반은 도종환의 시 〈담쟁이〉에 감화되어 '여럿이 함께 손을 잡고 벽을 넘는 운명의 공동체'라는 의미를 담아 '담쟁이 반'으로 지었다. 매년 3월 첫 주에는 아이들이 시의 구절을 나눠 쓴 후 큰 종이에 붙여 시를 완성한다. 복도에 붙여놓고 반복해 읽으면서 마음을 엮고 우리가 멋진 공동체라는 자부심을 갖는다.

이렇게 마인드세트을 하고 난 후에는 협동 구조를 만들고 협동에 필요한 기술을 익히고 훈련한다. 이상우의 《살아 있는 협동학습》, 김대권의 《바로 지금 협동학습!》에 나오는 내용 중에서 그해 아이들 특성에 맞는 기술을 선택한다. 자신의 특성에 맞는 역할을 찾아 공평하게 분담하는 방법, 모둠 활동에 골고루 참여하고, 집단지성을 발휘하여 의견을 모으고 활용하는 방법을 시행착오를 겪으며 익혀간다. 3달 정도 지나면 협업하여 성과를 이룬 열매들이 하나씩 열리기 시작한다.

■ ■ ■ 함께 성장하는 기쁨을 누리다

어느 날 학부모님께 전화 한 통을 받았다.

"친구들 가르치는 것 시키지 말아주세요."

아이가 친구에게 모르는 것을 알려주며 시간 빼앗기지 않고, 혼자서 수업 시간에 집중할 수 있게 해달라는 요청이었다. 일방적으로 자기 아이가 손해를 보고 있다고 생각하고 계셨다. 아이들 생각도 비슷하다.

"아는 것을 나누는 것은 손해일까?"

이 질문에 대부분 '주는 만큼 받는 것은 괜찮지만 일방적으로 주는 것은 손해다'라는 반응을 보였다. 수업 중에 자기가 쓴 글을 필통으로 가리고 친구들에게 보여주지 않으려 하고, 자기가 알고 있는 것을 가르쳐주기를 주저한다.

관점의 전환이 필요했다. EBS 제작팀의 《왜 우리는 대학에 가는가》에 소개된 '학습 효율성 피라미드'를 칠판에 그렸다. 배운 내용을 가장 효과적으로 기억하는 방법이 무엇인지 물었다. 아이들은 듣기(5%), 읽기(10%), 집단 토의(50%)를 제치고 서로 설명하기(90%)가 가장 효과적이라는 사실에 충격을 받았다. 관점이 달라졌다. 가르쳐주는 것이 일방적인 헌신이 아니라 오히려 나에게 도움이 된다는 생각은 서로 돕는 학습 분위기를 조성하는 초석이 되었다.

서로 가르치기의 힘은 실로 대단했다. 영어, 수학뿐 아니라 과학 실험 방법, 단소 부는 방법, 티볼 규칙, 소묘 기법까지 자신이 아는 것이라면 흔쾌히 가르쳐주었다. 동등한 입장에서 가르치기를 하니 모르는 부분을 부끄러워하지 않고 솔직하게 내보이고 적극적으로 배워나갔다.

　"통분 잘 못 풀겠어. 가르쳐줘."

　"What 다음에 어떻게 읽어?"

　먼저 다가가서 도움을 요청하는 아이들이 많아졌다.

　답답하다고 대신해주는 것이 아니라, 친구가 스스로 할 수 있도록 단계별로 도움을 주고 기다리는 아이들, 더 쉽게 설명하는 방법을 찾아 맞춤 학습을 제공하는 아이들도 생겨났다.

　"난 정말 머리가 나쁜가 봐" 하면서 머리를 콩콩 찧는 친구의 어깨를 다독이며 "고생한 만큼 더 오래 기억할 거야"라고 격려하는 아이도 있었다. 그 모습이 어찌나 사랑스럽던지 후배들에게 몇 년째 자랑하고 있다. 아이들은 단순히 지식만을 배운 것이 아니라 그 너머의 공감과 존중의 태도, 나눔의 기쁨을 얻었다. 흡족함은 또 다른 나눔의 원동력이 되어 '서로 가르치기 선순환' 구조를 만들어냈다.

　자기 생각을 적극적으로 베껴 가는 것을 즐기기 시작했다. 자신의 의견은 검은색, 다른 사람 의견은 다른 색으로 구분하고 친구의 이름을 적어 의견의 출처를 밝히라고 했을 뿐인데 말이다. "얘들아, 내 아이디어도 적어가~" 생각을 나누는 시간이면 한겨울 찹쌀떡 장수의 외침처럼 교실 여기저기서 한껏 고조된 목소리들이 오갔다. 친구들이 자기 것을 적어갈수록 SNS에 '좋아요' 횟수가 늘어나는 것처럼 기뻐했다. 극작가 조지 버나드 쇼가 "당신과 나의 아이디어를 한 개씩 맞바꾸면 각각 두 개씩의 아이디어를 갖게 된다"라고 한 것처럼 서로의 생각을 수용, 비교하면서 더 좋은 생각들을 만들어냈다.

놀라운 변화는 계속 이어졌다. 바로 떠오르는 샛별의 탄생이었다. 자신의 역량을 나눈 아이들은 제각기 수학의 달인, 종이접기 마스터, 티볼의 고수, 단소의 명인으로 거듭 성장했다. 친구의 도움을 받고 실력이 향상된 아이들은 다른 친구를 가르칠 정도의 역량을 갖추기 시작했다. 도움을 준 친구들에 대한 고마운 마음이 다른 친구들에 대한 공헌으로 이어졌다. 이렇듯 잘하는 아이들이 구심점이 되어 시작된 나눔은 또 다른 구심점을 만들어내고 이는 서로의 성장에 박차를 가할 수 있는 힘이 되어 시너지 효과를 냈다.

협업을 통해 가장 크게 얻은 것은 '관계'였다. 서로의 능력을 공유하며 크고 작은 성공을 겪는 과정에서 친구와 긍정적인 관계를 맺었고, 자신이 가치 있는 존재라는 것을 느끼게 되었다. 신뢰하고 존중하는 분위기 속에서 실수를 두려워하지 않고 자신의 능력을 키우고 펼칠 수 있게 되었다. 일 년 동안 협업이 잘되는 시기가 있고, 갈등이 최고조에 달했던 순간도 있지만 결국 아이들은 그 문제 또한 함께 해결했다.

점점 확신이 생겼다. 다시 치열한 경쟁에 내몰리더라도 우리가 함께 가꾸었던 '협업'의 씨앗은 계속 자랄 터였다. 경쟁만이 전부라고 알고 살아온 아이들이 '함께 가는 길'도 선택할 수 있게 되었다. 지금 당장은 혼자 가더라도 협업의 맛을 본 아이들은 끊임없이 함께 가는 길을 찾게 될 것이라는 믿음이 생겼다.

4장

책으로
아이의 인성을
쌓아가라

우리 아이 마음 사용 설명서

"얘가 작년이랑은 달라요. 아빠만 무서워해요. 아빠가 없으면 엄마랑 동생들을 그렇게 괴롭히네요."

어머니의 하소연이다. 평온하고 즐거운 상태의 아이들은 귀엽고 사랑스럽기 그지없다. 그런데 한번 폭발하기 시작하면 걷잡을 수 없을 때가 많다.

집에서는 동생 때리기, 물건 어질러놓기, 고래고래 소리 지르기, 부모님께 말대꾸와 반항을 하다 욕을 하기도 한다. 학교에서는 친구 걷어차기, 얼굴 긁어놓기, 발 걸어 넘어뜨리기, 물건 망가뜨리기, 의자를 집어 던지거나 책상 차기 등 끝이 없다.

어느 날은 싸운 아이들을 지도하다가 한 아이와 이야기할 동안 다른 한 아이에게 뒤에 가서 잠시 서 있으라고 했더니 사물함 문을 열어 '쾅' 소리 나게 닫기 시작했다. 30개의 사물함을 여닫을 때까지 마음이 복잡했다. '아이의 감정을 수용하고 진정시켜야 하나, 고집을 꺾는 것이 먼저인가?' 억누르면 튕겨나갈 것 같고, 수용해주자니 기고만장하여 자기 마음대로 할 것 같았다.

아이들은 이런 어른들의 마음을 적절하게 이용한다.

4장 책으로 아이와 한 뼘 성장하기 "엄마, 아빠와 한 몸을 쨌어지면 어내리고 싶다."

"엄마가 성적으로 너무 스트레스 줘서 자살하고 싶다."

어른들을 꼼짝 못 하게 할 때가 있다.

아이들은 부정적인 감정을 담아내는 데 익숙하지 않다. 폭주하는 기관차처럼 분노, 두려움, 배신감 등에 사로잡히면 극단적인 말과 행동으로 자기 자신과 주변 사람을 상처 입히고, 돌이킬 수 없는 선택을 하기도 한다. 엘렌 랭어는《마음챙김》에서 "마음챙김이란 휩쓸려 가지 않으면서 바라보는 능력"이며 "마음을 놓치면 삶도 놓친다"라고 마음챙김의 중요성을 강조했다.

'마음챙김은 마음을 들여다보며 잘 돌보는 것.' 이렇게 다시 정의 내리고, 마음을 보듬기 위해 감정에 이름 달기, 감정 표출 방법 익히기, 감사일기 쓰기를 했다.

■■■ '감정'이라는 새로운 언어를 배우다

쉬는 시간에 젠가 쌓기를 하던 아이들이 다투기 시작했다.

"야! 너 때문에 또 무너졌잖아!"

"내가 일부러 그랬냐?"

다른 아이들이 한 술 더 떠서 얄밉게 거들고 나섰다.

"그러니까 얘 빼고 하자니까."

"네가 무너뜨렸으니까 정리도 네가 해. 책임은 져야지!"

여러 친구에게 돌아가며 핀잔을 듣던 아이는 바닥에 흩어져 있던 젠가 조각들을 발로 걷어차며 악에 받혀서 울부짖기 시작했다.

"왜 항상 나보고 정리하라고 하는 건데? 너네는 뭐가 그렇게 잘났어?"

지나치게 흥분한 상태라서 일단 감정이 가라앉을 때까지 기다렸다가 수업을 마친 후 대화를 시작했다.

"이제 아무렇지도 않아요. 저는 쿨하니까요."

대뜸 자신이 속 좁은 아이가 아니라는 것을 선언이라도 하듯 잔뜩 힘을 주어 말했다. 그렇게 해결되는 듯 보였던 사건이 몇 주가 지나 다시 수면 위로 떠올랐다. 자신에게 핀잔을 주던 친구가 젠가를 무너뜨리자 기다렸다는 듯이 자신이 당한 대로 되갚아주면서 또 다른 싸움이 벌어진 것이다.

아이들은 자신을 지배했던 감정이 사라지면 '괜찮다', '해결되었다'고 생각해버린다. 괜찮다고 생각하는 동안에도 감정이 할퀴고 지나간 상처는 치료시기를 놓쳐 곪고 터져서 건강한 마음도 갉아먹기 시작한다. 그리하여 다른 사람을 쉽게 오해하고 자신이 피해자라 생각하며 비뚤어진 시선으로 세상을 바라보게 된다. 내면 아이가 마음의 상처를 쥔 채로 웅크리고 있다가 비슷한 상황을 만나면 고개를 들고 복수를 감행하는 것이다.

아이들이 감정을 제대로 돌보지 못하는 것은 부정적인 감정을 나쁘다고 생각하기 때문이다. 어릴 때부터 분노, 반항, 두려움 등은 드러내지 않는 것이라고 훈련받아왔기에 부정적인 감정에 겁을 먹거나 죄책감을 느끼며 빨리 흘려보내려고만 한다. 제대로 직면하고 토닥일 여유가 없는 것이다.

아이들에게 감정을 제대로 표현하는 방법을 알려주고 싶었다.

첫째, 우리가 느끼는 다양한 감정 종류를 파악하고, 감정에는 좋고 나쁨이 없음을 알려주었다. 《42가지 마음의 색깔》을 보여주며 감정의 종류와 특징을 살펴보았다. 42가지 감정에 대해 이해하기 쉽게 설명이 되어 있는데다 동화 느낌의 그림이 아이들의 마음을 사로잡았다. 책을 읽은 후에는

60여 개의 감정 단어가 담긴 '느낌 카드'를 펼쳐놓고 부정적 감정과 긍정적 감정을 살펴보았다. 그리고 어떤 감정이든 자연스러운 것이며 좋고 나쁨이 있는 것이 아니라는 사실을 알려주었다.

둘째, 감정의 정체를 파악하고 이름을 붙여주었다. 자신의 감정이 어떤 상태인지 정확하게 모르고 감정에 휘둘리는 아이들이 많다.《내 아이를 위한 감정코칭》에서 최성애 박사는 문에 손잡이를 달아주듯 감정에 이름을 붙여주라고 했다. 이름을 붙이고 나면 감정을 어떻게 처리해야 할지 명료하게 생각하고 판단할 수 있다는 것이다.

5살짜리 어린아이는 배가 아프면 겁을 집어먹고 무조건 울지만, 12살 정도 되면 통증의 정체를 파악해서 화장실에 가야 할지 보건실에 가야 할지 판단한다. 좀 더 여유롭게 대처하게 되는 것이다. 자신이 느끼는 감정이 무엇이고 왜 느끼는지를 알면 감정에 휘둘리지 않기 위해 자신을 붙잡는다. 문을 열고 그 감정에서 빠져나올 수 있게 된다. 감정 탈출에 성공하는 횟수가 늘어갈수록 과거 경험에 비추어 감정을 처리하는 능력이 향상된다.

셋째, 초감정을 파악하는 연습을 했다. '초감정'은 '감정 뒤에 깔려 있는 또 다른 감정'을 말하는데 '화' 감정 너머에는 '실망감, 억울함, 배신감, 절망감' 등 다른 감정이 있다는 것이다. 함께 놀던 아이들에게 복수를 감행했던 아이는 며칠 전 사건만을 되갚아준 것이 아니었다. 평소 많은 친구가 놀이 활동에 자신을 잘 끼워주지 않아 생긴 소외감을 폭발시킨 것이었다.

서클을 열어 친구의 마음을 다독이며 서로 어떻게 대할지 이야기하는 시간을 가졌다. 그 후로 갈등을 해결할 때마다 아이들과 초감정을 파악하는 연습을 했다.

"마음 챙기자! 그건 목숨 걸 만한 일 아니야!"

언성이 높아지고 날카로운 말이 오고 갈 때 던지는 말이다. 마음챙김은 자존감을 향상시키고, 삶에 활력을 불어넣으며, 만족도를 높인다. 감정과 친구가 되어 어떤 감정을 만나든지 당황하지 않고 현명하게 대처하는 힘을 기를 수 있는 아이들로 자라주기를 기대해본다.

독서코칭 12 느낌 카드로 감정 이름 익히기

감정 알아맞히기

① '느낌 카드' 중 마음에 드는 감정을 한 가지 고른다.
② 앞면에는 감정에 어울리는 그림이나 캐릭터를 그린다.
③ 뒷면에는 감정의 뜻, 유의어, 예시 문장을 적는다.
④ 그림만 보고 연상되는 감정 알아맞히기 활동을 한다.
• 그림만 보고 감정 알아차리기
• 해당 감정을 느끼는 상황을 설명해주고 알아맞히기
⑤ 활동 소감을 나눈다.

효과

• 다양한 감정 표현 단어를 재미있게 익힘

• 감정을 세분화하여 표현할 수 있게 됨

■■■ 어느 늑대에게 먹이를 줄 것인가

마음을 놓쳤던 나의 부끄러운 과거가 떠오른다. 감정코칭을 실천하면서 아이들과의 갈등을 지혜롭게 해결할 수 있게 되었다며 만족하고 있었다. 감정을 다스리는 데도 어느 정도 자신이 있었는데, 긴장의 끈을 놓았던 탓인지 아이와 사이가 크게 틀어지는 일이 터지고야 말았다. 아이에게 지나치게 화를 낸 것이다.

급식실에서 캠페인 활동을 벌일 때 함께 서 있던 아이들끼리 시비가 붙었다. 이제 막 사귀기 시작한 커플을 놀렸던 것이다. 상대 아이 얼굴이 일그러지며 그만하라고 하는데도 여전히 재미있어 죽겠다는 표정으로 놀리기를 멈추지 않았다. 급기야 여러 아이가 말려야 하는 싸움으로 커졌다.

놀린 아이를 조용한 곳으로 데려가 상담을 시작했다. 지키고 싶은 비밀을 들킨 친구의 마음을 헤아려주기를 바라는 마음이었다. 아이는 사실을 말했을 뿐이라며 불만이 가득 찬 말투와 건들거리는 태도로 일관했다. 순간 이성을 잃고 소리를 지르며 불같이 화를 냈다.

"도대체 몇 번째니? 어쩜 그렇게 친구에 대한 배려가 눈곱만큼도 없이 이기적인 행동만 골라 하니? 다른 사람 기분은 생각도 안 하고 항상 너만 옳다고 하지!"

화를 내는 중간에 지나치게 화를 내고 있는 것을 깨닫고 정신이 번쩍 들었으나 갑자기 태도를 바꾸는 것도 우스워질 것 같아 멈출 수 없었다.

"이제부터 상관 안 할 테니 네 마음대로 해!

소리를 빽 지르고 몸을 홱 돌려 교실로 돌아왔다. 화난 상태에서는 후회할 것이 뻔한 말을 내뱉고, 되돌릴 수 없는 결정을 하기도 한다. 마음 놓침의 대가는 컸다. 아이를 다시 만나 관계를 회복할 틈도 없이 다음 날부터 시작된 긴 추석 연휴 내내 마음이 불에 덴 듯 지옥이었다. 감정 조절을 몇 년 동안 잘해왔는데, 공든 탑이 순식간에 무너진 것이다. 아이 탓으로 돌렸다가 별것 아닌 일에 그렇게까지 행동한 자신을 공격하기를 반복했다.

그 이후 두 달 남짓 그 아이와 관계를 회복해가면서 지속적으로 '마음챙김'을 하는 것이 얼마나 중요한지 뼈저리게 느꼈다. 아이들도 마음챙김을 할 수 있도록 '부정적인 감정을 다루는 법'을 알려주고 싶었다.

우선 《생각이 크는 인문학 7: 감정》을 읽으며 '화'의 정체는 무엇인지, 화가 나면 무조건 참아야 하는지, 화를 어떻게 해소해야 하는지 생각해보았다. 책의 조언에 따라 '안전한 상대에게, 안전한 상황에서, 안전한 방식'으로 화를 해소하는 방법을 찾았다. '좋아하는 가수 유튜브 영상 보기, 마음이 차분해지는 장소에 가기, 화가 나는 마음을 종이에 써서 갈기갈기 찢은 후 변기에 넣고 물 내리기'를 생각해냈다. 아이들은 캐릭터 양말에 솜을 채워 만든 마음인형에게 자신의 감정을 쏟아내는 것도 좋아했다.

《서준호 선생님의 마음 흔들기》에 나온 활동 또한 감정 해소에 효과적이었다. 신문지 찢어 던지기와 휴지 미라 탈출은 아이들이 열렬하게 좋아했던 활동이다.

활동 1 신문지 찢어 던지기

활동 목적

부정적인 감정을 해소하고 다른 친구의 마음을 헤아린다.

활동 방법(책 내용을 응용하여 적용)

①신문지 한 장을 길게 찢을 때마다 스트레스 받는 일을 말한다.

②감정의 찌꺼기가 담긴 신문지를 뭉쳐 공을 만든다.

③교실 가운데 책상을 길게 붙여 공간을 나누고 반반씩 양쪽에 선다.

④공을 반대편으로 던지면서 "학원 가라는 잔소리, 사라져!", "급식 먹을 때 돼지 같다고 하는 말 사라져!" 같은 스트레스 받는 말을 외친다.

⑤정해진 시간이 될 때까지 바닥에 떨어진 공을 주워 계속 던진다. 신나는 음악을 배경으로 틀어주면 더 효과적이다.

⑥활동을 마치고 공을 던졌을 때와 맞았을 때 느꼈던 감정을 그 이유와 함께 이야기해본다.

효과

- 마음껏 뛰고 소리 지르고 던지면서 해방감을 느낌

- 친구가 던진 공을 맞을 때의 불쾌감을 떠올리며 부정적인 감정을 함부로 표출했을 경우 다른 사람이 상처받을 수 있다는 것을 스스로 깨달음

활동 2 휴지 미라 탈출

활동 목적

자신을 억눌렀던 일을 떠올리며 부정적인 감정을 해소한다.

활동 방법(책 내용 응용하여 적용)

① 둘씩 짝을 짓는다.

② 스트레스 받는 일에 대해 이야기하며 두루마리 휴지를 온몸에 감아 미라를 만든다.

③ 남은 사람끼리 또 짝을 지어 휴지를 감아준다.

④ 모두 감으면 "잔소리 탈출!" 같은 가장 스트레스 받는 일을 외치며 휴지를 찢고 나온다.

⑤ 땀에 흠뻑 젖을 때까지 신나는 노래에 맞춰 휴지를 찢고 던진다.

⑥ 활동 소감을 나눈다.

효과

스트레스 지수가 낮아지며 친구들과 친밀도가 높아짐

• 참고문헌: 서준호, 《서준호 선생님의 마음 흔들기》, 지식프레임, 2013.

활동을 마무리하며 체로키 인디언의 〈두 마리 늑대 이야기〉를 들려주었다. 우리 마음에는 화, 질투, 탐욕, 열등감, 거짓, 우월감, 이기심을 가진 나쁜 늑대와 기쁨, 평안, 사랑, 인내심, 평온함, 겸손, 친절을 가지고 있는 착한 늑대가 있다. 수없이 나쁜 늑대를 길러왔던 부끄러운 과거를 고백하면서 자신 안에서 싸우고 있는 두 마리 늑대 중 어느 쪽에 더 많은 먹이를 주며 살아왔는지 되돌아보는 시간을 가졌다. 아이들이 나쁜 늑대에 지배당하지 않고 착한 늑대를 승리로 이끌 힘을 길러나가기를 기대하면서.

종종 아이들의 불만 섞인 이야기를 듣는다.

"우리 엄마가 동생만 새 운동화 사줬어요."

부모님이 자신들을 키우느라 애쓰는 것은 보려 하지 않고, 자기에게 잘못해준 것만을 가지고 불만을 토로한다.

"선생님, 왜 우리는 과자 파티 안 해요? 옆 반은 아까 했단 말이에요."

"2반은 3반이랑 체육 시간에 축구 경기했대요. 우리도 축구해요."

학교에서도 마찬가지다. 끊임없이 다른 반과 비교하면서 입을 삐죽이며 툴툴거린다. 아직 아이니까 부러워서 그런가 하며 이해하고 그냥 넘긴 적이 많지만, 때로는 서운하고 괘씸한 마음이 들 때도 있었다. 우리 반만 하는 특색 활동도 많은데, 갖지 못한 것에만 집중하여 불만을 늘어놓는 아이들이 얄미웠다.

세상을 부정적인 시선으로 삐딱하게 보는 아이들을 보면 맥이 빠진다. 심부름을 보낼 때였다.

"선생님 좀 도와줄래? 가정통신문 배달 미션! 이건 2반, 저건 3반……"

아이들은 대개 특정 아이만 많이 시키면 차별이라고 할 정도로 심부름하기를 좋아한다. 그런데 예상치 못하게 한 아이가 볼멘소리로 짜증 난다는 듯 말을 내뱉었다.

"이게 무슨 미션이에요? 일 시키는 거지!"

순간 신나서 가정통신문을 받아들었던 다른 아이들이 머쓱해진 표정으로 서로를 바라보았다. 들떴던 분위기가 한순간에 가라앉았다. 매년 이렇게 부정적인 시각을 가진 아이가 있다. 좋은 점보다 잘못된 점을 먼저 짚어내고, 비판하기를 좋아하며, 새로운 활동을 할 때마다 귀찮아 죽겠다는 표정으로 다른 친구의 의욕을 꺾는다. 부정적 감정은 바이러스처럼 빠르게 전이된다. 이런 분위기는 빨리 뒤집어야 한다. 시기를 놓쳐 무기력하고 불만만 가득한 반으로 변하는 것을 여러 차례 겪어왔다.

감동적인 이야기 몇 편이나 훈화 몇 번에 아이들의 태도가 바뀌지는 않는다. 생각을 바꾸고 행동을 바꿀 '지속적인 무언가'가 필요했다. 이의용의《내 인생을 바꾸는 감사일기》를 읽고 감사일기 쓰기를 해봐야겠다고 결심했다.

우선 평범한 일상 속에서 긍정적인 관점을 갖고 감사를 건져 올리도록 했다. 이의용의 책에 남아프리카공화국 최초의 흑인 대통령 넬슨 만델라 대통령 이야기가 나온다. 오랜 수감 생활을 견뎌낼 수 있었던 이유가 "감옥에서도 하늘을 보고 감사하고, 땅을 보고 감사하고, 물을 마시며 감사하고, 음식을 먹으며 감사하고, 강제 노동을 하면서 감사"했기 때문이라는 사실은 아이들에게 충격을 던져주었다. 주변에서 감사한 일을 찾아보았다. 건강하게 눈을 뜬 것, 다닐 학교가 있는 것, 맑은 날씨, 선선한 바람이 부는 것 등 당연하게 여기고 무감각하게 스쳐 지나던 것들에 대해 돌아보았다.

월요일부터 금요일까지 학교에서 감사일기를 하루 한 편씩 썼다.

"감사할 일이 없어요."

이 말을 수없이 한다.

"당연히 감사해야 할 것에 감사하고, 당연하게 여겼던 것들에 감사하고, 감사할 수 없어 보이는 것에도 감사해봐."

대한민국 1호 땡큐테이너 민진홍이《땡큐파워》에서 했던 말을 건넨다.

긍정의 눈으로 일상 속에서 감사를 건져 올리고, 하루 한 가지씩 감사일기를 통해 감사를 표현하는 습관을 들이는 것이 쉽지만은 않았다. 월요일은 "맛있는 불고기를 만들어주셔서 감사합니다", 화요일은 "맛있는 오징어 볶음을 만들어주셔서 감사합니다" 이런 식으로 대충 쓰기도 했다. 풀을 일부러 떨어뜨린 다음에 친구가 주워주면 "풀을 주워줘서 고마워"라고 감사한 일을 '조작'하여 쓰기도 했다. 그래도 꾸준함은 힘을 발휘했다. "체육 시간에 달리기할 때 응원해준 것 고마워." "내가 울고 있었을 때 위로해주어 고마워." 이런 진심이 담긴 감사가 쌓이기 시작한 것이다.

아이들이 너무 얄미운 행동을 할 때면 조용히 아이의 감사일기 바인더를 꺼내든다. '오늘은 싸우고 욕했지만 이렇게 예쁜 행동을 하는 날도 있었지.' 한 장씩 넘겨보며 평정심을 되찾는다. 매 순간 마음이 어디로 흐르고 있는지 성찰하고, 긍정의 눈으로 세상을 바라보며 작은 것에도 감사하는 습관을 통해 아이들은 더 큰 행복을 누리게 될 것이다.

독서코칭 13 **아이와 함께 감사일기 쓰기** ·······································

긍정 프레임으로 감사 건져 올리기

활동 방법

① 매일 정해진 시간에 '나 칭찬'과 '감사일기'를 쓴다. 가정에서라면 하루를 마무리하는 저녁 시간, 학교라면 알림장 쓰는 시간에 함께 쓴다.

② 하루를 되돌아보며 '내가 잘한 일', '감사한 일'을 떠올려본다. 가정에서는 가족, 학교에서는 짝이나 모둠과 대화를 통해 찾아본다.

③ 날짜, 연번, 감사 내용을 적는다. 익숙해질 때까지 감사한 사람, 감사한 때, 감사한 내용, 감사 인사로 세분화하여 쓰면 좋다.

④ 부모님이나 선생님이 감사일기 쓰기를 함께 실천해도 좋다.

⑤ 공책이나 바인더에 누적하여 모은다. 공책은 다 쓰면 버리는 아이들이 많아 3P 바인더에 모았다. 일 년이 지나면 감사일기로 꽉 찬 바인더 한 권이 완성된다.

효과

- 선생님, 부모님, 친구들과 함께 실천하면서 감사일기 쓰는 습관 형성

- 긍정적인 시선으로 작은 것에도 감사하려는 태도 형성

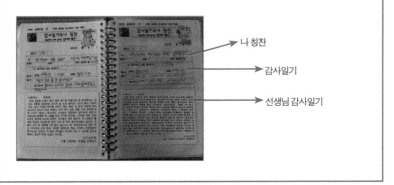

나 칭찬

감사일기

선생님 감사일기

- 참고자료: 3P자기경영연구소 '보물찾기' 교육 자료 응용.

새로운 세상을 열어주는 마음, 호기심

가끔 아이들에게 툭 질문을 던져본다.

"너네 똠얌꿍 먹어보았니?"

"그게 뭔데요?"

 질문을 던지기 전의 아이들은 시고 매운 태국 수프에 대해 한 번도 상상해본 적이 없을 것이다. 존재하는지도 몰랐던 것을 상상하거나 호기심을 갖기는 어렵기 때문이다. 호기심을 갖기 위해서는 세상에 대한 관찰과 새로운 세계에 대한 탐구가 필요하다. 길가에 핀 꽃이나 달팽이가 기어가는 모습을 가만히 들여다보고, 다른 사람의 재미난 이야기를 들으며 상상의 나래를 펼치고, 책을 통해 양파 껍질 벗기듯 끊임없이 나오는 새로운 세계를 접해야 한다.

 하지만 외우고 시험 보기를 반복해야 하는 아이들에게 호기심 어린 행동은 종종 비효율적이고 쓸데없는 것으로 치부된다. 호기심은 세상으로 향한 문을 여러 개 만드는 것이다. 하나의 문을 열고 나가 또 다른 문으로 연결하는 길을 찾아내는 것이다. 하지만 지금까지처럼 어른들이 제시하는 문을 여는 방법만 익힌다면 앞으로 닥칠 수많은 일에 대처하기 힘들어질 것이다. 새로운 문들을 스스로 찾아나가면서 더 나은 삶을 만들고, 더 나아가 세상을 구할 수도 있을 것이다.

■ ■ ■ 생각을 확장하는 질문, 왜 그럴까?

아이들은 질문이 참 많다.

'정말? 질문이 많다고? 1학년인가? 고학년은 발표를 꺼리는데. 교육열이 높은 곳인가?' 하고 의아해할 것이다.

쉬는 시간이면 속사포처럼 터져 나오는 질문으로 교실이 시끌벅적해지지만 반길 만한 일은 아니다. 가만히 들여다보면 "화장실 가도 돼요?", "수학 다 풀었는데 책 읽어도 돼요?"처럼 일일이 허락을 구하는 질문, "짝 언제 바꿔요?", "우리는 피구 언제 해요?" 같은 질문을 가장한 요구, "숙제가 뭐였어요?", "이거 어디에 제출해요?", "5교시에 뭐해요?" 같은 학기 초에 약속으로 정했거나 충분히 설명했던 것을 확인하는 질문이 대부분이다. 단편적이고 호기심이라고는 찾아보기 힘들다. 선생님이나 부모님이 기대하는 호기심이 담긴 질문은 거의 들어볼 수가 없다. 에너지 총량에는 한계가 있는데, 자동판매기처럼 소모적인 질문에 답해주다 보면 지치고 신경이 곤두선다.

무엇이 아이들을 이렇게 만들까? '하고 싶은 것'을 자율적으로 탐색해보고, '해야 할 것'을 스스로 결정해볼 틈도 없이 늘 이미 정해진 계획에 따라 움직이는 데 익숙해졌기 때문이다. 뭐가 저렇게 불안할까 싶을 정도로 혼자 결정 내리는 것을 조바심 내고 작은 일도 꼭 확인을 받으려 한다. 괜히 자기 생각대로 했다가 혼날 것 같으니 일단 물어보는 것이다. 자발성이 없는 환경에서는 호기심이 싹트기 어렵다. 게다가 학교, 학원에서 내준 과제를 처리하고 성적 올리는 데 바빠서 주변을 둘러보며 궁금해할 여유가 없다. 괜히 공부에 집중 안 하고 쓸데없는 데 신경 쓴다고 핀잔받기 일쑤다. 관심사가 지극히 현실적인 것에 머물러버린 아이들에게 '이상한 것'은 신비로운 탐구의 대상이 아니라 불편하고 귀찮은 것이 되어버렸다.

질문을 보면 사고 수준을 알 수 있기에 아이들의 질문 수준을 높여주고 싶었다. 닫힌 질문보다 호기심과 능동적인 사고를 불러일으키는 열린 질문을 던지고 싶었다. 하지만 생각을 이끌어내는 세련된 질문을 만드는 것은 생각처럼 쉽지 않은 데다 큰 공을 들여야 하는 일이었다. 이렇게 머뭇거리다가 시작도 못 해보고 포기할 것 같았는데《하브루타 질문수업》에서 문장 끝에 '~까'만 붙여 질문을 만드는 것을 보고 욕심을 버렸다. 쉬운 것부터 시도해보기로 했다.

첫 번째 전략은 질문을 질문으로 답하는 것이다. 일명 '물음표에 물음표 달기 전략'이다. 체험학습 가서 "과자 먹어도 돼요?" 하고 묻기에, 간단한 대답 대신 질문을 했다. "될까? 안 될까? 넌 어떻게 생각하니?" 순간 당황하는 빛이 스쳤다. 빨리 답해주지 왜 자기를 곤란하게 하냐는 듯 의아한 표정이 담긴 눈으로 바라보았다. 짐짓 모른 척하며 대답을 기다리니 결국 자기 나름의 생각을 말해주었다. 질문에 물음표를 하나 더 다는 습관은 책을 읽으며 의문점이 생길 때나 또 다른 질문을 만들 때도 유용하게 쓰였다.

둘째, 꼬리에 꼬리를 무는 질문으로 생각을 확장해나가는 것이다. 꿈을 이루기 위해 어떤 책을 읽고 싶은지 적어보라 했더니 한 아이가 미술 관련 책을 읽고 싶다고 썼다. 미술가라면 건축과도 관련이 있겠다 싶어 얼마 전 관람하고 왔던 르 코르뷔지에 전시회 내용과《나, 건축가 안도 다다오》를 연결시켜 질문을 던지기 시작했다.

"독학으로도 건축가가 될 수 있을까?"

고개를 갸웃거린다.

"일본의 안도 다다오라는 분이 혼자 공부해서 유명한 건축가가 되었단다. 이분의 젊었을 때 직업을 추측해보렴."

미술가, 영화감독, 선생님 등 다양한 의견이 나왔다. 예상을 뛰어넘어 전직 권투선수였다는 것은 인지 부조화를 일으키기에 충분했다. 권투선수와 건축가는 연관성이 전혀 없어 보이니까 말이다. 다음으로는 안도 다다오가 지은 교회 건물을 보여주며 어떤 특징이 있는지 살펴보고 교회 이름을 지어보게 했다. 오사카에 있는 빛의 교회는 건물 내부에 십자가 형상의 창문을 만들어 빛이 들어오면 십자가가 만들어지는 것으로 유명하다. 질문을 계속 이어갔다.

"안도 다다오는 헌책방에서 발견한 르 코르뷔지에의 책 한 권을 읽고 또 읽고 베껴 그리면서 건축가의 길을 걷기 시작했단다."

이제 르 코르뷔지에 관련 질문을 던졌다.

"이분이 태어난 나라는?"

"전쟁 직후에 현대식 아파트를 창안한 이유는?"

"롱샹 성당을 보았을 때 드는 느낌은?"

롱샹 성당을 보고 또 다른 아이가 가우디 건축물이 생각난다고 하기에 구엘 공원, 사그라다 파밀리아 성당, 카사 밀라 사진을 보여주고 여러 질문을 이어나갔다. 질문을 던지고 아이들은 또 다른 질문을 만들어내면서 책, 지도, 사전, 인터넷, 토론을 통해 나름 답을 찾아냈다.

수업 방식이 바뀌니 학급 분위기가 변해갔다. 진도를 맞추기 위해 시간을 많이 끌 질문은 그냥 넘겨버리기 일쑤였지만 이제는 아이들이 관심을 보인 바로 그 순간에 멈춰 서서 함께 생각하도록 노력했다. 호기심은 휘발성이 강해서 그 순간 잡아채지 않으면 사라져버리기 일쑤다. 책과 경험에서 얻은 배경지식을 최대한 끌어모아 역사, 경제, 지구촌 문제와 도덕성까지 영역을 넘나들며 이야기를 주고받았다. 물음표가 거미줄처럼 뻗어 나가는 재미를 느끼면서 생각을 확장해나갔다.

■ ■ ■ 호기심으로 세상을 구하다

"고기보다 채소 값이 더 비싸다니! 정말?"

필리핀 친구들에게 도움을 주기 위한 '필리핀 비타민 후원 프로젝트'는 호기심 어린 작은 질문 하나에서 시작되었다. 여름방학 2주 동안 필리핀 밥퍼 센터에서 마을 아이들에게 배식 봉사활동 한 경험을 신나게 쏟아낼 때였다. 이야기를 듣던 선생님들은 채소가 고기보다 비싸다는 것과 비타민을 제대로 섭취하지 못해 피부병으로 고통받고 있는 사람들이 많은 것을 가슴 아파했다. 세계시민 교육으로 필리핀 아이들을 직접 돕는 프로젝트를 해보면 어떻겠냐는 의견이 나왔다. 우리나라도 아닌 필리핀 지역 친구들의 어려움에 공감할 수 있을지 걱정이 되었지만 일단 아이들의 반응을 살펴보기로 했다.

우선 영상을 제작하여 보여주었다. 센터에서 필리핀 아이들이 즐겁게 식사하는 모습, 활발하게 뛰노는 장면, 후원자와 연결된 사실을 알고 뛸 듯이 기뻐하는 모습, 피부병을 치료받는 모습을 소개했다. 영상을 보는 동안 아이들은 필리핀 친구들이 웃을 때는 함께 미소 짓고, 온몸에 병이 퍼져 엉망이 된 피부를 치료받고 있는 모습을 볼 때는 고통으로 얼굴이 일그러졌다. 후원자와 연결되어 좋아하는 모습에서는 저렇게까지 좋은 일인가 고개를 갸웃거렸다. 특히 채소를 자주 먹지 못하는 가난한 아이들이 비타민 부족으로 각종 피부병에 시달리고 있다는 사실에 큰 충격을 받았다. 영상을 본 후 여기저기서 질문이 쏟아졌다. 열심히 대답을 해주면서 잘 모르는 내용은 함께 찾아보았다.

《넌 네가 얼마나 행복한 아이인지 아니?》, 《둥글둥글 지구촌 국제구호 이야기》, 《어린이를 위한 지도 밖으로 행군하라》, 《별별 학교 지구촌 친구들》, 《나는 달걀이야! 너는?》, 《나는 8살, 카카오밭에서 일해요》에 나오는 다른 나라 친구들 이야기를 찾아보며 궁금증을 해소하고, 책에서 읽었던 내용이 현실에서 일어나고 있다는 것을 깨달았다. 필리핀 친구들에 대한 관심이 최고조에 다다를 때쯤 이 친구들이 피부병에 걸리지 않고 건강해지는 방법이 있느냐는 질문을 받았고, 나는 우리가 도울 수 있다는 말을 슬쩍 흘렸다. 반응은 기대 이상으로 폭발적이었다. 아이들의 마음은 이미 필리핀에 가 있었다. 친구들을 위해 도움이 되는 일을 하고 싶다는 뜨거운 마음을 안고, '비타민 프로젝트'의 여정은 첫발을 내딛게 되었다.

계획 세우는 일은 상상했던 것보다 복잡했고 구현하는 일은 훨씬 더 어려웠다. 선생님도 아이들도 처음 도전해보는 거라 열정만으로는 충분치 않았다. 구체적인 방법을 세울 필요가 있었다. 일단 후원할 비타민을 아이들이 직접 구입하는 것은 무리가 있다고 판단하여, 관련 미션을 통과하여 스티커를 모으고 모인 스티커 개수만큼 선생님들이 비타민을 구입하여 전달하기로 했다.

학급과 학년 다모임을 통해 미션을 정하고 비타민 후원 정도를 한눈에 알아볼 수 있도록 복도 벽에 커다란 스티커 판을 만들었다. 아이들이 스스로 정한 미션인 만큼 실천하려는 의욕이 대단했다. '급식실 앞에서 기아 어린이 돕기 캠페인 펼치기', '굶주리는 친구들을 생각하며 급식 남기지 않기', '채소 섭취를 권장하는 홍보 영상 만들기', '골고루 먹기를 권유하는 영어 편지 쓰기' 같은 다채로운 미션을 수행할 때마다 성장했다. 채소 음식을 권장하는 영상을 제작하기 위해 동영상 편집 기술을 익힌 것, 굶는 아이들을 생각하며 급식을 남기지 않으려고 노력한 것, 필리핀 친구들에게 편지를 쓰면서 영어 실력이 향상된 것 모두 주목할 만한 성과였다.

그런데 프로젝트 목표일이 다가올수록 또 다른 고민이 생겼다. 스티커 수만큼 비타민을 구입해야 하는데, 선생님들이 감당할 수 있는 수보다 훨씬 많이 모은 것이었다. 머리를 싸매고 고민하다 아이들에게 솔직하게 털어놓고 함께 방법을 찾았다. 학교에서 모금 활동을 하자는 의견이 나왔고 모금을 위한 계획을 세우기 시작했다. "후원금을 그냥 내라면 안 낼 거야. 어떻게 하면 후원금을 즐겁게 낼까?" "하루 중 언제 모금 활동을 하면 좋을까?" "다른 학년들은 필리핀 아이들에 대해 잘 모를 텐데. 비타민의 필요성을 어떻게 알리지?" 아이들은 스스로 질문을 던지며 해결 방법을 찾아갔다.

자발적으로 반마다 돌아다니며 후원 목적과 필요성을 홍보했다. 후원금을 낸 친구들에게 프로젝트의 상징인 비타민을 기념 선물로 주고 싶다며, 감사 쪽지를 넣어 비타민을 일일이 포장하는 수고를 마다하지 않았다. 드디어 모금 행사 날! 아이들이 많이 지나다니는 본관과 별관 밖에 행사 장소를 마련하고, 이틀간에 걸쳐 쉬는 시간, 점심시간마다 모금 행사를 펼쳤다. 1학년 아이가 "형아들이 돈 가져와서 비타민 사라고 했어"라고 행사의 취지를 잘못 전달하는 바람에 학부모님께 해명하는 가슴 철렁한 해프닝도 있었다. 하지만 선후배, 선생님과 학부모님까지 발 벗고 나서서 후원에 참여해주어 충분한 후원금이 모였다.

드디어 후원금으로 마련한 비타민을 전달하는 날! 감사하게도 때마침 한국에 입국하신 밥퍼 한성희 원장님께서 바쁜 일정을 쪼개 학교를 방문해주셨다. 원장님은 필리핀 아이들의 생생한 현장 이야기를 해주시고, 프로젝트를 진행한 5학년 아이들을 한 사람씩 안아주면서 감사의 마음을 전했다. 책을 읽으며 품게 된 '어려운 어린이를 도와야 한다'는 생각이 온전하게 실현되는 순간이었다. 자칫 반쪽짜리 이론 교육으로 끝날 수 있었던 세계시민 교육이 아이들이 발로 뛴 프로젝트를 통해 생명력을 얻었다.

호기심 어린 질문 하나가 시작점이 되어 선생님의 마음을 움직이고, 5학년 아이들의 마음을 열어 필리핀 어린이를 도왔다. 호기심이 관심으로, 관심이 뚜렷한 목표 의식으로, 목표가 실행으로, 실행이 열매로, 열매가 또 다른 나눔의 씨앗으로 변한 것이다. 다음에는 또 아이들의 어떤 호기심이 세상의 공헌으로 이어질까.

용기 있는 자만이 자존감을 얻는다

'용기' 하면 이순신이나 안중근 같은 영웅들이 나라를 구하려고 목숨을 바친 거창한 용기를 떠올린다. 멋지지만 아이들에게는 영 와 닿지 않는 다른 세계의 이야기다.

그럼 자라나는 아이들에게 필요한 용기는 무엇일까? 새로운 것에 도전하는 것, 주위의 따가운 시선에도 옳은 것을 선택하는 것, 부모님께 혼날 줄 알면서도 솔직하게 잘못을 인정하는 것, 이 모두에 용기가 필요하다.

여러 가지 용기 중에서 여기서는 '관계 맺음'에 필요한 용기에 관해 이야기하려 한다. 학교라는 곳에 발을 내미는 순간 숙명처럼 또래 아이들과 만나고 놀고 싸우고 헤어짐을 반복하는 쉽지 않은 여정이 시작된다. 상담할 때 조용하고 내향적인 아이는 친구에게 놀자고 먼저 제안하는 것이 큰 스트레스라고 고백했다.

"주말에 같이 놀자고 친구한테 전화 못 하겠어요. 거절당하면 어떻게 해요?"

부모님 눈에는 놀자고 전화 한 통 하는 것에 벌벌 떠는 아이가 못마땅하겠지만, 당사자에게는 큰 각오가 필요한 일이었다. 상대방이 먼저 놀자고 제안하면 기쁜 마음으로 응하겠는데 먼저 말을 꺼낼 용기가 없었던 것이다.

이 밖에 무리 지어 노는 아이들에게 함께 놀자고 제안하는 것, 싸운 후에 먼저 화해의 손을 내미는 것, 이성 친구와 잘 헤어지는 것, 친구가 싫어할 줄 알면서도 자기 뜻을 전달할 때도 강인한 마음이 필요하다. 눈 질끈 감고 용기를 냈을 때 사람들과 관계를 시작하고 유지하는 데 자신감을 갖게 된다.

■ ■ ■ 사귐에도 헤어짐에도 용기가 필요하다

체험학습 점심시간이었다. 오전 활동을 마치고 팀별로 도시락을 먹는데 소희라는 아이가 머뭇거리며 도시락을 안 꺼내고 있었다. 단짝 친구가 다른 장소에 있어 함께 먹을 아이가 없었던 것이다. 우리 반 다른 여자아이들이 있었지만 함께 먹자고 말을 꺼내지 못했다. 6개월을 함께 지낸 친구들인데 단짝 친구가 아니라서 마음이 편치 않은 모양이었다.

매년 새 학기가 되어 반이 재편성되면 친한 친구와 같은 반이 되는 경우도 있지만 뿔뿔이 흩어지는 경우도 있다. 친한 친구는 다른 반이라 멀리 있고 온종일 함께 생활하는 것은 같은 반 아이들이기에 좋든 싫든 새로운 관계를 시작해야 한다.

첫째, 여기서 먼저 다가가 손 내미는 용기가 필요하다. 누군가 넉살 좋게 다가와 손 내밀면 흔쾌히 잡겠는데, 실제로 그런 친구는 많지 않다. 상대를 탐색하고 눈치를 살피다 친해질 기회를 만드는 첫 관문을 통과해야 한다. 학기 초 아이들 사이의 서먹한 분위기가 일주일 이상 지속되었던 해에《욕망이 멈추는 곳, 라오스》에 나오는 오소희 작가와 어린 아들 중빈의 이야기를 들려주었다. 아들이 어릴 적부터 함께 해외를 누비며 1.5인의 여행 에피소드를 책에 담아내고 있는 오소희 작가는 라오스의 낯선 동네에 들어서자마자 아들 중빈에게 축구공 하나 덜렁 쥐여주고 현지인 아이들과 어울려 놀라고 등을 떠민다. 자신은 자전거를 타고 한 바퀴 돌고 오겠다며 유유히 사라진다. "아들 중빈의 심정은 어땠을까?" "엄마는 중빈이 무엇을 얻기를 원했을까?" "중빈은 결국 아이들과 어울려 놀았을까? 실패했을까?" 이런 질문을 던지며 다가서는 용기에 대해 이야기했다. 그리고 시도하기까지 망설임, 내적 갈등, 긴장감, 거절당했을 때의 민망함과 수치심, 마침내 성공했을 때의 희열감 등을 공유했다. 이 모두가 통과해야 할 관문이고 나를 단단하게 만드는 초석이라는 것을 아이들은 조금씩 이해하기 시작했다.

둘째, 헤어짐에는 더 큰 용기를 내야 한다. 이성 교제는 고학년의 끊이지 않는 화두다. 아이들이 '커플'이라고 공식 선언까지 하며 사귀는 것을 못마땅하게 여기는 부모들이 많지만 이성 교제는 점점 활발해지고 있다. 우리 반만 해도 1학기 말에는 다섯 커플이나 되었다. 사귀는 기간은 평균 2주에서 2달 정도. 사귐의 기간이 짧다 보니 만남과 헤어짐의 횟수도 잦다.

보통은 한 발짝 물러서서 지켜보지만 개입이 꼭 필요한 상황이 생겼다. 닭살 커플을 자랑하던 미래와 승훈이가 있었다.

"이제 그만 사귀자."

어느 날 앞뒤 설명도 없이 미래가 SNS로 이 말만 남기고 관계를 끊어버렸다. 하루아침에 다른 아이들 사이에서 승훈이가 차였다는 소문이 돌면서 반이 시끌벅적해졌다. 자존심이 상한 승훈이는 미래에 대한 온갖 험담을 하고 다녔고 욕도 서슴지 않았다. 미래와 승훈이를 불러 조심스럽게 상담을 진행했다. 미래는 다른 남자 아이들이 승훈이와 사귀는 것을 계속 장난삼아 놀리는 것에 시달려왔으며, 직접 얼굴을 보고 헤어지자고 할 자신이 없어 SNS로 보냈다고 했다. 자초지종을 알게 된 승훈이는 미래에 대해 함부로 이야기하고 다녔던 자신의 경솔한 행동을 후회했다. 미래는 제대로 된 설명 없이 일방적으로 이별을 통보한 것에 대해 무척 미안해했다.

워낙 우리 반을 뜨겁게 달구었던 이야기라 둥글게 서클을 만들어 이성 교제에 대해 자신의 생각을 솔직하게 말하는 시간을 가졌다. 초등교육 전문가 김선호는《초등사춘기 엄마를 이기는 아이가 세상을 이긴다》에서 본인이 초등학생에게 이성 교제에 대해 알려주는 첫 번째 지침은 '좋은 이별'이라고 했다. 그래서 양쪽 모두에게 상처를 남기는 '차버렸다'는 표현 대신 '헤어졌다'는 표현을 쓰라고 권유했다. 이 부분을 아이들에게 읽어주면서 다음번의 성숙한 만남을 위해 이별을 아름답게 마무리하는 용기를 내도록 당부했다.

■■■ 타인의 인정으로부터 자유로울 용기

"선생님 알고 계신가요?"

퇴근 후에 학부모님의 부재중 전화가 여러 통 와 있는 것을 보고 부랴부랴 전화를 드렸다. 아이에게 큰일이 났나 싶어 심장이 두근거렸다. 학부모님은 전화를 받자마자 다짜고짜 격앙된 목소리로 첫 마디를 던지셨다.

예상치 못한 질문에 순간 허를 찔린 나는 어안이 벙벙해져 잠시 말을 잇지 못했다. 오늘 무슨 일이 있었는지를 재빠르게 되감기 해보았다. 답답한 어머니는 바로 말을 이었다.

"선생님, 아이들이 모둠을 짜면서 자기들이 앉기 싫은 아이들만 골라서 한 모둠을 만들어놓았다네요."

이게 무슨 일인가 싶었다. 어제까지는 분명 아무 문제가 없었는데 오늘 도대체 무슨 일이 있었던 것인가? 머릿속으로 재빠르게 상황을 유추해보니 어느 정도 짐작 가는 부분이 있었다. 사건의 발단은 이틀 전에 모둠 구성을 아이들 자율에 맡긴 것에서 비롯되었다. 모둠 구성은 주로 내가 직접 해왔다. 매달 함께 앉고 싶은 아이들을 조사한 후 발표력, 학업 능력, 적극성, 교우 관계 등을 고려하여 다양한 구성원이 들어가도록 짜다 보니 원하는 친구들과 같은 모둠이 되지 못할 때가 많았다. 10월쯤 되니 '원하는 짝'과 앉는 것이 소원이라는 것을 강하게 표현했다. 학년 말이 되면 모둠 조합은 경우의 수가 줄어들어 어쩔 수 없이 전에 함께했던 아이들과 같은 모둠이 될 확률이 높아진다. 새로운 모둠을 짜는 데 골머리를 앓고 있던 터라 수고도 덜고 불만도 잠재울 겸 아이들의 요구를 수락했다.

소외되는 아이들 없이 각자의 의견을 충분히 반영하여 잘 짜보겠다는 다짐을 받고 학급회장에게 일임했었다. 그런데 이런 전화를 받다니! 대충 얼버무리며 통화를 끝내기는 했지만 전화를 쥔 손이 부들부들 떨렸다. 더 세심하게 신경 써달라는 학부모님의 부탁이 비난으로 들렸고, 중요한 부분을 놓쳤다는 자괴감에 학급회장에 대한 배신감까지 뒤섞여 속이 시끄러웠다.

어떻게 해결해야 하나 밤새 고민했지만 답이 나오지 않았다. 다음 날 일단 회장을 조용히 불러 자초지종을 물어보았다. 속사정은 이러했다. 처음에는 같은 모둠이 되고 싶지 않은 아이들을 한 모둠에 한 명씩 골고루 배치했다고 한다.

"그 아이를 다른 모둠으로 보내줘."

"얘랑 같은 모둠 되게 해줘."

다른 아이들이 계속 따라다니며 집요하게 요구했단다. 시달리는 것도 피곤하고 더 이상은 비난받고 싶지 않아 원하는 대로 바꿔주었다. 그러다 보니 같이 어울려 다니는 친구가 없는 아이들만 남아서 한 모둠을 형성했다고 했다. 회장 본인도 부끄러워했다. 목소리 큰 아이들의 불만을 잠재우기 위해 상대적으로 힘이 없고 존재감이 약한 아이들을 희생했다는 것을 후회하는 기색이 역력했다. 평소 친구들을 배려하는 데 자부심을 가져온 회장이기에 스스로에게 크게 실망했던 것이다.

남겨진 아이들, 결과가 이렇게 되어버린 것을 자기 탓으로 돌리는 회장, 친한 친구들끼리만 앉고 싶어 소외된 아이들의 마음을 헤아리지 못한 아이들 모두 이대로 두었다가는 큰 상처가 남겠다 싶었다.

이 문제를 전화위복의 기회로 삼기 위해 학급 멈추기를 하고 말문을 열었다. 처음에는 모둠 구성을 다시 생각해보자는 말에 불편한 기색을 역력하게 드러냈다. 하지만 회장의 고뇌와 갈등, 소외되었던 친구들의 비참하고 괴로웠던 심정을 들으면서 조금씩 불만을 누그러뜨렸고, 원하는 것을 얻는 데 혈안이 된 나머지 다른 친구를 외면했던 스스로의 모습을 되돌아보았다.

다행히 회장을 비난하는 아이들은 없었지만 계속 풀이 죽어 있는 회장을 위해 반 아이들에게 철학자 기시미 이치로의 《미움받을 용기》의 한 구절을 읽어주었다. 타인의 '인정'을 얻기 위한 '인정 욕구'를 과감히 포기하라는 부분이었다. 누구나 다른 사람에게 미움받고 싶어 하지 않기에 다른 사람의 시선을 신경 쓸 수밖에 없다. 인정 욕구를 과감하게 포기하고 미움받는 것을 두려워하지 않을 때 자신의 뜻대로 살 수 있는 자유를 얻게 된다.

"네가 괜찮은 리더임을 증명하고 싶어 했던 것처럼, 선생님도 '아이들의 요구에 귀 기울이는' 선생님으로 평가받고 싶었던 마음이 컸단다."

나의 고백이 이어졌다. "우리 선생님은 참 착하셔." 언젠가부터 이 말을 듣는 것이 부담스러워지기 시작했으며, 필요에 따라 과감하게 뜻을 펼쳐야 할 때도 있는데 착하다는 기대가 종종 걸림돌이 되었다는 것을 말이다. 아이들 사이에서 '착한'의 의미는 '선한'이라는 뜻보다 '우리 뜻대로 숙제 안 내주고 마음대로 놀게 해주는'이라는 의미를 내포하고 있는 경우가 많다. 언제나 아이들의 요구를 들어줄 수 없음을 알면서도 '아이들을 실망시키지는 않을까', '화나게 하지는 않을까', '나를 싫어하게 되지는 않을까' 전전긍긍했다는 것, 그러다가 일을 그르칠 때도 있었고, 중요한 일을 포기하는 경우도 있었다고 털어놓았다. 아직 마음 수련이 덜 되어서 그렇다는 농담을 덧붙이면서 말이다.

좋은 게 좋은 거라고 넘어가거나 부모님 또는 친구를 실망시키고 싶지 않아서 잘못된 결정을 내리기도 한다. 아이들이 다른 사람의 비난을 감수하면서도 틀린 것을 틀렸다고 말하고, 소신 있게 자기 뜻을 펼치는 사람으로 자라주기를 바란다. 나부터 용기 있게 길을 걸어가는 모습을 보여주고 싶은데, 갈 길이 참 멀다.

무너져도 다시 일어나는 힘, 회복탄력성

체험학습장에서 입장권을 끊고 있을 때였다. 지나가던 어르신이 아이들을 뙤약볕에 세워놓는다고 선생님들을 혼내셨다. 어르신이라 뭐라 응대하기가 난감해서 그냥 웃고 넘겼지만 아이들이 동요하기 시작하면서 분위기가 순식간에 바뀌었다.

"더워요."

"언제 들어가요?"

"가방 무거워요."

기다린 지 5분도 안 되었건만 여기저기서 불만이 터져 나오기 시작한 것이다. 속사정도 모르고 불씨를 던지고 간 어르신이 원망스러웠고, 체육 시간에는 뙤약볕에서 40분 내내 잘도 뛰어다니던 아이들이 응석을 부리는 것이 얄미웠다.

이렇듯 조금만 힘들거나 불편하면 바로 불만을 토로하고, 자신 앞에 닥친 사소한 시련을 매우 크게 받아들이며 두려움에 벌벌 떤다. 인내심이 부족하고 기다리기를 귀찮아하며 원하는 것은 바로 손에 넣으려 한다.

실패와 좌절을 겪어보지 못한 아이들은 나약한 아이로 자랄 확률이 높다. 아이들이 단단하게 자라기 위해서는 회복탄력성을 길러줘야 한다. '회복탄력성'은 자신에게 닥치는 온갖 역경과 어려움을 도약의 발판으로 삼는 힘이다. 성공은 어려움이나 실패가 없는 상태가 아니라 역경과 시련을 극복해낸 상태다. 회복탄력성이 높은 아이들은 역경지수가 높아 튼튼한 마음 근육을 가지고 자신에게 닥친 어려움을 슬기롭게 대처하고 극복한다. 아이들에게 이 힘을 갖게 해주고 싶었다. 물론 아이들 개인차에 맞게 역경의 수위를 조절하는 것은 쉽지 않다. 자립심과 강한 마음을 길러준다고 시련을 주었다가 마음이 부서져버리지는 않을지 걱정도 되었다. 그렇지만 괜찮다고 토닥여주며 일으켜 세워주는 어른들의 울타리 안에 있을 때 마음껏 좌절을 겪어보게 하고 싶었다.

■■■ 애정을 반만 줄 때, 마음 근육이 자란다

급식 시간에 호박볶음을 잔뜩 남겨 왔기에 "하나만 먹자"라고 했더니 점심시간 내내 눈물을 뚝뚝 흘렸다. 친구에게 심하다 싶을 정도로 핀잔을 주는 아이의 잘못을 지적했다가 원망 섞인 눈총과 차가운 시선을 며칠 동안이나 감내해야 했다. 특히 평소 모범생으로 살아온 아이들은 선생님의 지적을 큰 수치로 받아들이고 자존심에 상처를 받는다. 넘어져 무릎이 까진 아이에게 툭툭 털고 일어나라고 말했다가 아이를 제대로 돌보지 않았다며 학부모님의 항의 전화를 받은 적도 있다. 이런 일들이 반복되다 보니 아이들을 대하는 것이 더 조심스러워졌다.

이대로는 안 되겠다 싶었다.

"세상 사람들이 네가 원하는 모든 것을 아무 조건 없이 순순히 줄 것 같

아? 오늘 네 눈물을 절대로 닦아주지 않을 거야. 오늘 닦아준다면 앞으로
도 계속해서 닦아줘야 할 테니까."

사라 이마스의 《유대인 엄마의 힘》을 읽어주었다.

"선생님은 이제부터 너희를 단단하게 성장시키기 위해 불친절한 선생님
이 될 거야."

당당하게 선언했다.

첫째, 아이들과 '큰일은 작게, 작은 일은 아무것도 아닌 일'로 축소하는
훈련을 했다. 다양한 경험을 해보지 못한 아이들은 자신이 겪는 일을 지나
칠 정도로 심각하게 생각하는 경향이 있다. 친구에게 거절당하면 세상이
끝난 듯 낙담하고, 시험 성적이 원하는 만큼 나오지 않으면 인생의 낙오자
인 듯 행동하고, 한 번의 실패에도 크게 상처받아 무기력해져버린다.

세상에는 더 큰 시련이 있고 너희가 겪고 있는 것은 충분히 견뎌낼 수 있
는 시련이라고, 충분히 이겨낼 수 있다고 알려주고 싶었다. 지금은 유명인
이 되어 종횡무진 활약하는 개그맨 김병만 아저씨가 무명 시절에 겪었던
수많은 실패와 처절한 외로움을 담은 《꿈이 있는 거북이는 지치지 않습니
다》를 읽어주었다. 기특하게도 아이들은 아저씨와 자신의 시련의 크기를
비교해보며 고통에 의연해지려고 노력했다.

둘째, '괜찮다'고 스스로 다독이는 연습을 했다. 갖가지 크기의 고통을
이겨낸 이야기를 담은 《지금은 서툴러도 괜찮아》를 달콤한 곶감을 빼먹듯
매일 한 편씩 아껴서 들려주었다. "세상만사 죽고 사는 것이 아니라면 특별
히 심각할 것도, 무거울 것도 없는 것 같다. 일단 해보고, 해보면서 더러는
깨져보고, 깨져보면서 때로는 후회를 해보고, 그렇게 움직일 때 느낌표도,
마침표도 나오는 것이 인생이라 믿는다." 아이들의 고개를 절로 끄덕이게

만드는 구절이었다.

"괜찮아. 목숨 걸 만한 일 아니잖아?"

이 책을 읽은 후에 농담처럼 몇 번 던졌더니 어느덧 우리 반을 긍정적인 분위기로 바꿔놓는 유행어가 되었다. 이제는 아이들이 농담처럼 격려의 말을 건네며 서로를 토닥인다.

"목숨 걸 만한 일 아니야. 잊어버려."

"실패해도 괜찮아! 다시 시작하면 돼."

"실수해도 괜찮아! 실수를 통해 배웠잖아."

"수학 좀 못하면 어때? 넌 단소를 잘 불잖아."

아이들에게 '괜찮아'는 실패를 외면하고 실수를 무마하려는 무책임한 말이 아닌, 넘어진 곳에서 다시 일어나 달리라는 응원의 메시지가 되어주었다.

이제 나는 아이들이 겪는 시련은 반 발짝 정도 뒤로 물러나 지켜보며 기다릴 줄 알게 되었다. 속으로는 불안에 떨면서도 내색은 하지 않는다. 어른들이 불안해하면 아이는 그것을 더 크게 받아들이고 이겨낼 의욕이 꺾여버리기 때문이다. 인문학자 안인희가 그랬듯 아이들도 "나를 죽이지 못한 것은 나를 더욱 강하게 한다"라는 니체의 말을 되뇌며 오뚝이처럼 몇 번이고 우뚝 다시 서기를 소망한다.

■■■ 낯선 환경이 아이의 돌파력을 길러준다

이렇듯 일상 속에서 마음 근육을 키워가는 모습을 보니 더 큰 장애물도 뛰어넘을 수 있겠다는 기대가 생겨났다. 김주환 교수는 《회복탄력성》에서 유리공과 고무공에 빗대어 회복탄력성을 설명했는데, 회복탄력성을 지닌 사람은 역경을 만났을 때 추락하여 유리공처럼 바스러지는 것이 아니라 고무공처럼 강하게 튀어 올라 우뚝 선다고 했다. 강한 탄성을 갖도록 마음껏 도전하고 실패할 수 있는 기회의 장을 마련해주고 싶었다. 당장은 큰 열매를 맺지 못하더라도 성공과 실패의 과정 속에서 싹트고 자랄 '자신감 씨앗'을 어떻게 심어줄지 고민해보았다. 문득 떠오르는 말이 있었다.

"아우인형 프로젝트가 널리 퍼져서 세계시민교육 활성화의 씨앗이 되기를 바랍니다."

2013년 〈샘터〉 1월호에 아이들과 만든 아우인형에 대한 글을 실으면서 샘터의 김성구 대표님이 건넨 격려의 말이었다. 이왕이면 활동 무대를 학교 밖으로 넓혀보고 싶다는 열망이 생겼다.

같은 학년 선생님과 머리를 맞댄 끝에 5학년에서 매년 실시해온 '유니세프 아우인형 프로젝트'를 '세계 어린이 살리기 캠페인'과 연결시켜보자는 아이디어가 나왔다. 남이섬 유니세프 홀 앞에서 아우인형과 세계 어린이를 돕는 방법을 소개하는 활동이었다. 낯선 곳에서 처음 도전하는 활동인 만큼 철저한 계획과 준비가 필요했다. 홍보 자료와 설명 대본을 한국어와 영어로 만들고, 모둠원끼리 각자 잘할 수 있는 일을 파악하여 역할을 분담했다. 관광객에게 호의적으로 다가가 말을 거는 방법을 익히고, 설명할 때 아우인형과 피켓은 누가 들고 있을지, 폴라로이드 기념사진 촬영은 누가 할지 되도록 세세하게 준비했다. 영어 설명 외우는 것도 만만치 않았다.

캠페인에 대한 아이들의 기대가 커질수록 선생님들의 고민 또한 깊어졌다. 이렇게 기대하고 있는데 관광객들에게 외면당하면 크게 실망하고 상처받을 것 같았다. 마음의 준비가 필요했다. 100일간 100번의 도전을 하면서 거절에 대한 두려움을 극복하고자 했던 지아 장의 이야기를 담은 《거절당하기 연습》을 읽어주었다. 아예 거절당할 수 있다는 것을 염두에 두고 다가갈 마음의 준비를 했다. 발생할 수 있는 갖가지 상황을 미리 예측해보고 대처 방법을 의논했다.

선생님들과 아이들이 한 달 남짓 매달린 캠페인이 펼쳐지는 날이 되었다. 아이들은 이날만큼은 학생이 아닌 홍보대사로서 자부심을 가지고 캠페인에 임했다. 처음에는 쭈뼛거리며 사람들에게 다가가지 못하던 아이들이 한 번 성공을 맛보더니 신이 나서 태국인, 중국인에게 다가가 설명하기 시작했고, 다양한 상황에 의연하게 대처해나갔다. 더운 날씨를 견뎌가며 인내심을 기르고, 친구들과 상황을 조율하면서 의사소통 능력과 협업 능력을 향상시켜나갔다.

성공적으로 캠페인을 마친 그날 이후로 아이들의 마음에는 커다란 자부심과 깊은 유대감이 생겼다. 도전거리가 생기면 "남이섬도 갔다 왔는데 이 정도쯤이야"라는 말을 하며 끝까지 해보려 했고, 시련을 긍정적으로 받아들이려 노력했다. 앞으로 아이들이 살아갈 세상은 예측할 수 없는 변수가 점점 많아질 것이다. 낯선 환경에서 문제와 마주쳤을 때 그동안 쌓아온 도전 경험이 힘을 발휘하여 멋지게 해결해나갈 것이다.

Make a doll, Save a child

유니세프(Unicef) 아우인형이란?

어린이를 상징하는 헝겊 인형

아우인형으로 세계 어린이 살리기

- 아우인형을 만들거나 입양하여 세계 어린이들의 생명을 살릴 수 있는 예방접종 백신을 선물할 수 있다.
- 많은 연예인들이 아우인형 만들기를 통해 홍보에 참여하고 있다.
- 유니세프 홈페이지를 방문하면 아우인형에 대한 소개, 만드는 방법, 사람들의 활동 모습을 볼 수 있다.

교실에서 작은 실천: 아우인형 만들기

- 전쟁, 기아, 굶주림, 질병, 아동노동 등으로 고통받는 아이들 이야기를 읽고 생각

을 나눈다.

- 모둠별로 관심 가는 나라를 정한다.
- 아우인형의 모습을 의논하여 스케치한다.
- 몸통은 티셔츠로, 머리카락은 털실로, 옷은 재활용 천으로 만든다. 아이들은 인형이나 강아지 옷을 수선하여 활용하기도 했다.
- 국적, 생일, 특징이 적힌 이름표를 만들어 단다.

윤리성은 어릴 때 바로 세워야 한다

"걸리지만 않으면 돼."

친구의 이 한마디에 잘못된 행동에 우르르 가담한다. 함께 저지른 일이기에 죄책감도 크게 느끼지 않는다. 잘못을 지적당하면 "왜 저한테만 그러세요?"라며 반성보다 억울함을 먼저 호소한다. 혼날 것을 알면서도 당당하게 잘못을 저지르면 오히려 용기 있다며 친구들 사이에서 영웅 대접을 받는다.

가끔 어떤 가치관을 가지고 있는지 궁금해지는 아이들이 있다. 한참 동안 잘못한 점을 이야기해줬는데 자신이 무엇을 잘못했는지 정말 모르겠다는 표정으로 바라볼 때가 있다. 이럴 때는 도대체 어디서부터 무엇을 해야 할지 난감하다.

미국 심리학자 콜버그는 도덕성은 어른이 되면서 성숙해진다고 말한다. 어릴 때는 상벌 때문에 행동하다가 점차 다른 사람에게 인정을 받고 싶어서, 법을 지켜야 한다는 생각에 도덕적으로 행동한다. 그러다가 도덕성의 최고 단계에 이르면 양심에 따라 행동을 하게 된다고 한다. 하지만 1학년 짜리 아이도 양심에 따라 행동할 때가 있고, 어른이라도 양심보다는 상벌에 따라 움직이는 경우가 있다. 결국 도덕성은 나이가 들면서 저절로 형성되는 것이 아니라, 가정과 사회 환경 및 교육이 더 중요한 영향을 미친다는 생각이 들었다. 올바른 가치관이 형성되려면 부모와 교사가 훌륭한 롤모델이 되어주어야 한다. 이처럼 도덕성은 끊임없이 궤도를 수정하고 발전하는 경험과 사유의 산물인 것이다.

■■■ 주변 소음 속에서 나를 지키는 힘

친구가 풀을 빌려달라고 한다. 빌려줘야 할까? 보통은 빌려준다. 그런데 일주일째 매일 같은 부탁을 한다면? 싫은 내색을 하니 친구끼리 그러는 거 아니라며 오히려 화를 낸다면? 불리한 상황을 모면하기 위해 거짓말을 해도 될까? 당연히 안 된다고 한다. 그런데 아이들은 거짓말을 한다. 처음에는 큰일이 벌어질 줄 알았는데 한두 번 해보니 상상했던 것보다 큰일이 나지 않는다는 것을 알아버렸다. 그리고 부모님이나 선생님이 속아 넘어갈 때가 있다는 것을 알고는 점점 대범해진다. 가치관이 한창 만들어지고 있는 아이들은 자신들이 지켜야 할 가치와 맞닥뜨린 현실 앞에서 끊임없이 힘겨운 줄다리기를 하고 있다.

아직도 떠올리면 심장이 떨리는 일이 있다. 상황에 따라 한번 비뚤어진 아이들이 얼마나 극으로 치달을 수 있는지, 집단의 힘이 얼마나 무서운지 직접 깨닫게 해준 사건이었다. 옆 반에 1달 동안 기간제 선생님이 잠시 와 계셨을 때였다. 교직을 은퇴하고 아이들이 좋아서 왔노라 말씀하시던 선생님과 아이들은 며칠은 잘 지내는 듯싶었다. 그러더니 하나둘씩 아이들의 태도가 변하기 시작했다. 담임선생님도 아닌 데다 자신들을 파악하지 못하고 있다는 것을 인지한 몇몇 아이들이 자기 마음대로 행동하기 시작한 것이다. 보건실이나 화장실 간다고 친한 친구들과 나갔다가 수업이 끝날 때까지 안 들어오거나, 점심 먹고 수업 시작 종이 쳤는데도 운동장에서 놀면서 교실에 들어오지 않았다. 수업 중에 자기들끼리 떠들고 과자를 먹으며 수업을 방해했다. 이런 아이들을 말리는 선생님의 말투와 행동을 따라하며 키득거렸다. 나아질 기미 없이 오히려 점점 많은 아이들이 동참했다. 급기야는 선생님 면전에서 욕을 해 선생님이 두 손 두 발 다 들고 더 이상은 못 가르치겠다고 선언하게 만들었다.

납득하기 어려웠다. 담임선생님이 계실 때는 성실했던 아이들이 대부분이었는데 환경이 바뀐다고 이렇게까지 변할 수 있는가 말이다. 이 문제는 오랫동안 풀리지 않는 숙제처럼 나를 짓눌렀다. 답답함에 무엇이라도 시도하고 싶었다. 추상적인 배움 말고 아이들의 생각과 행동을 변화시킬 방법이 필요했다.

첫째, 옳고 그름의 판단 기준을 세우고 다지기 위해 올바른 것과 그렇지 않은 것을 가르쳐주고, 질문과 토론을 통해 자기 상황을 끄집어내서 생각해보도록 했다. 책 속 인물들에 대해서도 이야기해보고,《명심보감》의 좋은 구절도 활용했다. 과거 자신들의 선택과 결정을 비교해보면서 무엇이 잘못되었고 왜 그런 잘못을 저질렀는지 솔직하게 이야기하는 과정에서 생각을 수정해나갔다.

둘째, 주변 소음에 흔들리지 않고 가치관을 지키도록 독려했다. '나만 지키는 것은 손해다'란 생각을 바꿔주고 싶었다.《아이의 사생활》에는 여러 가지 도덕성 실험 사례가 나온다. 그중에 '보는 사람이 없을 때 게임 규칙을 얼마나 잘 지키는지'에 대한 실험 과정을 지켜보며 '나라면 어떻게 행동했을까?' 생각해보았다. 눈앞의 점수나 보상의 유혹을 이기지 못한 아이들에 비해 끝까지 제시된 원칙을 지킨 아이들은 무엇이 다른 것일까? 연구 결과에 따르면 원칙을 지킨 아이들이 상대적으로 집중력이 높고, 왕따 관계에 얽매이지 않기 때문에 사회성도 높다고 한다. 이들은 낮은 공격성을 보였을 뿐 아니라 삶의 만족도, 좌절 극복 능력, 낙관성, 희망 등에서 상대적으로 높은 점수를 보였다. 도덕성이 높을수록 행복도가 높아지는 것이다.

"사람이 그러면 안 되제."

《새로운 생각은 받아들이는 힘에서 온다》에서 김용택 시인은 늘 '사람다움'이 먼저여야 한다고 입버릇처럼 되뇌던 어머님 말씀을 떠올린다. '사람답게 산다'는 것은 무엇일까? 하루아침에 아이들의 생각이 깨지지는 않겠지만 서서히 올바른 생각에 물들어가기를 바란다. '그럼에도 불구하고 옳다고 생각하는 것을 지키겠다'는 소신이 아이들을 더 사람답게 만들고 삶의 만족으로 이어지기를 바란다.

■ ■ ■ ■ 완벽함은 모순을 낳는다

"너 공 맞았으니까 나가야지!"
"아냐, 땅볼이야!"
"내가 너 다리에 맞는 것 분명히 봤어!"
"아니라니까!"

체육 시간에 피구를 할 때면 흔히 오가는 대화다. 상대편을 꼭 이기고 싶은 마음에서 순간 거짓말이 튀어나오는 것이다. 이 밖에도 소소한 거짓말을 자주 한다. "숙제 다 했어요." "동생 과자 제가 안 먹었어요." "복도에서 안 뛰었어요." "그런 말 한 적 없어요." 그러다 거짓인 것을 들키면 "나만 그런 거 아니에요"라며 회피하려고만 한다.

이런 일도 있었다. 학기 초에 아이들과 함께 정한 학급 약속 중 하나가 '준비물 안 가져왔어도 부모님께 가져다달라 부탁하지 않고 스스로 책임지고 해결하기'였다. 어느 날 한 아이가 화장실에서 엄마에게 몰래 전화해 준비물을 복도 신발장에 살짝 놓아달라고 부탁하는 것을 듣게 되었다. 흠 잡히는 것을 워낙 싫어하는 아이라 '이번에는 모른 척 넘어가야 하나? 살짝 불러서 이야기를 나눠야 하나?' 고민이 되었다. 아이에겐 학급 약속을 지키는 것보다 선생님이 준비물 안 가져온 사실을 모르게 하는 것이 더 중요했던 것이다. 며칠 고민하다 결국 아이를 불러 이야기를 꺼냈다. 처음에는 크게 당황하며 눈치를 살피더니 자기 마음도 편치만은 않았다고 고백했다. 아, 이거다 싶었다.

'떳떳하지 않아 괴로웠구나. 그럼 불편해도 정직을 택할 수 있는 힘을 길러주면 되겠구나.'

사실 무려 3년 동안이나 정직을 어떻게 가르쳐야 하는지에 대해 치열하게 고민한 적이 있다. 요즘은 정직한 사람을 훌륭하다고 인정하기보다 어리석고 융통성이 없는 사람이라 깎아내리는 경우가 많다. 남을 속이는 사람은 이익을 보고, 정직한 사람은 오히려 손해를 입는 경우가 많다. 이미 '정직하면 나만 손해'라는 생각으로 가득 찬 아이들에게 '정직하게 살아야 한다'는 원리 원칙을 들이미는 것이 무의미하다고 생각했다. 스스로도 '정말 정직한 사람이 세상을 잘 살아갈 수 있을까?'라는 질문에 답을 구하지 못하고 방황했다. 기나긴 고민의 터널을 지나오면서 결론은 '정직하게 살아야 한다'였다. 그리고 아이들을 지켜보면서 어떻게 지도해야 할지 방향을 잡았다.

첫째, 사소한 거짓말도 거짓말이라는 것을 알려주되, 매번 지적하지 않도록 노력했다. 거짓말에는 묘한 중독성이 있고 그 편리함을 알면 다음에도 유혹을 이기기 쉽지 않다. 거짓말이 또 다른 거짓말을 낳고 점점 대범해지기 때문이다. 숙제했다는 거짓말은 별다른 의식 없이 하는데, 분명히 잘못된 것임을 알려주어야 한다. 하지만 10번 거짓말에 10번 다 지적하면 스트레스가 이루 말할 수 없을 것이다. 옳고 그름은 분명히 하되 거짓말을 한 아이 마음은 수용해주고 스스로 실수를 반성하고 바로잡을 시간을 줘야 한다. 어느 교육 전문가가 했던 말이 생각난다. "비빔밥에 참기름 한 방울 정도의 거짓말은 필요하다. 모든 것을 드러내야 한다면 사방이 유리벽인 집에서 생활하는 것과 같다. 누구나 알리고 싶지 않은 부분이 있고, 그 부분을 덮기 위해 거짓말을 하기도 한다." 이 말에 공감한다.

둘째, 지나친 엄격함은 아이를 거짓말로 이끈다는 것을 깨닫고, 완벽한 도덕성을 요구하는 대신 아이의 마음을 헤아리려고 노력했다. 하늘이라는 아이가 있었다. 몇몇 아이들을 집요하게 괴롭히는데, 언제나 교묘한 거짓말로 빠져나오고는 했다. 꼬리가 길면 잡힌다고 결국 명백히 하늘이의 잘못임이 밝혀진 사건이 있었다. 상담차 방문한 부모님은 주위 시선은 아랑곳하지 않고 자초지종을 묻기도 전에 하늘이를 무섭게 몰아세웠다. 친구들 앞에서는 그렇게 기세등등하던 하늘이가 겁을 잔뜩 먹고 바르르 떠는 모습을 보고 하늘이 행동을 어느 정도 이해하게 되었다. 부모님 말씀을 거역하지 않는 완벽한 아이여야 했기에 잘못했을 때 용서받을 여지가 없다고 판단한 하늘이는 본능적으로 자신을 방어하기 위해 거짓말을 해왔던 것이다. 내가 아이들을 엄격하게 대할수록 아이들이 상황을 모면하기 위해 어떤 거짓말로 빠져나갔는지를 떠올렸다. 아이 스스로 잘못을 바로잡게 하려면 지적보다 아이 마음을 열기 위한 노력이 먼저라는 것을 깨달았다.

셋째, 불편함 너머 정직의 빛나는 가치를 찾아보았다. 정직하다고 항상 긍정적인 결과가 나오는 것은 아니다. 그래서인지 요즘 아이들은 서점에서 빌린 책이 젖어서 망가졌다고 솔직하게 고백한 링컨의 행동에 쉽게 감화되지 않는다. '살짝 거짓말을 하는 것은 괜찮다'는 아이들 생각을 바꾸기가 쉽지 않다.

그래서 정직하면 얻게 되는 것들을 찾아보기로 했다. 먼저 나의 부끄러운 과거를 고백했다. 해외여행 갔을 때 국제로밍을 위해 빌려간 휴대폰을 분실한 적이 있었다. 현지 경찰서에 가서 '도난'으로 신고하면 여행자보험을 통해 보상받을 수 있지만 '분실'로 처리할 경우 20만 원 정도 기계 값을 물어주어야 했다. 꼬박 하루를 고민했다. 진실만 놓고 본다면 고민하지 않고 당연히 돈을 물어줘야 하는 게 맞지만 20만 원에 흔들렸던 것이다. 누구보다 더 정직해야 하는 선생님도 돈 20만 원에 이렇게 흔들렸다는 사실을 털어놓으며 갈등은 누구나 할 수 있다는 것을 알려줬다. 그리고 돈은 손해 봤지만 정직하게 행동해서 선생님이 얻은 것이 무엇인지 물었다. 그러자 "마음이 편해져요, 우리한테 떳떳하게 이야기할 수 있어요"라는 대답이 나왔다.

조금 더 깊이 생각해보기 위해 김현태의 《인터넷 사진 조작 사건》을 읽어주었다. 민우는 인기 있는 미니홈피를 만들기 위해 자신이 노숙자를 돕는 설정 사진을 올린다. 소원대로 인기를 얻었지만 진실이 밝혀질 때까지 민우는 이루 말할 수 없는 내적 갈등을 겪는다. 아이들에게 지금까지 정직해서 손해 본 것과 얻은 것을 비교해보라고 했다. '진실하지 못하면 죄책감과 두려움에 고통받는다', '정직할 때 다른 사람의 신뢰를 얻을 수 있다', '떳떳하고 당당할 때 마음의 자유를 얻을 수 있다'는 결론을 나름대로 냈다. '모두 거짓말을 한다면?'이란 문제에 대해서는 서로 믿지 못하고 끊임없이 거짓말을 할 거라는 의견이 나왔다.

'정직은 중요하다'라는 생각을 확고히 다졌지만 앞으로도 수많은 선택의 기로에 놓이고 수없이 흔들릴 것이다. 우봉규의 《어린이를 위한 정직》에서 마음과 대화 연구소 이민식 소장은 정직을 성장과 연결시켰다. "정직은 내가 올곧고 더 크게 자라날 수 있는 토양과 같습니다. 나무가 자랄 때 어떤 토양에서 자라느냐에 따라 달라지듯이 어떤 마음을 가지느냐에 따라 먼 미래에 어떤 사람으로 성장할지 결정됩니다. 거짓된 사람은 결코 크게 성장할 수 없습니다. 사람들의 신뢰를 얻을 수 없기 때문이지요. 건강한 토양, 즉 정직한 마음을 가질 때만이 더 크게 자랄 수 있습니다"라고 했다.

우리가 함께했던 고민이 이정표가 되어 아이들이 좀 더 올바른 결정을 내릴 때 길잡이가 되어주기를 바란다. 고민을 거듭하면서 한층 단단하고 확고한 가치관을 만들어가는 모습이 기대된다.

리더십은 이끄는 것이 아니라 포용하는 것

"우리 엄마가 회장 하면 시간 뺏겨 공부 못 한다고 나가지 말라고 했어요."

학급 임원 선거 날이었다. 후보자 추천을 받고 있었는데 친구의 추천을 받은 아이가 순간의 망설임도 없이 이렇게 대답하고 자리에 앉아버렸다. 추천한 아이는 민망해서 어쩔 줄 몰라 하고, 곱지 않은 시선이 그 아이에게 쏠렸다. 고학년이 되면 후보자가 줄어든다. 학급회장이 멋있기만 한 자리가 아니라 귀찮은 일을 해야 한다는 것을 알기 때문이다. 학급 임원은 모름지기 책임을 다해 헌신하고, 선한 영향력을 발휘할 수 있어야 한다.

리더십의 형태가 다양하고 리더가 갖추어야 할 능력은 많지만, 여기서는 사람들을 아우르는 포용력과 솔선수범하는 태도에 대해 이야기하려 한다.

■■■ 아우름의 미덕 기르기

쉬는 시간에 긴급회의에 참석했다가 수업 종소리를 듣고 허둥지둥 교실에 도착했더니 싸한 정적이 흐르고 있었다. 알고 보니 학급회장이 아이들을 조용히 시키기 위해 떠드는 사람 이름을 적었던 것이다. 게다가 친한 아이들은 적었다가 금방 지워주고, 사이가 좋지 않은 아이들은 일부러 시간을 끌면서 지워주지 않았다. 이름 적는 것을 한 번도 시킨 적이 없었기에 무척 당황스러웠다.

분위기가 쉽게 나아질 것 같지 않아 문제 해결 서클을 열어 이 문제를 짚어보았다. 한 명씩 이야기를 들어보니 예상했던 것보다 회장에 대한 불만이 컸다. 회장 자신도 놀랄 정도였다. 회장이라는 위치를 이용해서 자기 마음대로 결정하고, 친한 아이들에게만 혜택을 준 것에 불만을 가지고 있었다. 얼마 전 자치회에서 진행하는 스포츠 경기 신청을 친한 아이들부터 받는 바람에 다른 아이들은 마감되어 신청 못 한 것에 앙심을 품고 있었다. 회장의 불만도 만만치 않았다. 원래 사이가 안 좋기도 했지만, 사사건건 자신이 하는 일에 핀잔을 주는 친구들에 대한 반감을 가지고 있었던 것이다.

매듭을 풀어가기가 쉽지 않아 보였다. 나의 열 마디 말보다 책이 낫겠다 싶어 전광의 《백악관을 기도실로 만든 링컨》에 나온 너그러움과 포용력에 관한 이야기를 읽어주었다. 링컨의 정적인 유명 변호사 에드윈 스탠턴은 함께 일을 할 때부터 링컨을 시골뜨기라 얕잡아 보았고 링컨이 선거운동을 할 때도 모욕적인 발언을 서슴지 않았다. "고릴라를 만나기 위해 아프리카에 갈 필요 없다. 일리노이 주에 가면 링컨이라는 고릴라를 만날 수 있다"라고 말이다.

질문을 던졌다. "자, 링컨이 대통령이 되었다. 스탠턴을 어떻게 하고 싶은가?" 아이들은 당연히 "멀리 내쫓는다", "불이익을 준다" 등의 대답을 했다. 하지만 링컨은 예측과는 전혀 다른 행보를 보였다. 측근들의 우려와 반발에도 불구하고 중요 직책인 국방부 장관에 스탠턴을 임명했던 것이다. 더 놀라운 것은 링컨을 그렇게 무시하던 스탠턴이 최선을 다해 맡은 일을 수행하고, 링컨이 암살당해 숨을 거두었을 때 존경의 마음을 담아 "여기 가장 위대한 사람이 누워 있습니다"라고 외쳤다는 것이다. 아이들은 용서와 관용의 리더십을 발휘하여 스탠턴의 마음을 얻은 링컨 대통령의 행동에 감명받았다. 아직까지 썩 내키지는 않지만 사이가 좋지 않은 친구를 내 편으로 만드는 방법 중에 '포용'이 있다는 것을 알게 되었다.

몇 년이 지난 지금도 떠올릴 때마다 저절로 미소가 지어지는 학급 회장이 있다. 남을 너무 괴롭혀서 아무도 짝을 안 하려는 아이와 자진해서 앉겠다고 하고, 쉬는 시간에 가만히 앉아 있는 친구에게 "우리 한 명 모자라는데, 같이 할래?"라고 말을 건네며 함께 어울려 노는 아이였다. 회장을 좋아하는 다른 친구들은 내키지 않아도 수긍했고, 시간이 지나자 다른 아이들도 소외된 친구에게 먼저 손을 내밀기 시작했다. 반 전체 친화력이 급상승했다.

한 사람의 영향력이 이렇게 커질 수 있다. 모둠장에서 창업한 회사의 CEO까지 누구나 리더가 될 수 있기에 아이들 모두 리더의 자질을 기르기 위해 노력해야 한다. '미덕 카드'를 살펴보며 리더다운 사람은 어떤 사람인지 찾아보라고 했다. '맡은 일을 성실히 끝까지 완수하는 사람', '공정하고 너그러운 사람', '용기 있고 정직한 사람', '약속을 잘 지키는 사람', '솔선수범하고 다른 사람을 배려하는 사람', '차별하지 않고 사람들을 공정하게 대하는 사람', '봉사하는 사람'을 찾았다. 그중 책임감을 가장 많이 꼽았다. 나는 그중에 '아우르는 사람'에 한 표를 던지고 싶다.

물에 젖은 소금 가마니처럼 꼼짝도 할 수 없었다. 청소보다 청소 지도에 온 힘을 쏟았기 때문이었다.

대청소 시간에 아이들은 3가지 유형으로 나뉜다. 자발적으로 할 일을 찾아서 하는 '솔선수범형', 자기 몫만 하고 관망하는 '여기까지만형', 맡은 역할을 내팽개치고 노는 '빈둥빈둥형'이다. 이런 아이들이 섞여 펼치는 풍경은 이렇다. 신이 나서 창틀의 묵은 먼지를 제거하는 아이, 선생님이 부탁하지 않아도 묵묵히 교실을 둘러보고 지저분한 곳을 찾아 쓸고 닦는 아이, 무거운 청소함을 앞으로 빼서 보이지 않는 뒤의 먼지까지 말끔하게 제거하는 '청소의 달인'이 있다. 반면 할당받은 양을 잽싸게 끝내고 구석에서 놀고 있거나 "선생님 제가 맡은 부분 다 했어요. 이제 뭐해요?"라며 졸졸 따라다니며 끊임없이 묻는 아이도 있다. 자기는 안 하면서 이거 해라 저거 해라 시키는 아이, 떠들고 장난치다가 청소하라고 몇 번을 이야기하면 그제야 마지못해 느릿느릿 빗자루를 집어 드는 아이도 있다.

매년 공동 공간인 교실을 청소하는 모습을 관찰하면서 '책임감'을 엿볼 수 있었다. 물론 청소를 즐기지 않는 아이도 있고, 청소 하나만 보고 판단하기도 어렵다. 하지만 이것은 청소에 대한 좋고 싫음이나 잘하고 못하고의 문제가 아니라, '내가 맡은 공동의 책임을 끝까지 성실하게 완수하는 태도'에 대한 것이다. 자기 사물함과 가방 속은 엉망이지만 대청소 시간에는 창문을 번들거리게 닦는 태도, 함께 나눠서 하는 일은 내키지 않아도 하겠다는 자세를 보고 판단할 수 있다는 것이다. 이리저리 힘든 일을 피해 다니고, 손가락만 까딱거려 지시하며 의욕을 꺾는 친구를 좋아할 리 없다. 반면에 자신이 먼저 궂은일을 맡아 하고, 자기 일이 아닌데 도와주는 친구는 진정으로 따르기 마련이다.

앞장서서 솔선수범하며 다른 사람을 섬기고 헌신하는 아이들이 리더로서 인정받는다. 스탠퍼드 대학교 폴 김 교수는 《교육의 미래, 티칭이 아니라 코칭이다》에서 미국에서는 대학 입학생을 뽑을 때 봉사 정신이 중요한 요소라고 했다. 우리 반 아이들에게 '리더=[   ]이다'를 물었을 때 '치킨 배달원'이라는 재미난 대답이 나왔다. 필요할 때 언제든 나서서 도와주는 사람이 진정한 리더라는 것이다. 봉사 정신, 책임감과 일맥상통한다.

이야기를 마무리하며 〈어린 병사의 용기〉라는 이야기를 들려주었다. 유엔군 최고사령관으로 한국전쟁 때 인천상륙작전을 지휘했던 맥아더 장군이 벙커에 홀로 남아 있는 한국군 병사를 발견하고 물었다. "전세가 이렇게 밀리고 있는데 자네는 왜 도망가지 않고 여기서 이러고 있는가?" 그러자 그 병사는 "후퇴하라는 명령은 없었습니다"라고 대답했다. 병사를 기특하게 여긴 장군은 한 가지 소원을 들어주겠다고 한다. 맥아더 장군은 당연히 후퇴 명령을 내려달라는 대답을 예상했다. 그런데 병사는 싸울 수 있도록 충분한 실탄과 총을 지원해달라고 했다. 그런 병사의 부탁에 크게 감동받은 장군은 "우리는 전력을 다해서 이 나라를 지켜야 한다"라고 말하며 인천상륙작전을 실시했고, 결국 서울 탈환에 성공했다.

아이들은 감탄하며 어린 병사의 용기와 책임감을 닮고 싶어 했다. 책임감은 갑자기 생기지 않는다. 부모님 심부름을 성실하게 해내고, 기르는 강아지 똥을 치우고, 방송부원으로서 아침 일찍 등교하여 방송 스케줄을 맞추고, 운동장 휴지 줍는 것 같은 작은 일부터 완수하면서 길러지는 것이다. 시간이 지나면 '책임을 다하는 아이'라는 신뢰를 얻으며 더 큰 일을 맡게 되는 것이다.

《밥 버포드, 피터 드러커에게 인생 경영 수업을 받다》에서 피터 드러커는 이런 말을 한다. "책임과 자율로 높은 성과를 내는 조직을 만드는 일은 다원적 조직 사회에서 자유와 존엄을 지키는 유일한 길이다." 각자 자신의 위치에서 책임을 다할 때 공동체가 온전하게 돌아갈 수 있다. 책임감은 자신이 한 말을 지키고, 맡은 일을 최선을 다해 완수하는 작은 실천 습관에서부터 길러진다. 그리고 솔선수범하고 책임감을 지닌 리더가 많은 조직이야말로 신뢰를 바탕으로 큰 차이를 만들며 발전하게 된다.

독서코칭 15 책임감 기르기

우리 반 도움이

우리 반은 1인 1역 대신 '도움이' 제도를 운영하고 있다. 2~3명씩 조를 짜서 돌아가며 일주일씩 학급 일을 하는데, 주로 칠판 날짜와 시간표 바꾸기, 칠판 지우기, 도서 정리, 분리수거, 가정통신문 배부 등의 임무를 수행한다. 잊어버리거나 미루면 바로 반 친구들이 불편을 겪는 미션들이다.

구성원에 따라 손발이 척척 맞아 모두가 만족스럽게 학급이 돌아갈 때도 있지만, 일주일 내내 "시간표 왜 안 바꿨어?" "오늘 가정통신문 있어, 없어?"라고 친구들의 볼멘소리가 끊이지 않는 때도 있다.

책임감을 길러주려면 아이가 할 수 있는 일 중 그 아이가 하지 않으면 안 되는 일을 찾아 맡겨본다. 자신이 중요한 일을 하고 있다고 생각하면 무슨 일이 있어도 완수하려 노력할 것이다.

더 크게 성취하는 습관, 공헌감

"우리도 먹고살기 힘든데 누굴 도와주느냐고 했어요."

"우리나라에도 도와줄 사람이 많은데, 다른 나라를 왜 도와주느냐고 하던데요?"

고민에 빠지게 만드는 질문이었다. 나눔에 대해 적극적인 교육을 받을 기회가 적다 보니 부와 성공을 이룬 사람만 나눔을 할 수 있는 것처럼 생각하곤 한다. 누군가를 도와줄 때는 우월감을 보이며 잔뜩 생색을 내기도 한다.

다른 사람이나 사회를 위해 기여했다는 공헌감은 매우 중요하다. 삶의 가치를 부여하고 존재 가치를 높이며 세상을 긍정적으로 바라볼 수 있도록 만들기 때문이다.

책을 읽으며 무엇을 공헌할 것인지 함께 고민해보고 싶었다.

■■■ 나눔은 세계시민의 행복한 의무

중국 여행 첫날, 음식점에서 둥근 테이블에 둘러 앉아 점심 식사를 할 때였다. 단체 여행 팀으로 처음 만난 사이라 조심스럽게 회전 테이블을 돌리며 앞에 도착한 음식을 적당히 덜어 갔다. 그런데 갑자기 테이블이 리듬을 타며 휘리릭 돌았다 멈추기를 반복했다. 한 초등학생 남자아이가 자기 먹고 싶은 음식을 고르고 접시에 덜기를 반복하고 있었던 것이다. 좀 저러다 말겠지 했는데 식사 내내 욕심껏 테이블을 돌려 음식을 탐했다.

함께 식사하던 나이 지긋한 어르신들은 잘 먹는 모습이 귀엽다며 넓은 마음으로 이해해주었지만 나는 영 마뜩치 않았다. 한마디 하고 싶었지만 괜한 분란을 일으킬 것 같아 꾹꾹 눌러 참았다. 아이는 이후에도 자기의 존재감을 확실히 드러냈다. 좋은 것은 자기가 차지해야 하고, 사진도 자기가 제일 먼저 찍어야 하고, 과자를 뜯으면 양껏 먹다가 먹기 싫으면 엄마에게 먹으라고 내밀었다.

가진 것을 나눠주기보다 야무지게 자기 것을 챙겨야 한다는 사회 분위기 속에서 자란 아이들에게 '나눔'은 생소하고 추상적이다. 가슴이 훈훈해지는 나눔 사례를 접할 때는 돕고 싶다는 의욕이 충만해지지만 정작 실천으로 연결되는 경우는 많지 않다. 언제나 '어른이 되면', '돈을 벌면', '훌륭한 사람이 되면' 같은 전제 조건이 붙는다. 기약 없이 '언젠가'로 유보되는 것이다.

게다가 아이들은 '나눔'이 우리 삶에 정말 필요한지 궁금해한다. 나눔의 필요성을 깨닫게 해줄 필요가 있었다.

첫째, 나눔을 실천할 때 우리가 살아가는 이유를 느낄 수 있다. 심리학자

기시미 이치로는 《미움받을 용기》를 통해 사람들은 자신이 공동체에 유익한 존재이고, 다른 사람에게 공헌하고 있다고 느낄 때 스스로를 가치 있는 사람이라 생각한다고 했다.

둘째, 이 세상은 유기적으로 연결되어 있고, 끊임없이 영향을 주고받기 때문에 나눔을 통해 더 만족스러운 삶을 살 수 있다. 남의 고통이 나의 고통이 될 수 있고, 다른 사람의 발전이 나의 성장으로 이어질 수 있다는 것을 알게 되면 공동체를 새로운 눈으로 바라보게 된다.

나눔에 인색한 마음을 버리고 좀 더 적극적으로 나눔을 실천하기 위해서는 우리를 사로잡고 있는 고정관념을 깨야 한다. 먼저 나눔은 퍼주는 희생이나 손해 보는 행동이 아니라 함께 행복할 수 있는 가치를 만들어내는 것이라는 믿음을 가져야 한다. '무조건적인 희생'과 '주는 사람, 받는 사람 모두가 행복한 나눔'은 구분되어야 한다.

무조건적인 희생은 다른 사람에게 강요당하거나 한쪽만 일방적으로 희생하는 경우가 많다. 상대는 그 희생을 당연하게 여기고 이용하면서 희생하는 쪽은 서서히 지쳐간다.

분위기가 이렇다 보니 양보하고 나누는 사람들을 '자기 것도 못 챙기는 어리석은 사람'으로 치부해버리곤 한다. 불우이웃돕기 성금을 하는 사람에게 "이 세상 어려운 사람을 네가 다 구할 거냐?"라고 비아냥대거나, 해외까지 재난 구조 하러 가는 사람을 못마땅하게 여긴다. 주변의 이런 반응은 순수하게 도우려는 마음마저 수치심과 후회로 바꿔놓고, 이타심은 세상 물정 모르는 사람이나 갖는 것으로 평가절하된다. 이런 분위기 속에서 카이스트 배상민 교수의 변화된 삶의 이야기가 반갑다. 그는 스스로를 '나는 아름다운 쓰레기를 만드는 디자이너였다'고 반성하며 세상을 치유하는

'나눔 디자이너'로 거듭났다. 나눔을 실천하며 '우리의 행복'의 중요성에 무게를 실어주는 좋은 사례다.

셋째, 이제 사회 공헌은 대단한 사람만이 아니라 누구나 할 수 있다는 생각을 가질 차례다. 우리는 40년 넘게 병자, 고아, 빈민을 위해 헌신한 테레사 수녀 같은 사람을 보면 존경의 시선을 보내면서도 자신과는 다른 차원의 사람이라 여긴다.

하지만 《바람을 길들인 풍차 소년》에서 윌리엄 캄쾀바는 지극히 평범한 아이도 '우리'를 위해 조금 더 나은 삶을 꿈꾸면 세상을 바꿀 수 있다는 것을 보여준다.

아프리카 말라위에 사는 캄쾀바는 가난 때문에 다니던 학교도 그만두었다. 하지만 혼자서 공부하며 전기가 없어 불편을 겪는 마을 사람을 위해 쓰레기장을 뒤져 부품을 모아 풍차를 만들었다. 마을 사람들의 삶을 개선하겠다는 열망과 꺾이지 않는 의지로 불가능해 보였던 일을 이루어낸 것이다. 아이들은 자신들보다 훨씬 열악한 환경에서 고작 14살이라는 나이에 캄쾀바가 이루어낸 성과에 주목했다. 아이들 가슴속에 무언가 해보고 싶다는 생각이 꿈틀거리기 시작했다.

넷째, 대단한 것이 아닌 작은 것으로도 공헌할 수 있다는 생각을 갖는 것이다. 사회공헌가이자 NGO 홀로하 대표인 임민택은 《행복거울 프로젝트》라는 책에서 재미있는 일화를 들어 사회 공헌이 그렇게 거창한 것이 아님을 설명한다. 똥을 밟은 것도 일종의 사회 공헌이 될 수 있다는 것이다. 아이들에게 이야기를 해주기 전에 똥 밟은 것으로 어떻게 사회 공헌을 할 수 있는지 질문을 던져보았다.

똥 밟은 신발을 신고 돌아다니면 식물의 거름이 될 수 있다는 의견부터 똥 밟는 꿈을 꾸고 나서 돈이 많이 들어와 그 돈을 기부한다는 엉뚱하고 재미난 아이디어가 나왔다.

아이들의 예상과는 전혀 다른 이야기가 펼쳐졌다. 불행한 일을 연속으로 겪으며 절망에 빠져 있던 아이가 친구의 똥 밟는 모습을 보고 웃었다면, 이것도 사회 공헌이라는 것이다. 불행의 바이러스를 멈추고 행복의 바이러스가 펼쳐질 기회를 제공했기 때문이다. 이렇듯 나눔은 단순하다. 마음을 나누고, 생각을 나누고, 그저 내가 가지고 있는 것을 나누면 된다. 크기에 관계없이 '우리'를 생각하며 실천하는 모든 작은 행동이 공헌이다.

■■■ 더 높은 성취를 꿈꾸는 우리 아이들

자기중심적으로 살아온 아이들이 갑자기 나눔을 실천하는 삶에 뛰어들기는 쉽지 않다. 나눔을 삶의 울타리 안으로 들여놓기 위한 방법을 생각해야 했다. 다시 책으로 돌아와서 '나는 책을 읽고 무엇을 할 것인가?'라는 질문을 던져보았다.

첫째, 책을 읽으면서 삶의 목적을 찾고 행복의 방향성을 찾는 것이다. 독서는 평생 삶의 방향을 이끌고 자신을 다듬어가며 가치 있는 삶을 통해 스스로의 존재 이유를 확인하도록 한다. 학기 초에는 '우리 반 공헌 역할 정하기'를 한다.

'웃음을 주는 웃음꽃'

'항상 웃게 해주는 웃음바다smile sea'

'친구들을 지켜주는 슈퍼맨'

'인생의 지혜를 전해주는 청소부 밥'

'공부에 자신감을 갖도록 도와주는 공부 전도사'

'친구들의 마음을 치료해주는 반창고'

이런 다양한 역할이 나온다. 수시로 보고 떠올릴 수 있도록 역할을 적은 종이를 코팅하여 사물함에 붙여놓는다.

독서를 하면서는 책 속 인물들의 가치관을 자신과 연결시키며 세상을 빛나게 할 자신의 능력이 무엇인지 찾아나간다. 이 과정을 겪고 나면 학년 말에 자신의 사명과 꿈에 '나'를 넘어 '공동체'를 위한 가치를 담아내는 것을 볼 수 있다.

둘째, 책을 읽으며 '나'를 변화시키고 '우리'를 변화시키기 위해 무엇을 할 것인지 끊임없이 생각하고 이를 실천하는 것이다. 책을 통해 얻은 지식과 깨달음을 가지고 어떻게 공헌할지 고민해본다. KBS 제작팀이 연구한 결과물을 담아낸 《9번째 지능》에서 조세핀 김 교수는 아이의 능력을 인생과 세상의 의미 있는 가치와 연결해주라고 했다. "피아노를 잘 치는구나"라는 칭찬을 넘어, "네 피아노 소리를 사람들이 들으면 위로가 될 텐데. 그런 기회가 있으면 해볼래?"라고 제시하는 것이다.

이 이야기에 고무되어 책을 읽고 적용할 점을 작성할 때 '나를 위한 실천'와 '다른 사람(가족, 사회, 세계)을 위한 실천'으로 구분해서 쓰도록 했다.

모든 사람이 사람을 살리는 의사가 될 수도 없고, NGO에서 활동할 수도 없다. 지금 자신의 위치에서 자신이 할 수 있는 일을 찾으면 된다. 연예인들이 일회용 컵 대신 텀블러를 사용하거나, 유기견 보호를 위해 애쓰는 것은 자신의 영향력을 선하게 활용하는 좋은 예다.

아이들은 책을 통해 깨달은 점을 꾸준히 실천했다.

'공정무역의 필요성을 가족에게 설명해주기'

'탄소발자국을 줄이기 위해 배달 음식 시키는 횟수 줄이기'

'재난 지역에 ARS 1천 원 후원하기'

'새터민에 대한 편견을 거두고, 따스한 시선으로 바라보기'

읽은 내용을 주변에 알려 공감대를 형성하고 행복을 퍼뜨리는 역할을 하는 것이다.

셋째, '우리'의 울타리를 넓혀 세상의 문제를 찾아 해결하면서 더 좋은 세상 만들기에 동참하는 것이다. 수년 전 캄보디아를 방문했을 때 "원 달러One dollar"를 외치며 스카프를 들고 쫓아다니는 아이들이 많았다. 아이들이 물건을 팔면 관광객들이 더 많이 사니까 학교에 보내는 대신 생업에 종사시키고 있었다.

그때 받은 충격이 다른 나라 어린이의 삶에 관심을 갖는 계기가 되었고, 책을 통해 세계 어린이를 돕고 싶다는 열망이 커졌다. 마이크로소프트사의 임원이었다가 세계 오지에 도서관을 세우는 존 우드의 이야기를 담은 《히말라야 도서관》, 파키스탄과 아프가니스탄의 오지에 학교를 세워 아이들 교육에 힘쓴 그레그 모텐슨 이야기를 담은 《세 잔의 차》는 나를 네팔 봉사로 이끌었다. 세계시민교육으로 이어진 관심은 '유니세프 아우인형 프로젝트'와 '쩨다카(선행) 프로젝트'로 열매를 맺었다.

나눔의 씨앗이 자라 여러 개의 열매를 맺고, 또 그 열매가 더 많은 열매가 되는 것은 분명 멋진 일이다.

은퇴 후 자신의 삶을 봉사하는 데 헌신한 오드리 햅번이 좋아했던 샘 레벤슨의 시 한 구절을 나직하게 읊조려본다.

나이를 먹어감에 따라

그대는 두 개의 손이 있다는 것을 알게 될 것이다.

한 손은 그대 자신을 돕는 손이고

다른 한 손은 다른 사람을 돕는 손이다.

망설이지 말고, '그냥' 독서하자

"선생님, 여전하시네요."

나에게 두려움과 설렘을 동시에 안겨주는 말이다. 훗날 제자들을 마주했을 때 나의 '정체된' 모습을 보고 인사치레로 건네는 말일까 봐 두렵지만, 한편으로 는 '여.전.히.' 새로운 것을 탐구하고 변화를 위해 '노력하는' 모습을 보고 건넨 칭 찬이라면 무척 설렐 것이다.

책은 끊임없이 나를 변화하고 성장하게 해준 원동력이었다. 그런데 나 자신 은 변했어도 아이들의 경우 여전히 현재 모습만 보고 '이 아이들이 과연 해낼 수 있을까?' 하고 성장에 한계를 긋던 때가 있었다.

'게임과 SNS에 빠져 책을 멀리했던 아이들이 책을 제대로 읽을 수 있을까?'

'자기 수준의 책도 몇 권 안 읽어본 아이들이 《논어》를 읽을 수 있을까?'

독서포럼나비 독서모임에서 이러한 나의 고민을 털어놓았더니 한 선배님이 단번에 일침을 가했다.

"그럴수록 다양한 책과 《논어》 같은 인문고전으로 아이들을 변화시켜야 하는 거 아닐까요?"

죽비와 같은 말이었다. 한마디 대꾸도 못 하고 부끄러움에 얼굴이 달아올랐다. 이 말은 오랫동안 머릿속을 맴돌며 나를 많은 고민으로 이끌었다.

《희망의 인문학》에는 인문학 전도사로 불리는 미국 작가 얼 쇼리스가 만든 '클레멘트 코스'를 통해 삶이 변화된 사람들 이야기가 펼쳐진다. 뉴욕의 노숙인과 빈민가에 살고 있는 소외 계층 사람들은 이 코스를 통해 대학 수준의 인문학 교육과정인 문학, 예술, 철학 등을 배웠다. 그들은 의식 변화를 통해 스스로 삶의 가치를 높여가면서 당당하게 한 사회의 시민으로 자리 잡았다. 변화에 대한 '믿음'과 '기대'가 사람을 어떻게 바꿔놓는지, 교육의 힘이 얼마나 대단한지 입증해 보인 것이다. 그리고 그 중심에는 '책'이 있었다.

이를 계기로 나는 아이들의 현재가 아닌 20년, 30년 후의 모습을 그리며 '기대하는 법'을 배웠고, '책으로' 아이들을 변화시킬 수 있다는 믿음을 갖게 되었다.

교육의 역할, 그 중심에 책이 있다는 믿음에 부응이라도 하듯 책을 가까이하고 《논어》를 읽으면서 아이들은 변해갔다. 눈빛에 자부심이 담기고, 말의 무게감이 달라졌다. 무엇보다 뿜어져 나오는 향기가 달라졌다.

그리고 최근에 나는 책으로 만들어진 또 한 사람을 만났다. 2017년 5월 《학교는 하루도 다니지 않았지만》 저자와의 만남에서 스무 살 청년인 저자 임하영 군을 처음 보았다. 스스로 어떤 사람이 될 것인지 끊임없이 고민하며 살아온 그의 인생 이야기를 들으며 '책이 빚어낸 사람'이라는 생각이 들었다. 다른 사람들을 위해 할 수 있는 일을 찾아 실천하는 하영 군의 세상을 향한 따스한 마음이 큰 울림으로 다가왔다.

'나는 어떻게 살아야 할까? 더불어 살기 위해 무엇을 해야 하지?'

이런 고민과 함께, 우리 아이들도 각자의 위치에서 주체적으로 살면서 '책을 뛰어넘는 사람'으로 성장하기를 바라는 마음이 더욱 간절해졌다.

나 또한 '책으로 만들어진 사람'이다. 아니, '책과 책이 맺어준 인연으로 만들어진 사람'이라는 것이 더 정확한 표현일 것이다.

나의 의식을 바꾸고 변화의 씨앗을 심어주신 3P자기경영연구소 강규형 대표님, 이 책을 쓰는 데 머리를 맞대고 함께 고민해준 장주영 팀장님, 열렬한 지지를 보내주신 3P자기경영연구소 선배님들이 있었다. 또한 교육 멘토이신 당신의 발자국을 따라 걷고 싶은 이인희 선생님, 소심한 내가 책을 통한 깨달음을 발로 뛰어 실천할 수 있도록 격려해주신 박상배 작가님이 있었기에 하나하나 디딤돌을 놓아올 수 있었다. 그리고 교육에 대한 고민을 함께 나눠주신 더나음연구소 심정섭 선생님, 아이들과의 교육 활동을 응원해주신 샘터 김성구 대표님 덕분에 신나게 달려올 수 있었다.

6년 동안 생각을 나누고 책에 대한 사랑을 함께 키워온 독서포럼나비에서 만난 선배님들, 교육 활동을 적극적으로 지원해주신 교장선생님 두 분과 교감선생님 두 분, 아이들에게 적용할 독서 방법과 활동을 함께 연구해온 동료 선생님들, 아이들이 본깨적 독서법을 6학년에 가서도 꾸준히 펼칠 수 있도록 독서 환경을 만들어준 유상우 선생님도 빠뜨릴 수 없다.

좌충우돌 독서 여정을 거쳐 성장의 열매를 맺고 또 다른 씨앗이 되어준 아이들, 교육 활동을 지지해준 학부모님들 덕분에 지치지 않고 해낼 힘과 용기를 얻었다. 책이 나오기까지 애써주신 라온북 여러분에게도 감사를 전한다.

아이들이 책을 즐기고 책을 통해 변하게 하려면 부모님과 선생님이 아이들과 서로의 거울이 되어 '함께' 책을 읽어야 한다. 처음에는 어른들의 발자국을 따라오다 마침내 자신들의 발자국을 찍으며 나아가는 아이들이 될 때까지 말이다. 나는 조심스러운 성격 탓에 참 많은 것을 망설이면서 '적당한 때'를 기다리곤 했다. 하지만 그 한계를 깨고 실천했을 때 풍성한 열매가 맺히는 것을 경험했다.

적당한 타이밍이란 없다.

인생의 신호등도 모두 다 동시에 파란 불일 수는 없다. 삼라만상이 당신에게 맞서 음모를 꾸미는 건 아니지만 그렇다고 모든 볼링 핀이 원하는 대로 세워지도록 자기 길에서 벗어나려 하지도 않는다. 꼭 들어맞는 상황은 절대로 없다. '언젠가'라는 말은 당신이 꿈만 꾸다가 생을 마감하게 할 병이다. 찬반양론 리스트를 만들어 문제를 해결하려는 것 또한 나쁘기는 마찬가지이다. 당신에게 어떤 일이 중요하고, '결국'에는 그 일을 원한다면 지금 바로 시작하라. 단, 중간에 방향을 수정하도록!

―팀 페리스, 《나는 4시간만 일한다》, 다른상상, 2017.

어려워 말고, 망설이지 말고 '그냥' 책을 펴고, '그냥' 즐겁게 읽고, '그냥' 책에 대해 나누면 좋겠다. 이 과정을 아이들과 부모들과 교사들이 함께하며 독서의 '다음 장'으로 도약한다면 더없이 행복할 것이다.

최원일

책 속 책 목록

목차	책 제목	지은이	출판사
추천사	학력파괴자들	정선주	프롬북스
	부의 미래	앨빈 토플러	청림출판
프롤로그	4차원 교육 4차원 미래역량	버니 트릴링 외	새로온봄
	초등인성 고전읽기의 힘	이화자	글담

1부 인생을 바꾸는 한끝 독서법

1장 내가 아이들에게 책 읽기를 권하는 이유

교육, 무엇이 그리 문제일까	📖	📖	📖
독서를 주목해야 하는 이유	둥글둥글 지구촌 국제구호 이야기	이수한	풀빛
	청소년을 위한 비폭력 대화	김미경	우리학교
	뚱보면 어때, 난 나야	이미애	주니어파랑새
	비폭력 대화	마셜 로젠버그	한국NVC 센터
	아니야, 우리가 미안하다	천종호	우리학교
	생각이 크는 인문학 7: 감정	이지영	을파소
독서시민으로 다시 태어날 수 있도록	화씨 451	레이 브래드버리	황금가지
	대한민국 미래교육보고서	국제미래학회, 한국교육학술정보원	광문각
	4차원 교육 4차원 미래역량	버니 트릴링 외	새로온봄
	지식의 쇠퇴	오마에 겐이치	말글빛냄

2장 책은 인생을 어떻게 변화시키는가			
인생의 전환점에서 책을 만나다	대한민국 독서혁명	강규형	다연
	내 영혼을 위한 닭고기 수프	잭 캔필드 외	꿈과희망
나의 변화를 넘어 교사의 길로	그 청년 바보의사	안수현	아름다운 사람들
	여덟 단어	박웅현	북하우스
	배움으로부터 도주하는 아이들	사토 마나부	북코리아
	심야 치유 식당	하지현	푸른숲
	완벽의 추구	탈 벤 샤하르	위즈덤하우스
	쿨하게 사과하라	김호, 정재승	어크로스
교육의 길을 찾아주는 안내자	살아 있는 협동학습	이상우	시그마프레스
	그로잉	문요한	웅진지식 하우스
	유대인 엄마의 힘	사라 이마스	예담Friend
독서의 길로 제자들을 안내하다	어린이를 위한 청소부 밥	전지은, 토드 홉킨스, 레이 힐버트	위즈덤 하우스
	정민 선생님이 들려주는 고전 독서법	정민	보림
	인생을 바꾼 바인더 독서법 & 글쓰기	유성환	한국평생 교육원
	독서 천재가 된 홍 팀장	강규형	다산라이프
	논어	공자	홍익출판사
	초등 고전읽기 혁명	송재환	글담
	살아 있는 협동학습	이상우	시그마프레스
	내 인생을 바꾸는 감사일기	이의용	아름다운동행
	지도 밖으로 행군하라	한비야	푸른숲

2부 독서시민을 만드는 한끝 독서법			
1장 독서시민을 만드는 습관			
책 읽는 습관을 만드는 5일 프로젝트	베이스캠프: 지식세대를 위한 서재컨설팅	김승 외	미디어숲
	생활자 발상학원	하쿠호도 생활종합연구소	한국능률협회 컨설팅 (KMAC)
	어린이 독서기록장	청람독서교육학회	교학사
책 읽을 시간이 필요해	Time Power 잠들어 있는 시간을 깨워라	브라이언 트레이시	황금부엉이
	모모	미하엘 엔데	비룡소
	책수련	김병완	동아일보사
본깨적 독서법을 적용하라	독서 천재가 된 홍 팀장	강규형	다산라이프
	인생의 차이를 만드는 독서법, 본깨적	박상배	예담
	마사코의 질문	손연자	푸른책들
	꽃들에게 희망을	트리나 폴러스	시공주니어
	생각이 크는 인문학 8: 정의	서윤호, 최정호	을파소
	우리들의 일그러진 영웅	이문열	다림
	미술 첫발	정명숙	문공사
	질문하고 대화하는 하브루타 독서법	양동일, 김정완	예문
본깨적으로 토론하기	회복적 생활교육을 만나다	박숙영	좋은교사
	질문이 있는 식탁 유대인 교육의 비밀	심정섭	예담Friend

정리의 힘: 독서 바인더로 실행력을 높이는 습관	내아이를 변화시키는 놀라운 정리습관	이혜성	미디어윌
	성과를 지배하는 바인더의 힘	강규형	스타리치북스
반복의 힘: 작은 반복으로 큰 성취를 이루는 습관	습관의 힘	찰스 두히그	갤리온
	습관의 재발견	스티븐 기즈	비즈니스북스
실천의 힘: 생각을 뛰게 하여 삶을 바꾸는 습관	실행이 답이다	이민규	더난출판사
	왜 탄소발자국이 뚱뚱해지면 안 되나요?	김중석, 김지현	참돌어린이
	어린이를 위한 지도 밖으로 행군하라 1, 2	한비야	푸른숲주니어
	폰더 씨의 위대한 하루	앤디 앤드루스	세종서적
마무리의 힘: 또 다른 성공을 가져오는 습관	지도 밖으로 행군하라	한비야	푸른숲
	의지력의 재발견	로이 F. 바우마이스터, 존 티어니	에코리브르
	나는 이런 책을 읽어 왔다	다치바나 다카시	청어람미디어
	미라클 모닝	할 엘로드	한빛비즈
2장 독서시민을 만드는 인문고전 프로젝트			
좌충우돌 《논어》 항해의 시작	논어	공자	홍익출판사
	초등 고전읽기 혁명	송재환	글담출판
	어린 왕자	앙투안 드 생텍쥐페리	비룡소
하루 한 쪽 《논어》 뜯어 먹기	공자 할아버지의 고민 상담소	강민경, 강정화	다락원
	EBS 다큐프라임 슬로리딩, 생각을 키우는 힘	정영미, EBS MEDIA	경향미디어
	우리 아이 낭독혁명	고영성, 김선	스마트북스

《논어》로 생각이 깊어지는 글쓰기	회복적 생활교육 학급운영 가이드북	정진	피스빌딩
	정의란 무엇인가	마이클 샌델	와이즈베리
《논어》를 더욱 특별하게 배우는 법	인생의 차이를 만드는 독서법, 본깨적	박상배	예담
또 다른 항해의 시작 : 《시민의 교양》 읽기 프로젝트	시민의 교양	채사장	웨일북
독서에도 이벤트가 필요하다	부자의 방	야노 케이조	다산4.0
	48분 기적의 독서법	김병완	미다스북스
부모가 책을 읽어야 아이도 읽는다	라브리 가정교육	수잔 쉐퍼 맥콜리	그리심
	질문이 있는 식탁 유대인 교육의 비밀	심정섭	예담Friend
3부 아이의 재능과 적성을 발견하는 한끝 독서법			
1장 책은 자신을 찾아가는 지도			
나만의 씨앗을 발견하다	제인 구달 이야기	메그 그린	명진출판사
	둘리틀 박사 이야기	휴 로프팅	궁리
	닉 부이치치의 허그	닉 부이치치	두란노
	닉 부이치치의 점프	닉 부이치치, 임다솔	두란노
	학력파괴자들	정선주	프롬북스
	인생을 건너는 여섯 가지 방법	스티브 도나휴	김영사
멘토를 통해 자신의 경계를 넓혀라	세계가 교실, 세상이 교과서 1	김태훈	지엔미디어
	세계가 교실, 세상이 교과서 2	김진형 외	지엔미디어
꿈을 적고, 보고, 그리다	존 아저씨의 꿈의 목록	존 고다드	글담어린이
	성과를 지배하는 바인더의 힘	강규형	스타리치북스
	Time Power 잠들어 있는 시간을 깨워라	브라이언 트레이시	황금부엉이
	사금파리 한 조각 1, 2	린다 수 박	서울문화사

2장 책이 평생 공부 습관을 만든다

지식의 확장도 책에서부터	4차원 교육 4차원 미래역량	버니 트릴링 외	새로온봄
	아이의 식생활	EBS〈아이의 밥상〉제작팀	지식채널
	인간이 만든 위대한 속임수 식품첨가물	아베 쓰카사	국일미디어
	과자, 내 아이를 해치는 달콤한 유혹	안병수	국일미디어
주도적인 삶을 만드는 메타인지 학습	왜 우리는 대학에 가는가	EBS〈왜 우리는 대학에 가는가〉제작팀	해냄
아이를 크게 하는 성장 마인드세트	성공의 새로운 심리학	캐롤 드웩	부글북스
	마인드세트 교실 혁명	메리 케이 리치	우리가
	그릿 GRIT	앤절라 더크워스	비즈니스북스

3장 독서로 만들어지는 놀라운 삶의 기술

창의력은 타고나는 것이 아니다	인성이 실력이다	조벽	해냄
	생활자 발상학원	하쿠호도 생활종합연구소	한국능률협회컨설팅(KMAC)
	다시, 책은 도끼다	박웅현	북하우스
	삶은, 그림	김원숙	아트북스
	80일간의 세계 일주	쥘 베른	인디고
	로빈슨 크루소	다니엘 디포	시공주니어
	몰입 Flow	미하이 칙센트미하이	한울림
비판적 사고가 자기 주도성을 만든다	닭답게 살 권리 소송 사건	예영	뜨인돌어린이
	생각하지 않는 사람들	니콜라스카	청림출판

부딪혀야 의사소통 능력도 키워진다	다섯 가지 미래 교육 코드	김지영	소울하우스
	CEO를 감동시키는 소통의 비밀	강정흔	미래와경영
	새로운 미래가 온다	다니엘 핑크	한국경제 신문사
	학급긍정훈육법	제인 넬슨 외	에듀니티
	청소년을 위한 비폭력 대화	김미경	우리학교
	책상은 책상이다	페터 빅셀	예담
협업하는 아이들이 멀리 간다	경쟁에 반대한다	알피 콘	산눈
	철수는 철수다	노경실	크레용하우스
	꽃들에게 희망을	트리나 폴러스	시공주니어
	살아 있는 협동학습	이상우	시그마프레스
	바로 지금 협동학습!	김대권 외	즐거운학교
	왜 우리는 대학에 가는가	EBS〈왜 우리는 대학에 가는가〉 제작팀	해냄

4장 책으로 아이의 인성을 쌓아가라

우리 아이 마음 사용 설명서	마음챙김	엘렌 랭어	더퀘스트
	42가지 마음의 색깔	크리스티나 누녜스 페레이라, 라파엘 R. 발카르셀	레드스톤
	내 아이를 위한 감정코칭	존 가트맨, 최성애 외	한국경제 신문사
	생각이 크는 인문학 7: 감정	이지영	을파소
	서준호 선생님의 마음 흔들기	서준호	지식프레임
	내 인생을 바꾸는 감사일기	이의용	아름다운동행
	땡큐파워	민진홍	라온북

새로운 세상을 열어주는 마음, 호기심	하브루타 질문 수업	양경윤, DR하브루타교육연구회 외	경향BP
	나, 건축가 안도 다다오	안도 다다오	안그라픽스
	넌 네가 얼마나 행복한 아이인지 아니?	조정연	와이즈만 BOOKs
	둥글둥글 지구촌 국제구호 이야기	이수한	풀빛
	어린이를 위한 지도 밖으로 행군하라 1, 2	한비야	푸른숲주니어
	별별 학교 지구촌 친구들	수전 휴즈	다림
	나는 달랄이야! 너는?	오소희	토토북
	나는 8살, 카카오밭에서 일해요	이와쓰키 유카 외	서해문집
용기 있는 자만이 자존감을 얻는다	욕망이 멈추는 곳, 라오스	오소희	북하우스
	초등 사춘기 엄마를 이기는 아이가 세상을 이긴다	김선호	길벗
	미움받을 용기	기시미 이치로, 고가 후미타케	인플루엔셜
무너져도 다시 일어나는 힘, 회복탄력성	유대인 엄마의 힘	사라 이마스	예담Friend
	꿈이 있는 거북이는 지치지 않습니다	김병만	실크로드
	지금은 서툴러도 괜찮아	김용택 외	샘터
	회복탄력성	김주환	위즈덤하우스
	〈샘터〉 2013년 1월호	샘터	샘터
	거절당하기 연습	지아 장	한빛비즈

	명심보감	추적	홍익출판사
	아이의 사생활 1: 두뇌·인지 발달	EBS〈아이의 사생활〉제작팀	지식플러스
윤리성은 어릴 때 바로 세워야 한다	아이의 사생활 2: 정서·인성 발달	EBS〈아이의 사생활〉제작팀	지식플러스
	새로운 생각은 받아들이는 힘에서 온다	김용택	샘터
	인터넷 사진 조작 사건	김현태	미래아이
	어린이를 위한 정직	우봉규	위즈덤하우스
리더십은 이끄는 것이 아니라 포용하는 것	백악관을 기도실로 만든 대통령 링컨	전광	생명의말씀사
	교육의 미래, 티칭이 아니라 코칭이다	폴 김	세종서적
	밥 버포드, 피터 드러커에게 인생 경영 수업을 받다	밥 버포드	국제제자 훈련원
더 크게 성취하는 습관, 공헌감	미움받을 용기	기시미 이치로, 고가 후미타케	인플루엔셜
	바람을 길들인 풍차 소년	윌리엄 캄쾀바, 브라이언 밀러	서해문집
	행복거울 프로젝트	임민택	비비투
	9번째 지능	KBS〈세상을 바꾸는 9번째 지능〉제작팀, 이소윤, 이진주	청림출판
	히말라야 도서관	존 우드	세종서적
	세잔의 차	그레그 모텐슨, 데이비드 올리버 렐린	이레

에필로그	희망의 인문학	얼 쇼리스	이매진
	학교는 하루도 다니지 않았지만	임하영	천년의상상
	나는 4시간만 일한다	팀 페리스	다른상상
독서활동 양식: 독서력을 기르는 부록 2	내 인생의 주인공은 나야 나	이인희, 강규형	노란우산

독서활동 양식

내가 읽고 싶은 책(희망 도서)

순서	읽고 싶은 책 제목	저자	출판사	추천한 사람
예시	둥글둥글 지구촌 국제구호 이야기	이수한	월드비전	도서관
예시	80일간의 세계일주	쥘 베른	삼성 출판사	김서영
1				
2				
3				
4				
5				
6				
7				
8				
9				

• 양식 출처: 3P자기경영연구소

내가 읽은 책(독서 목록)

순서	완독 날짜	책 제목	저자	출판사	확인
예시	3. 15. (수)	세상을 바꾼 위대한 책벌레들 1, 2	김문태	뜨인돌 어린이	
1					
2					
3					
4					
5					
6					
7					
8					
9					
10					

• 양식 출처: 3P자기경영연구소

생각이 자라는 글쓰기
-본·깨·적-

2018-( )		년 월 일 ( )

책 제목		읽은 기간	년 월 일 ~ 월 일
지은이		출판사	

읽은 내용을 본깨적으로 정리해보세요.

본	책의 중요 사건, 인물의 말과 행동 중 인상 깊은 것, 좋은 문장

깨	깨달은 점, 내 생각, 내 느낌, 감상, 주인공에게 하고 싶은 말 나의 경험과 비교하기

| 적 | 실천할 점: 구체적인 행동으로 쓰기
(숫자가 들어가면 좋음) |

〈나를 위해〉

〈다른 사람을 위해(가족, 친구, 다른 나라 사람, 세계 등)〉

| 질 | 책을 읽고 떠오르는 질문을 적어보세요.
질문에 대한 나의 생각을 적고 친구들과 나눠보세요. |

질문〉

나의 생각〉

• 양식 출처: 3P자기경영연구소 양식을 바탕으로 학생, 교사의 의견을 반영하여 재구성함.

생각이 자라는 글쓰기
-본·깨·적-

2018-( )		년 월 일 ( )

책 제목		읽은 기간	년 월 일 ~ 월 일
지은이		출판사	

읽은 내용을 본깨적으로 정리해보세요.

본	책의 중요 사건, 인물의 말과 행동 중 인상 깊은 것, 좋은 문장

깨	깨달은 점, 내 생각, 내 느낌, 감상, 주인공에게 하고 싶은 말 나의 경험과 비교하기

| 적 | Q (Quick) : 일주일 안에 실천할점
S (Slow) : 1달, 1년, 10년…… 후에 실천할점 |

Q 〉

S 〉

| 질 | 책을 읽고 떠오르는 질문을 적어보세요.
질문에 대한 나의 생각을 적고 친구들과 나눠보세요. |

질문 〉

나의 생각 〉

• 양식 출처 : 3P자기경영연구소 양식을 바탕으로 학생, 교사의 의견을 반영하여 재구성함·

생각이자라는글쓰기
-본·깨·적-

2018-( )			년 월 일 ( )	

책 제목	내 인생의 주인공은 나야 나 (40~45쪽)	읽은 기간	년 월 일 ~ 월 일	
지은이	이인희, 강규형	출판사	노란우산	

읽은 내용을 본깨적으로 정리해보세요.

본	핵심 내용을 요약해보세요.

□ 비전이란?

1)

2)

□ 이태석 신부님이 한 일

□ 마이크로소프트 설립자 빌 게이츠가 한 말

□ 설리번 선생님의 비전

□ 미국 시인 랠프 에머슨이 말한 '성공한 인생'은?

| 깨 | 느낀 점, 깨달은 점과 그 이유를 쓰세요. |

| 적 | 나의 비전을 세워보세요. |

〈나를 위해〉

〈다른 사람을 위해(가족, 친구, 다른 나라 사람, 세계 등)〉

| 질 | 이태석 선생님, 빌 게이츠, 설리번 선생님, 랠프 에머슨 중 한 사람을 선택하여 묻고 싶은 질문을 적어보세요. 그 사람이 되어 질문에 대한 답변을 상상하여 적어보세요. |

_____ 에게 드리는 질문〉

_____ 의 답변〉

• 양식 출처: 3P자기경영연구소 양식을 바탕으로 학생, 교사의 의견을 반영하여 재구성함.

북큐레이션 • 아이를 똑똑하고 건강하게 키우고 싶은 엄마와 아빠가
《한 권으로 끝내는 초등 독서법》과 함께 읽으면 좋은 책

한 가정의 경영자로서 부모가 바로 서고, 모든 문제의 답을 가진 아이를 존중하고, 부모의 감정을 조절하는 법을 알며, 이끌기보다 함께 성장하는 자녀 코칭 방법을 터득하면 아이와 부모가 행복합니다.

우리 아이
미래 생존력을
키워주는
자존감 습관

우리 아이 30일 자존감 노트

조은혜 지음 | 12,000원

어머님, 지금 올려줘야 할 것은
성적이 아니라 자존감입니다!

현직 교사인 저자가 실제 교육 현장에서 아이들을 관찰하고 학부모와 면담하며 발견한 '자존감 습관'을 담아낸 책이다. 생생하고 풍부한 현장 경험을 바탕으로 상황별, 아이 유형별, 학년별로 어떤 습관이 필요한지 친절하게 안내해준다. 또 학교에서 아이들과 겪은 에피소드를 중심으로 설명함으로써 부모들은 마치 상담을 받는 듯한 기분으로 편안하게 읽을 수 있다.

이 책을 통해 자신의 소중한 가치를 아는 아이, 스스로의 능력을 믿고 노력하는 아이, 어떤 상황에서도 흔들리지 않는 단단한 아이로 키우는 방법을 배워보자.

미래를 준비하는
현명한 부모의
필독서

내 아이 4차 산업혁명 시대의
인재로 키우기

이정숙 지음 | 13,800원

4차 산업혁명 시대 인재 육성을 위한
최초의 부모 지침서!

"4차 산업혁명 시대가 도래했다." 미디어마다 4차 산업혁명의 중요성을 이야기한다. 곧 로봇이 인간의 일자리를 대체할 것이고, 우리가 아는 많은 직업이 사라질 것이라고 한다. 그러나 아직도 많은 부모들은 자신들이 공부했던 때를 떠올리며 아직도 오직 명망 높은 대학 입학에만 관심을 두고 있다.

교육학 박사이자, 30년 넘게 학원 원장으로 교육 현장에서 아이들과 함께한 저자는 이 책에서 미래 교육의 흐름인 4차 산업 시대를 강조하고 예측하며 이에 맞는 공부 방향을 제시하고, 3천 명이 넘는 아이들을 마주하며 알게 된 효과적인 사춘기 시절을 보내는 방법, 사춘기 아이 독려 방법, 창의력 계발 방법, 자기 관리법 등을 소개한다.

엄마의 감정 공부로 슈퍼키드 키우는 법

엄마의 감정리더십

최경선 지음 | 13,800원

**좌절을 반복하고 죄책감에 잠 못 드는 엄마들을
헬육아의 늪에서 건져내고 행복한 육아로 인도하는 책**

세상은 4차 산업혁명기로 접어들었다. 창의력이 경쟁력인 시대에 맞는 아이로 키우려면 엄마는 어떻게 해야 할까? 이제는 자기감정을 조절할 줄 아는 아이가 인재다. 아이의 감정은 엄마의 감정 토대 위에 자라기 때문에 아이가 어떤 행동을 하든 엄마의 감정 대처법이 아이에게 큰 영향을 미친다. 그래서 엄마의 감정리더십이 필요하다.
감정에 끌려다니는 것이 아니라 감정을 주도하고 긍정적으로 이끄는 엄마라면 《엄마의 감정리더십》을 통해 '아이와 함께 성장하는 육아'를 경험하게 될 것이다.

하루 10분 대화만으로 스스로 공부하고 행동한다!

좋은 선택을 이끄는 엄마, 코칭맘

정은경 지음 | 13,800원

**평범한 아이도 주도성을 가진 상위 10%
특별한 아이로 만드는 코칭맘의 39가지 교육법**

자기 삶을 스스로 이끌어가는 주도적인 아이로 만들려면 어떻게 해야 할까? 이 책은 '질문하고 공감하고 생각하게 하는 코칭'으로 키워야 한다는 점을 강조하면서 엄마코칭이란 무엇인지, 코칭맘이 키운 아이는 어떤 점이 다른지 설명하고 엄마코칭으로 스스로 공부하는 힘을 길러주는 방법을 소개한다.
왜 엄마는 자녀의 코치가 되어야 하는지, 학교 공부와 인성 교육에서 구체적으로 어떻게 자녀를 코칭할 수 있고, 어떤 효과를 거둘 수 있는지 자세히 다루고 있다. 가정에서 실제로 적용할 수 있는 엄마코칭 매뉴얼과 엄마들이 꿈을 찾을 수 있도록 도와주는 워크시트를 첨부하여 코칭을 처음 접하는 엄마도 쉽게 시도해볼 수 있다.